議会・選挙制度の課題を探る

民主政の赤字

眞鍋貞樹　岡田陽介［編著］

一藝社

［目次］

（装幀――アトリエ・プラン）

序章

民主政の赤字の解決に向けて

眞鍋貞樹・岡田陽介

1．本書の趣旨

　今日において、議会制度・選挙制度には多くの課題が残されている。近代以降に立憲体制が整えられ、紆余曲折の後に議会制度や普通選挙制度が実践されるようになったが、それらが完成されたものであるわけでもなく、ましてや最善のものであることもない。

　とりわけ日本において、今日の議会制度・選挙制度の中で危機的状況を示しているのが、各種選挙での投票率の甚だしい低下現象である。あるいは、町村議会で問題となっているのは議員の成り手不足である。さらに、選挙において定数に満たない、あるいは定数通りの候補者しか立候補しないことによる無投票当選者の増加である。これらの現象の要因には、国民や住民の政治家への期待感や信頼感の喪失、劇場型制度への飽きや嫌悪が考えられる。議会制度や選挙制度への有権者の関心の極端な低下は、「民主政の危機」あるいは「議会制の危機」と呼ばれるに至っている。

　さらに、目を海外に転じても同様の傾向を示している。とりわけ、EU 諸国において懸念されている現象が、「民主政の赤字」（democratic deficit）と呼ばれる有権者の意思と EU における政策決定との乖離であ

る。EU という超国家体制において、諸国民の身近な日常生活に関わる規制が、有権者と遠く離れた EU 本部において審議され、しかもその政策は EU 議会ではなく EU 理事会で決定されるという構造は、理想的な民主政とはかけ離れたものになっており、超国家体制における民主的な政策決定の困難性を物語っている。

　国民や住民の政治的関心の低下に起因する「民主政の危機」あるいは「議会政の危機」、そして国民や住民と議会との乖離による「民主政の赤字」に対する処方箋を示すことは困難である。民主政の重要性や必要性について規範的な議論を提示したとしても、それらが国民や住民の政治的関心を惹起させる効果を期待できない。そのため、選挙の方法論について改善を積み重ねることになる。例えば、日本では 2015 年に大きな公職選挙法の改正として 18 歳投票制度を導入したのもそのための処方箋であった。しかし、導入当初はともかくも、長期的に眺めれば投票率の向上に貢献するとの評価を下すことはできそうにもない。

　こうした規範的にも方法論的にも行き詰まりの状況において、民主政や議会政に対するチャレンジが行われている。その一つがいわゆるポピュリズムの世界的な跳　梁　跋扈である。今日のポピュリズムは本来の意味である「人民の意思の調達による政治」から離れて、政治家が自らの地位を獲得・維持するために、議会での熟議による政策決定を軽視し、有権者の不満や不安を自らの権力のエネルギー源として使って、排他的な政策を決定し執行するものとなっている。この政治家と有権者とのいわば負の共犯関係は、民主政や議会政の根本原理である、意見の異なる他者との集合的な熟議による政策決定を破壊する可能性を孕んでいる。しかしながら、こうしたポピュリズム政治家を批判することは容易なものの、彼らを政治の場から排除することはできない。彼らもまた、合法的な選挙制度の手続きに沿って誕生しているからである。

　もう一つは、近年の日本でも議会における議員の議論による政策決定だけではなく、住民投票（イニシアティブあるいはレファレンダム）に

よる政策決定が盛んに実践されるようになっていることである。日本は
住民投票に消極的な姿勢が強かったのだが、近年では地方自治体の合併
問題や原子力発電所建設、基地問題等で実践されるようになってきてい
る。もちろん、住民投票は世界的には多くの国で採用されている制度で
ある。しかしながら、長く日本では住民投票による政策決定の妥当性に
ついては議論が繰り返されている。消極論の根拠は、議会という代表者
による議論を通じてではなく、直接的に民意を問う手法が、前述のポ
ピュリズム政治を一層加速させる危険性への懸念からである。他方の積
極論は、議会が住民意思の調達の場とかけ離れたものとなり、住民の期
待や政策選好を充分に反映していない、という批判からである。いわ
ば、住民による議会あるいは議員への不信が根底にある。

　以上のようなチャレンジは、逆に現行の議会制度や選挙制度を規範的
にも方法論的にも根幹から見直しをしていく必要性があることを示して
いる。

　規範的には、私たちが自らの意思により投票する権利が何人にも等し
く認められない民主政は存在しないことにある。民主政における政治的
権力の平等性は個人に与えられた投票権のみだからである。私たちは一
票の重みを、ただ数的な格差のみではなく、民主政の根本原理から考え
直さなくてはならないのである。

　加えて、方法論的にも選挙における投票を単なる「手続き」としての
み考えてはならない。私たちの確固たる認識は、民主政とは代表者を選
出する選挙における投票という「手続き」、すなわち国民・住民の承認
を得てこそ、その正統性が生まれるというものである。したがって、
「民主政の赤字」「民主政の危機」あるいは「議会政の危機」とは、政治
的平等の実践が喪失しているとともに、「手続き」による正統性が揺ら
いでいる現象を指すものと考えられる。ゆえに、国民・住民による政治
参加の動機付けの方法論を改善し、そして選挙の「手続き」をより善き
ものへと彫琢を重ねていかなくてはならないのである。インターネッ

ト社会における議会制度や選挙制度のあり方を、根本的に検討していく必要性は高い。

　私たちの「研究会」への参加者は、この大きな問題意識の下で、それぞれの研究の成果を持ち寄り、議会制度や選挙制度の見直しに向けた議論に一石を投じたいという思いから集まったものである。もちろん、この大きな問題意識に応えるためには、私たちの研究成果ですべてを網羅できるわけではない。だが、こうした研究の成果の積み重ねと、その実践によってのみ、より善き議会制度や選挙制度がつくられていくことになるであろう。

２．本書の構成

　議会制度や選挙制度の見直しという大きな問題意識に対して、本書は序章と、第 1 章から第 10 章までの全 11 章で構成される。第 1 章から第 6 章までは、日本の議会制度・選挙制度の事例を通して、地方から国政までの異なるレベルの議会・選挙の諸問題に取り組む。さらには、政党・有権者といった議会・選挙を取り巻く諸アクターにも焦点を当て議論を展開する。続く、第 7 章から第 10 章は比較政治の視点から、日本のみならず、英国・EU・韓国を分析射程に組み込み議論を展開し、シティズンシップ教育や EU を巡る諸問題、さらには、選挙とインターネットの諸問題を議論する。なお、各章の概要は以下のとおりである。

　「**第1章　選挙における最低投票率制度導入の検討**」（眞鍋貞樹）は投票率の低下傾向に焦点を当てる。日本では各種選挙の投票率が低下傾向を示している。近年では、極端な事例として、2018 年 5 月 13 日に実施された兵庫県稲美町の町議会議員再選挙の投票率が、全国的にも過去最低の 12.92% にとどまった。低投票率だけをもって「民主政の危機」あるいは「代議制の危機」と断じることはできないにしても、代議制への国民・住民による関心と参加がこれほどまでに低下することは、代議制

の機能不全を証明する一つのバロメーターである。

　こうした低投票率の結果からは、選挙によって構成される新しい議会の正統性に疑問を持たざるを得ない。それは、極端に低い投票率であっても、その選挙を有効とし得るのかどうか、また有権者による信任を果たして得た結果と言えるのかどうかということである。

　近年では、最低投票率制度の必要性について、一般選挙ではなく憲法改正における手続きである国民投票法の制定の動きと、地方自治体における住民投票制度の広がりの中で議論されてきている。しかしながら、国政選挙あるいは地方選挙において最低投票率制度を導入しようとする議論はさほど活発ではない。そこで、本章では、各種選挙において最低投票率制度を導入することの是非について検討を加えるものとする。

　「第2章　期日前投票制度と積極的利用者の規定要因」（岡田陽介）は利用者が増加傾向にある期日前投票に焦点を当てる。期日前投票制度は、近年、期日前投票所の増設や制度の認知が進み、国政・地方選挙を問わず、その利用者が増加してきた。本章の目的は、期日前投票の利用者、ひいては、積極的に利用する有権者がどのような要因によって規定されているのかを探ることにある。2017年2月から3月にかけて福島県内の有権者1,200人を対象に実施した郵送調査の分析の結果、期日前投票に対しては、教育程度の一貫した正の効果と党派的な動員の正の効果が認められた。日本の投票参加にまつわる既存研究では、教育程度は年齢との相関が高く、投票参加に対して必ずしも直接的な効果を持たないとされてきた。しかしながら、本章の分析結果は、相対的に認知コストや意思決定コストを必要とする期日前投票では、教育程度が主要な要因となることが確認された。

　「第3章　地方議会議員の被選挙権における住所要件・居住要件の見直し」（眞鍋貞樹）は、地方議会選挙に焦点を当て、地方議会議員候補者が被選挙権を有するか否かの住所要件は、住民登録を行うことで十分であり、判例のような居住要件すなわち些末な居住実態を考慮する必要

性はないことを指摘するものである。その理由は、判例では地方議員の被選挙権に関する居住要件について、政治活動の本拠と日常生活の本拠が一致することを前提としているが、本来、政治活動は自由であるべきものであり、政治活動の本拠と日常生活の本拠が一致しなくてはならないとすることに、何らの政治的かつ公共的利益は発生しないからである。

　判例では地方議会議員候補者の「地縁性」を重視して、候補者の主観的意思による居住地を住所として認めない「客観説」と、「生活の本拠」を分離させることを認めない「一致説」が通説となっている。だが、地縁性の証明には住所要件は住民票の登録という手続きを満足させることで十分であって、政治活動のために、どこに、どのように居住するかは候補者の主観的意思に委ねるべきものである。その主観的な意思による地縁性が政治的に妥当性を持つのか否かの判断は、ライフラインなどの契約や使用状況によって証明されるものではなく、地方議員候補者と有権者との政治的コミュニケーションの結果、すなわち投票によって判断されるべきものなのである。

　以上を指摘するために、まず、公職選挙法の規定について明治期からのものを検討し、地縁性について当時の考え方が基本的に今日まで引き継がれていることを示す。そして、戦後の判例と近年の事案を検討していく。その上で、議員の成り手不足、住民の流動性の増加、広域的な住民の活動、議員の性質が地縁関係議員から政策中心の議員へと変化していくことを踏まえて、従来の判例に基づいた住所・居住要件を改めていくことを提言していく。

　「**第4章　公職選挙法と選挙違反の規定要因**」（岡田陽介）では、公職選挙法を概観しその性質を整理した上で、テキストマイニングおよび計量分析によって、公職選挙法における選挙運動の規定の変遷および選挙違反の増減の規定要因を探ることを目的とした。その結果、1）公職選挙法が規定する内容は、主として立候補者の行動を制限する選挙運動の規定であり、度重なる改正で連座制を中心に強化されてきたこと、2）

選挙運動における候補者と有権者とのコミュニケーションのかたちが、演説を中心とした直接的なコミュニケーションから、「ポスター」「選挙公報」「電子メール」など間接的なコミュニケーションへと変化してきたこと、3）選挙違反に対して連座制の強化は一定の抑制効果を持っていることが確認された。これらの結果から、候補者は公職選挙法という制度に縛られていること、またその制限の中で選択しなければならない点で有権者も同様に縛られていることが明らかとなった。

　「**第5章　政党の宣伝コスト**」（**浅井直哉**）では、政党の宣伝活動と政党資金の関係に注目して、その実態を明らかにするとともに、政党間にはどのような違いがみられるのかを示す。政党は、選挙における得票の最大化を目指し、有権者に自党の主張をアピールして、他党との差別化をはかろうとする。政党が有権者に情報を提供する手段は数多くみられるが、どの政党がどのような手段を採用するかは、各党の支持層や戦略に左右される。

　政党の宣伝手段の違いは、各党が負担するコストの違いをもたらす。無償で実施することのできる方法はほとんどなく、政党は一定のコストが発生することを前提に、宣伝活動を行う。また、新たなコミュニケーション手段の採用は、資金的な負担の増加をもたらすと考えられる。では、実際に、各党が投入する宣伝活動費は増加してきたのであろうか。宣伝活動の違いは、どのような資金的差異を生み出しているのであろうか。本章では、政治資金収支報告書にもとづき、これらの問題を紐解いていく。

　「**第6章　政治的会話に含まれる異質な情報への接触機会―横断的接触が政治知識に与える効果**」（**横山智哉**）では、有権者間の政治的会話に焦点を当てる。既存の研究は政治的会話が政治知識に及ぼす効果を説明する際に、周囲の他者が政治情報源として機能するという前提に依拠してきた。しかし、政治的会話は幅広い政治的関連性を伴う話題を含むため、必ずしも政治知識の増加に寄与する会話内容だけを交わしている

とは限らない。そのため、政治的会話が政治知識を高めるという結果が得られてはいるが、実際に政治的会話のどのような要因が知識量を増やしているのか明らかとなっていない。そこで、本章は政治的会話に含まれる自らとは異質な情報や意見への接触、すなわち横断的接触の頻度を考慮した上で、これまで十分に検討されてこなかった「なぜ政治的会話が政治知識を高めるのか」という問いを明らかにすることを目的とした。2014年の4月から5月にかけて、東京都墨田区在住の20代から60代の有権者を対象とした郵送調査を実施した。分析の結果、会話他者の知識量が多いほど横断的接触の頻度が高まることが確認された。さらに、横断的接触は政治知識の保有量を増加させることが明らかとなった。すなわち、日常生活で親密他者と交わす政治的会話には異質な情報や意見への接触機会が含まれており、そのような会話が民主主義システムの円滑な運営に必要な政治知識を増加させる可能性が明らかとなった。

「第7章　シティズンシップ教育―市民像の日英比較」（細井優子）はシティズンシップ教育を巡る諸問題に比較政治の視点から焦点を当てる。日本では2015年6月17日に選挙権年齢を18歳以上に引き下げる改正公職選挙法が成立し、2016年7月に実施された参議院議員選挙から適用された。これに伴い、主権者教育の重要性や必要性が主張されるようになった。文科省と総務省は、「主権者教育」についての生徒用副読本として『私たちが拓く日本の未来―有権者として求められる力を身に付けるために』（以下『副読本』）を作成した。しかし、『副読本』から読み取れる「主権者」像は、権力の決定とそれに基づく政治の営みに異議申し立てをすることのない「従順」な人間である。本章の目的は、『副読本』から日本の主権者教育における主権者像を浮き彫りにし、それが民主政治を担う市民として妥当であるのかを考察することである。考察の対象は、主に文科省と総務省により作成された『副読本』と『指導資料』とし、個別の具体的な教育実践は対象としない。また日本も参考にしているイギリスのシティズンシップ教育の理念との比較により、

日本の民主主義を健全に機能させるために主権者教育に課された課題を明らかにする。

「**第8章　欧州議会—EU ガバナンスにおける欧州議会の役割と存在意義**」（細井優子）では、欧州議会に議論の視点を移す。EU は国家でも国際機構でもないことから、「特異な（sui generis）」統治機構を持つといわれる。EU 主要機関の中でも特に欧州議会は「議会」という名称を持ちながら、国家における議会のような立法機関や最高意思決定機関ではない。そのため、欧州議会は理解がされにくく、他の EU 主要機関と比べて注目度も相対的に低くなりがちである。しかし、EU ガバナンスの民主的正統性を考える上で、欧州議会の役割や存在意義への言及は不可欠である。さらに、2019 年の欧州議会選挙が注目されたように、EU ガバナンスにおける欧州議会の役割や影響力は時を経るにつれて増しつつある。本章の目的は、必ずしも EU を専門としない読者を対象として、EU ガバナンスにおける欧州議会の役割への理解を促すとともに、国家でも国際機構でもない EU の民主的正統性のあり方に欧州議会が持つ存在意義を考察することである。また、2019 年の欧州議会選挙の結果についても分析を加える。

「**第9章　英国の EU 離脱をめぐる国民投票への道—政治制度の変容と議題の設定**」（福井英次郎）は英国の EU 離脱問題に焦点を当てる。2016 年 6 月に国民投票が実施され、わずかの差で離脱派が多数を占めた。しかし英国はすぐに EU から離脱することはできず、ようやく離脱を達成したのは 2020 年 1 月 31 日だった。この間の英国は EU 離脱をめぐり紛糾した。交渉相手である EU 側から「英国が何をしたいのかよくわからない」という声が上がるほどだった。なぜ英国の EU 離脱はこのように混乱しているのだろうか。多くの要因が検討されるべきであろうが、本章では、「EU 離脱をめぐる国民投票」の中で、政治的議論の中心は「国民投票の実施」に向けられ、実施するかどうかをめぐる政治だったことを明らかにする。そのため、仮に EU 離脱が決まった場合で

も、離脱の方法を検討するという実際の政策レベルの議論がなされていなかったことを説明することにする。

「第10章 韓国におけるネット選挙の「光」と「影」─若年層の政治参加の拡大と選挙違反の変化」（梅田皓士）は韓国における有権者とインターネットに焦点を当てる。韓国では、日本に先駆けてインターネットを用いた選挙運動（ネット選挙）が行われるようになり、公職選挙法もネット選挙を選挙運動の中心とした内容に改正されている。韓国におけるネット選挙は選挙運動に止まらず、若年層を中心とした政治参加の効果もあり、現実の政治を動かすこともある。例えば、第16代大統領選挙では盧武鉉のファンクラブである「ノサモ」がネット上で作られ、「ノサモ」のネット選挙が盧武鉉当選に寄与した。また、SNSを通じた「認証ショット」によって政治参加を促そうとする行動もある。

他方で、ネット選挙が政治参加を拡大させた「光」とすれば、「影」も存在する。ネット選挙の有効性が示されたことで、ネット上において世論操作が行われるようになり、第19代大統領選挙では、現職知事が逮捕された「ドルキング事件」が発生したのである。

そこで本章では、韓国におけるネット選挙をめぐる「光」と「影」を検討することで、今後、日本においてネット選挙が本格化する際の問題点を抽出する事例となることを指摘することを試みる。

第 1 章

選挙における
最低投票率制度導入の検討

眞鍋貞樹

1. はじめに

　日本では各種選挙の投票率が低下傾向を示している[1]。近年では、極端な事例として、2018 年（平成 29 年）5 月 13 日に実施された兵庫県稲美町の町議会議員再選挙の投票率が、全国的にも過去最低の 12.92% にとどまった。2019 年（平成 30 年）4 月の統一地方選挙における県議会議員選挙では前回の投票率を 0.97 下回り 44.8%、17 の政令市議会議員選挙でも 43.28% と、ともに過去最低となった。低投票率だけをもって「民主政の赤字」あるいは「代議制の危機」と断じることはできないにしても、代議制への国民・住民による関心と参加がこれほどまでに低下することは、代議制の機能不全を証明する一つのバロメーターである[2]。

　こうした低投票率の結果からは、選挙によって構成される新しい議会の正統性に疑問を持たざるを得ない。それは、極端に低い投票率であっても、その選挙を有効とし得るのかどうか、言い換えれば、ごく少数の有権者による投票による結果を、有権者の「全員」による信任を得た結果と言えるのかどうかということである[3]。さらに、低投票率化は民主政の中でも、議会制の正統性そのものが揺らぐことになる。あるいは、民主政の下での、憲法で最も重要な統治者を選択する主権者としての権

利を放棄する自由は、憲法論上から認められたとしても、それは政治的には単なる被統治者としての地位を自ら落とし込めることを意味するのに過ぎないのではないだろうか。

　そこで、本章の目的は、現行公職選挙法において、いかに低投票率であっても選挙が有効とされている点に対して、最低投票率制度を導入することによって、議会の正統性を担保する必要性について議論を行なうものである。

　議論を進めるにあたってポイントとするのは以下のような点である。

　第一に、選挙という手続きを通して担保される議会の正統性とはいかなるものであるのか、である。すなわち、候補者が当選した後の代表者としての正統性なのか、その選挙そのものの正統性なのか、選挙によって誕生する新しい議会の正統性なのか、さらに、議会制度そのものの正統性なのか、である。これらの正統性を同じレベルで一括して議論することは避けなくてはならない。しかしながら、低投票率が「民主政の危機」あるいは「代議制の危機」だとする観点からは、これらのすべてのレベルの正統性を考慮しなくてはならない。低投票率化の現象は、少なくとも単なる目の前にある選挙や候補者の正統性を疑うだけでは済まない、深刻な問題だからである。

　第二に、任意投票制度を採用している日本の憲法上、低投票率によって選挙が成立しないとすることの妥当性とは何か、である。この点を明確にするためには、古くから議論されている、選挙とは国民・住民の権利なのか義務なのか、という課題をまず検討しなくてはならない。権利とすれば、棄権者の「投票しない自由」と、新しく成立した議会の正統性とどのように調和させるのか。そして、義務とすれば、「強制される投票」と個人の信条の自由とどのように調和させるのか。

　強制投票制のように、投票・棄権に対して法的強制力を持たせることの意味は、議会の正統性は制度によってのみ存在するのではなく、国民・住民の「全員の参加」によって存在しなくてはならないという規範

が根底にある。一方の任意投票制のように、投票・棄権において何ら法的強制力を持たないとの意味は、議会の正統性は議会制度や選挙制度の存立によってすでに担保されているというものである。

　第三に、低投票率制度を導入することによる実務上の課題は何か、という点である。

　近年では、最低投票率制度の必要性について、一般選挙ではなく憲法改正における重要な手続きである国民投票法の制定の動きと、地方自治体における住民投票制度の広がりの中で議論されてきている。しかしながら、国政選挙あるいは地方選挙において最低投票率制度を導入しようとする議論はさほど活発ではない。一方で、投票率の向上のための方法論については試行錯誤が繰り返されているが、顕著な改善は見られないままである[4]。

　以上の観点から、本章では各種選挙において最低投票率制度を導入することの是非について検討を加えたい。なお、本文中では各種議会議員選挙を対象に議論を進めているが、知事や市町村といった首長選挙を含めて考慮していることを、最初に記しておきたい。

２．議会の正統性

　議会の政治的な正統性を巡っては長い議論がある。政治家あるいは議会といった国民や住民を統治・支配する政治システムにおけるアクターの持つ権力の源泉は何であるのか、という議論である。前近代的な非民主国家における統治者たちの正統性は、私たち国民・住民による承認とは無関係であり、天賦のものとして解釈されていた。近代化当初の民主国家においては、納税額や性別に関して一定の要件を持つ国民・住民による「信任」がその根拠とされた。今日においては、未成年者や要件を欠く者以外のすべての国民・住民によって「信任」が行われる選挙によって、その統治の正統性が担保されることになった。

　最低投票率を下回った選挙を無効とする理論的根拠は、後述の選挙の性質論争から導き出すことはできない。いずれの学説であっても、最低投票率の設定によって、選挙そのものを無効とする判断はできないからである。最低投票率を下回った選挙を無効とする理論的根拠は、人民による政治参加を期待した民主政の原理から導き出される規範的な理論の他はない。

　議会制度の創設者は、議会とは、民主政における国民・住民による政治参加の最も基本的な場であることを前提としていた。もちろん、直接民主政とは異なり、議会制の場合には、選挙という代表者の選出・委任・契約そして信任の手続きとしての政治参加である。

　ジャン・ジャック・ルソーやジョン・ロックのような啓蒙思想家であり伝統的自由主義者たちは、啓発された国民・住民による政治参加こそが、議会を成立させる最も根本的な民主政の原理として捉えていた。

　　「もし立法府あるいはその一部が、その期間、人民によって選ばれた代表から成っていて、彼らは後に、臣民としての通常の地位に復帰する場合、そうしてまた新しく選任されるほかは立法権には何も関係ないという場合、この選任権は人民によって行使されなくてはならない」[5]

　個人の自由とは、ハンナ・アレントが記しているように、公的権力への参加とその共有という責任を果たさなければ、自由とは名目的なものになってしまうのである。

　　「区制（筆者注：米国における ward すなわち基礎自治体のこと）の基本的仮定は公的幸福を共有することなしには誰も幸福であるとはいえず、公的自由を経験することなしにはだれも自由であるとはいえず、公的権力に参加しそれを共有することなしには、だれも幸

福であり自由であるとはいうことはできない」[6]

　さらに、ジョン・ロールズによる「立憲的合意」(constitutional consensus) から、議会成立の正統性について考えてみたい。

　私たちが無知のヴェールに覆われていた原初状態から、立憲主義に基づいて民主的な国家を設立するとするならば、無知のヴェールが拭われた状況であるために正義に対して全員の合意が存在するという。つまり、議会という立憲主義に基づいて正義を実践する国家機関としての議会の設立に対しては、全員による原初の合意が存在したということになる (ロールズ 1993：164-167)。

　議会とは任期制を採用しているために、任期終了ごとに解散と再編成を行うとしても、解散させた後に再び議会を編成するという意味は、もはや原初状態ではないものの、新しい議会システムを成立せしめるだけの有権者の「原初の合意の再確認」という意味となる。

　再編成する段階にあたっては、次の議会で各種の立法・政策を決定していく任務が付与される正統性が担保されなくてはならないはずである。これは、有権者が統治者に対して統治の委任を行う民主政の原理に基づく手続きだからである。

　すなわち、民主政の原理に基づく議会の正統性を担保するのは至って有権者による信任である。選挙とは個々の候補者に対して政治家としての地位を与えるか否かの有権者による選択であると同時に、来るべき次の議会が有権者の政策要望を正しく調達し、政策を陶冶させていく場所として改めて成立させる段階で必要不可欠な、有権者の信任という合意の確認を行う手続きなのである。

　民主政においては「手続き」が重要である。その理由は、ニクラス・ルーマンが述べるように、この選挙というプロセスとしての手続きこそが、民主政を正統化させるからである (ルーマン 1990：196)。したがって、ルーマンは議会を正統化させる手続きとしての選挙を、単なる

儀式としてだけであるとか、一定の段取りであるといった意味に捉えてはならないことを指摘する（ルーマン 1990：214）。

　つまり、選挙という手続きの正統性を生むのは、前提として有権者の「全員の参加」による承認が必要不可欠なのである。したがって、棄権することは、個人の自由意思として容認しえたとしても、それを「民意」だとすることには、民主政の原理からは妥当性に欠けるのである。

３．最低投票率制度

（1）　最低投票率制度の趣旨

　最低投票率制度とは、任意投票制を前提としつつも、各級選挙において一定の投票率を設定し、その投票率を下回った場合には、選挙が成立しないものとして再選挙を行う制度である。最低投票率制度は、有権者へ投票を義務付けたり、棄権者に罰則・罰金を課したりする強制的投票制度ではなく、任意投票制の下で、有権者に対して投票を強く動機づけて投票率の向上を図ることを目的とするものである。

　その趣旨の第一は、新しく成立する議会の正統性を担保することにある。10％台の投票率で選ばれた代表者たちで構成される新しい議会が、果たして国民・住民の信任を得たものかどうかという点については疑問を呈さざるを得ないからである。さらに、この低投票率化が進捗していくと、議会制度そのものの正統性についても疑念を持たざるを得ない。もちろん、現行の議会制度が完成されたものであり変更の余地はない、という意味ではない。むしろ、現行の議会制度をより善きものにしていくためにも、低投票率化を防ぐ手立てが必要なのである。

　第二に、有権者に対する投票への強い動機づけである。投票は個人の権利であるとの前提の下で任意投票制を採用し、棄権者に対する罰則・罰金を課すことのない場合には、投票を動機づけるのは候補者・政党による動員に頼ることになる。そのため、有権者の政治への関心が低くな

るにつれて、投票率が低下するという点については、多くの研究者が指摘していることである。したがって、選挙によって構成される新しい議会の正統性を担保しようとするならば、候補者・政党による動員だけに投票の動機づけを依存することには限界がある。

(2)　最低投票率の設定

　では、民主政の原理から導き出される新しく成立する議会への信任とは、最低投票率を何％とすることが妥当なのだろうか。それは、立法上の課題ではあるが、民主政における多数決という投票原理から導き出される[7]。

　ただし、民主政における多数決原理には、単純多数決（過半数決）、特別多数決（3分の2決、あるいは4分の3決）、そして相対的多数決といった決定の方法論が存在する。実際、新しく成立した議会においては、各種の議案等によって、それらの方法論が組み合わされている。

　単純多数決の妥当性とは、半数以上の多数を占める有権者によって一般意思が存在していることの証明となることである。しかしながら、多数意見が必ずしも妥当であるとは限らない。そして、一票でも多ければ決定してしまうことには、半数近い有権者の判断が棄却されて、決定の妥当性に疑問が生じるという「投票のパラドックス」から抜け出せないという問題がある。

　特別多数決は、特に重要な案件（例えば憲法改正での国会議員による発議）といった、より多くの関係者の合意を求めるような場合に設定されている。

　相対的多数決は、多数者の専横を防ぎ少数意見を尊重するという民主政の原則が組み込まれている。しかしながら、少数意見の尊重を続けていれば決定する時間とコストは拡大するという課題がある。

　このように多数決原理には多くの課題がある。例えば、三つ以上の選択肢から一つを選ぶ場合には、多数決では決着がつかなくなる場合があ

ることを示した「コンドルセのパラドックス」、あるいは個人の選好の
集合が必ずしも社会全体の選好とはならないという「アローの不可能性
定理」でも明らかにされたように、多数決原理には勝利のために投票が
操作される可能性を孕んでいる、という問題がある。

　これらの多数決原理にある課題は、解決困難な「民主政のディレン
マ」の一つとも言える。したがって、最低投票率の設定には、慎重な議
論と決定が不可欠であることを前提とし、さらに現実の政治の実態から
経験的に判断していく必要性がある。そうであっても、現実の政治の実
態から判断すれば、有権者の3分の1、あるいは4分の1といった投票
率を設定するのが妥当と考えられる。なぜなら、単純多数決の2分の1
という投票率は、現実の選挙の姿からすればあまりにもハードルが高す
ぎると言わざるを得ないからである。また、仮に10％の投票率を設定
すれば、あまりにも低いために、制度導入の政策的効果は得られないと
予想されるからである。

(3)　再選挙

　最低投票率制度を導入したならば、設定された投票率を上回らない選
挙は成立しないものとされ、再選挙を執行することになるが、現行の公
職選挙法において、選挙が成立したものの、再選挙を必要とする場合に
ついては、以下のように限定的である。

　第一に、各候補者が当選者に必要な法定投票数を下回った場合[8]。

　第二に、当選者の死亡による欠員補充ができなかった場合（次点候補
者が法定得票数に達していない場合など）。

　第三に、立候補者が議員定数を下回った場合。立候補者は無投票当選
者とされ、定数の6分の1を超えた欠員分だけ再選挙される[9]。その再
選挙でも欠員が生じた場合には、再々選挙となる。

　さらに、不祥事等の発生により有権者が議会解散を請求した場合にお
いては、有権者総数の3分の1の署名による住民投票の実施と、住民投

票結果による過半数の賛成にて解散され、再選挙される。通常の一般選挙における再選挙と議会解散とでは意味が異なるものの、議会の正統性が担保できず再選挙するという点では同じである。

　以上のように、現行の公職選挙法で選挙が成立しないものとされるのは、何らかの理由により無効との訴えが出され、裁判所もしくは選挙管理委員会において無効との判決・裁決が出された場合に限られる[10]。この制度設計は、憲法の解釈上、日本の選挙は任意投票制度を前提としているとされることからである。

４．最低投票率制度の議論と事例

（1）　諸外国の事例

　民主的な諸外国でも選挙の低投票率化が進んでいる。それでも、最低投票率制度を導入している例はほとんどない。低投票率化への対策としては、最低投票率制度ではなく、棄権者に対する罰則・罰金を課す義務投票制を採用している例が多い。投票を権利ではなく義務と定義した上で、棄権者に対して罰金や罰則を課すベルギー、オーストラリアあるいはスイス（一部の州）といった国である。罰則は規定されないものの、憲法で投票が権利ではなく義務として規定したのはイタリアである。

　各国の政治的な歴史の所産であろうが、投票を権利ではなく義務として規定したのは、国民が政治へ積極的に参加することによってのみ、国家の民主政が体現されるというルソー流の社会契約論的な民主政の思想の流れ（参加することによって自由を獲得できる）をくんだものと考えられる。

　事実上の最低投票率を設定しているのが、フランスである。フランスの選挙法は複雑だが、人口 2500 人未満のコミューン（日本でいう町村）の議会議員選挙がその例である。コミューン議会議員の選挙は政党による非拘束名簿式であり、有権者は議席数と同数の投票権を持つもの

である。そして、投票の結果については下記のような仕組みになっている。

　第1回目の投票で、有効投票数の過半数に達し、かつ選挙人登録名簿者の4分の1以上の得票数を得られた候補者が当選人となる。第1回目の投票で当選人が議席数に達しない場合は、残りの議席について同様に第2回目の投票を行い、相対多数の順に当選人とする（選挙法典第253条）[11]。

　以上のように、過去のフランス憲法では投票の義務制を謳っていたものの、現在の憲法には規定されていない。そのため、フランスの公職選挙法では、最低投票率制度を設けているものではないが、第1回目の投票にて選挙人登録名簿者の4分の1以上の得票数を得られた候補者が当選するので、事実上、25%以上の投票率がなければ、当選者が不在となるという仕組みである。

(2)　日本における過去の議論

　現行の公職選挙法ならびに地方自治法において、最低投票率制度の導入が図られなかった経緯について、立法者の意図を推し量ることは今日に至っては困難である。おそらくは昭和22年当時の公職選挙法の立法者の認識は、新憲法の下で主権者として定義された国民は、政治的責任を自覚し自らの政治的権利を積極的に行使することを期待しての任意投票制を前提としていたのであろう。また、普通選挙が施行されたことによって、多くの有権者（とりわけ女性）が投票に出向くことを想定していた[12]。いわんや、今日のように投票率が10%台になるような選挙が実施されることになるなどは、当時としては想定外であったと推量される。

　その根拠は、昭和22年の公職選挙法制定に係る国会での議論においても、議事録を検索した範囲では最低投票率を設定する必要性の有無が議論された形跡は見当たらないことにある。さらに、公職選挙法施行後

の国会議事録を検索する限りでは、昭和 56 年に衆議院にて小沢貞孝議員による最低投票率の必要性について問うた質問主意書が提出されたのが唯一の事例である[13]。その質問主意書に対する政府の回答は、①日本では任意投票制を採用していることから、選挙結果が民意を反映していると判断すること、②当選の基準を有効投票数に設定していること、③最低投票率を設定して再選挙となれば選挙経費が増加すること、などをあげている。この政府見解がその後に改められた形跡はないため、政府においては今日でもこうした見解を持っていると考えられる。

　この議会の成立要件については立法段階から今日に至るまで、国会や各地方議会においてほとんど議論されないままにあったことは事実である。この質問主意書を提出した小沢貞孝の意図を放置することは、議会そのものの正統性に疑問を残すことを意味する。

(3)　住民投票における最低投票率の設定とその議論

　住民投票制度については、とりわけ「平成の大合併」が進められた際に、各自治体で合併に関する住民投票を条例化した経過がある[14]。合併が一段落した段階では、自治基本条例を制定する中で、住民投票制度を規定した自治体がある。ただし、その中でも常設型の住民投票条例を制定している自治体はそれほど多くない。ほとんどの自治体では、個別に重要な案件が表出した際に、住民からの発議あるいは議員ならびに首長の発議によって、住民投票条例を制定するスキームとなっている。

　日本における住民投票の開催事例は多くないが、図 1 ならびに表 1 で示したように、開催されたとしても、回を重ねるたびに低投票率となっている。そのため、住民投票の有効性を担保するとの趣旨から、最低投票率を設定する必要性の議論と動きが表われてきた。

　その事例が、小平市自治基本条例（第 14 条）である。条例では、「市は、市政に関する重要な事項について、市民、議会又は市長の発意に基づき、市民の意思を直接確認するため、市民による投票（以下「市民投

票」という。）を実施することができる。」と規定されていたが、後に、
全国的に注目された都市計画道路の建設を巡って「東京都の小平都市計
画道路3・2・8号府中所沢線計画について住民の意思を問う住民投票条
例」を制定した。2014年（平成25年）3月小平市議会定例会に上程さ
れ、住民投票条例特別委員会での審議を経て、本条例案の13条の2に
おいて、住民投票の成立要件を投票率50%とする修正可決した諮問的
住民投票である。

　また、浜松市では「行政区再編の賛否を問う住民投票条例案」が、
2018年12月に制定され、住民投票の成立要件を投票率50%と設定した。

　常設型住民投票条例では、最低投票率を50%と設定した自治体が多
く、50%を下回れば開票しないとされている。そのほかでは、3分の1
すなわち33%の設定がみられる。その際でも、下回れば開票されない
例が多い。

　常設型住民投票条例を持つ自治体で、成立要件を設定しない事例とし
ては、豊中市がある。豊中市では、「成立要件を設けると、投票に行か
ないよう働きかけるボイコット運動を招きやすくなり、市民投票に対す
る期待感を失わせることになります」[15]と、要件を定めない理由の説明
を行っている。

　一方、2018年（平成29年）10月31日に公布され、翌2019年（平成

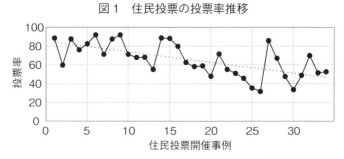

図1　住民投票の投票率推移

出所：筆者作成

表 1　住民投票の事例

1	新潟県 巻町	1996.8.4	原子力発電所建設	88.29
2	沖縄県	1996.9.8	日米地位協定の見直しと米軍基地の整理縮小	59.53
3	岐阜県 御嵩町	1997.6.22	産業廃棄物処理施設建設	87.5
4	宮崎県 小林市	1997.11.16	産業廃棄物処理施設建設	75.86
5	沖縄県 名護市	1997.12.21	米軍代替ヘリポート基地建設	82.45
6	岡山県 吉永町	1998.2.8	産業廃棄物処理施設建設	91.65
7	宮城県 白石市	1998.6.14	産業廃棄物処理施設建設	70.99
8	千葉県 海上町	1998.8.30	産業廃棄物処理施設建設	87.31
9	岡山県 吉永町	1998.2.8	産業廃棄物最終処分場の設置	91.7
10	宮城県 白石市	1998.6.14	産業廃棄物処分場設置	71
11	長崎県 小長井町	1999.7.4	採石場新設・拡張	67.75
12	長崎県 小長井町	1999.7.4	採石場の新規計画及び採石場の拡張計	67.8
13	徳島県 徳島市	2000.1.23	吉野川可動堰建設	54.99
14	三重県 海山町	2001.11.18	原子力発電所誘致	88.6
15	新潟県 刈羽村	2001.5.27	東京電力柏崎刈羽原発のプルサーマル計画	88.14
16	高知県 日高村	2003.10.26	産業廃棄物処理施設の設置	79.8
17	埼玉県 北本市	2003.12.15	新駅建設	62.34
18	千葉県 袖ヶ浦市	2005.10.23	袖ヶ浦駅北側地区整備事業	58
19	山口県 岩国市	2006.3.12	米空母艦載機の岩国基地への移駐案受け入れ	58.68
20	千葉県 四街道市	2007.1.29	地域交流センターの建設	47.6
21	沖縄県 伊是名村	2008.4.27	牧場誘致による牛舎建設	71.4
22	長野県 佐久市	2010.11.14	佐久市総合文化会館の建設	54.9
23	鳥取県 鳥取市	2012.12.52	鳥取市庁舎耐震化のための新築	50.82
24	山口県 山陽小野田市	2013.4.7	市議会議員 の定数を 20 人以下とすること	45.5
25	東京都 小平市	2013.5.26	都市計画道路建設	35.17
26	埼玉県 所沢市	2015.2.15	防音校舎の除湿工事（冷房工事）	31.54

27	沖縄県 与那国町	2015.2.22	自衛隊配備	85.74
28	大阪府 大阪市	2015.5.17	大阪市特別区設置	66.83
29	茨城県 つくば市	2015.8.2	総合運動公園の基本計画	47.3
30	茨城県 神栖市	2017.10.1	防災アリーナ整備事業	33.4
31	滋賀県 野洲市	2017.11.16	市民病院建設	48.52
32	兵庫県 篠山市	2018.11.18	市の改名	69.79
33	奈良県 宇陀市	2018.12.16	市保養センター美榛苑の老朽化に伴う宿泊事業者誘致事業・公園整備事業	51.32
34	沖縄県	2019.2.24	米軍基地の名護市辺野古移設に伴う埋め立て工事	52.48

出所：筆者作成（左から開催地、開催日時、投票事案、投票率）

30 年）2 月 24 日に実施されて注目を集めた沖縄県の辺野古基地埋め立ての賛否を巡る県民投票条例においては、最低投票率の設定はされず、投票資格者の 4 分の 1 を超えた結果について、知事が尊重し、内閣総理大臣とアメリカ大統領に通知すると規定された[16]。

　以上のように、住民投票における最低投票率の設定については、各自治体の首長や議会などの判断によるものであって、統一されたものではない。ここで問題とすべき点は、住民投票においては最低投票率を上回らなければ不成立にするにもかかわらず、通常の選挙はどのような低投票率であっても不成立とはならないということである。最低投票率を設定している住民投票と、通常の選挙での最低投票率の不設定との離齬（そご）である。

(4)　国民投票における最低投票率制度についての議論

　最低投票率制度については、冒頭で記したように、近年では国政選挙や地方選挙ではなく、国民投票法と住民投票条例の制定において盛んに議論が進められたものであり、それまでには、大きな議論を呼んだこともなかった。国民投票や住民投票と選挙を同種のものとして扱うことは

できないという指摘があるにしても、選挙あるいは投票が成立する要件として最低投票率を設けることの是非という点では一致していることから、国民投票制ならびに住民投票条例制定の過程で交わされた議論を参考にすることは有益である。

　ただし、国民投票法における最低投票率の設定についての国会における政党間の議論は、法律論はさることながら、憲法改正を巡ってかなり政治的な背景を持っていることに留意しておく必要がある。それは、最低投票率の設定が、憲法改正を成立せしめる可能性を低めるとの認識からの賛成論（共産党や社民党など）と、それへの批判としての反対論（自民党や公明党など）であったことである。

　［積極論］

　・当選者に対する有権者の信任が明確になる。現状のように最悪の10% 台での投票率で当選するという事態は、有権者が候補者を代表として信任をしたと判断することには疑問を持たざるを得ない。

　・仮に再選挙を実施することとなれば、有権者にとっては投票行動への強い動機づけになろう。罰金・罰則といった直接的な強制力をともなわないで低投票率化を防ぐ方法論として有効である。

　・現在の棄権者は積極的な棄権というよりも、「関心がない」という消極的棄権者が多い。彼らはいわば政治参加という民主政のコストを負担せず、民主政による便益を得る「フリーライダー」でもある。政治に無関心である彼らにも、民主政のコストを負担するように動機づけることが必要である。とりわけ地方議会議員選挙については、地方自治とは「民主政の学校」といわれるように、住民が政治に関心を持ち、政治の実践を学ぶ場である。現在のように政治に対する無関心が広がっている現状では、最低投票率制度といった投票への強い動機づけが必要である。

　［消極論］

　・立憲主義的自由主義の伝統から判断すれば、各個人の政治的自由意思が尊重されるべきであることから、投票は憲法上からも国民・住民の

権利として規定されている [17]。投票は個人の権利であるから、それを行使するか否かは自由である。そこに、強迫的な強制力（例えば棄権者への罰金・罰則）や間接的強制力（再選挙）を持たせて投票を動機づけるというのは、憲法上の規定から自由意思や権利の侵害にあたるおそれがある。すなわち国民は「投票に行かない自由と権利」を所有するのであるから、最低投票率制度は憲法上の要請とぶつかり合う。

　・投票の棄権行為の動機がたとえ政治に対する「無関心」あるいは「飽き」であったとしても、それは有権者としての権限の放棄あるいは不行使ではなく、いわば白紙の「委任」である。民主政の根本原理からは、主権者である有権者は、予め統治者に対して「統治委任」を行っているのであるから、その上に改めて「委任」行為が強制される必要性はない。

　・投票ボイコット運動（戦略的棄権）

　投票を成立させないために、投票そのものをボイコットさせる運動をどのように評価するかという問題がある。日本では実例はないものの、諸外国に目を転じれば、投票の正統性そのものを否定するために、投票ボイコット運動が実践される例がある。肥前洋一は住民投票における最低投票率制を検討する中で、「戦略的な有権者を仮定するモデルでは、反対派の有権者の戦略的棄権により、多数派の意向が反映されない結果が実現しうる」（肥前 2014：62）と指摘している。この分析結果を一般地方選挙にそのまま適用するのは適切ではないものの、戦略的棄権運動への対処を考える必要性があることを示している。

　・民意のパラドックス

　最低投票率制度を国民投票や住民投票に導入することには、根本的にパラドックスが存在することは多くの研究者たちが指摘している。民意のパラドックスとは、最低投票率を設定すれば、得票数が多くても投票や選挙が成立しないものとされ、得票数が少ない場合でも成立するとなるような場合が想定されるということである。例えば、最低投票率を

50% とした場合に、投票率が 45% の場合、賛成意見にはそのうちの80% の得票率として、全体で36% の得票率を得ても投票は無効となる。逆に、投票率が 60% を超えて投票が成立し、賛成の得票率が 55% であったとすると、全体で 33% の得票率であっても賛成としての結果となる（福井 2010：114）[18]。

(5)　選挙権を巡る憲法論争　任意投票か義務投票か／投票は権利か義務か

　最低投票率制度を導入する意味は、国民の投票行動に間接的に強制力をもたせる（選挙が成立せず再選挙が実施される）ということである。間接的であれ強制力をもたせることは、すなわち投票を国民の権利とするよりも、義務とすることに接近する。もちろん、本格的な義務制には棄権者への罰則が用意されることになるが、あくまでも投票への強い動機づけのために義務として定義する限り、最低投票率制度を導入したとしても、棄権者への罰則を適用するといった議論にはつながらない。

　しかしながら、投票に強制力をもたせるという意味でも、投票とは権利なのか義務なのかの議論を整理しておく必要がある。

　この選挙権の法的性格については、明治以降から今日に至るまで、様々な法律学上の学説があり、繰り返し議論されてきている。本章では、その詳細を検討する余裕がないため、最低投票率制度という間接的な強制力を持たせる制度との関係性という点についてのみに留めておきたい。

［権利説］

　18 世紀以降の欧州における啓蒙思想による民主政の根本原理から導かれ、選挙権とは自然法に由来する個人の自然に持つ不可侵の権利であるという説である。

　権利説の中でも、民主政による根源的な要請からは、選挙権は諸個人が自然に持つべき権利であるとする[19]。そのため、国民が選挙において

棄権する自由を有するという任意投票制度が導かれる。したがって、選挙権の行使においては、いささかも強制力を働かせることは個人の権利の侵害とされ、義務投票制は排除されると同時に、最低投票率制度にも消極的となる。

　［公務説］

　国家という団体を構成するのは個人であり、その国民主権の観点から、選挙は団体の主権者である国民・公民としての義務であり「公務」の執行であるとの解釈を導き出すことになる。明治初期から権利説と公務説が対立しており（犀川・犀川 1925：10）、戦前の美濃部達吉がこの立場にあった。公務である限りには、棄権者へは何らかの罰則・罰金といった強制力を持たせる義務投票制も、その妥当性には議論が残るにしても、立法上は排除されないとされる[20]。ゆえに、最低投票率制度も同様と考えられる。

　［権限説・請求権説］

　選挙は国家機関の権限行使を意味するとする。したがって、選挙は国家を構成する一員としての個人の「公務」であると同時に、選挙人としての資格を請求する権利を有するものとする。権利説に依拠することから任意投票制度を前提とするも、公民である個人は公務を遂行する義務を負うことから義務投票制は排除されない。ゆえに、立法上は最低投票率制度も排除されないことになろう。

　［二元説］

　宮沢俊義によれば、フランスの公法学説に依拠して、選挙権とは個人の参政権の行使であり、また、国家を構成する一員としての公務としての義務（法的ではなく道徳的・政治的なものとして）でもあるとする（宮沢 1993：157）。現在では、この二元説が現在の主流をなしている。ゆえに、任意投票制度を採用したとしても、何らかの投票への動機づけに強制力をも出せることは、立法裁量として許容されることになる。ただし、その上で、安易に選挙権を公務・職務としての義務とすることに

批判もある（加藤 2005：115）。それは、前述の消極論にあるように、義務的投票制度は個人の自由権を侵害する恐れがあるとするからである。

　[私見]

　以上が選挙権を巡る学説の概説である。権利説以外の学説からは、最低投票率制度の導入に対しては、積極的か消極的かの違いはあっても、立法上からは排除されないものとされている。そこで、本章では、二元説に立脚しながら、二元説にある消極論に対して、最低投票率制度は投票の義務化を目論むものでもなく、個人の自由権を侵害するものではないという立場から、修正論を試みたい。

　果たして、投票とは権利なのか、それとも義務なのか、あるいはその両方なのか。この問いへの解答を明確に導き出すことが困難な理由は、民主政の根源的なディレンマに由来する。民主政のディレンマとは、民主政においては主権者が国民と定義されたとしても、実際に政治に参加し得るのは、選挙で選ばれたごく少数の代表者である。主権者が統治者になる道はあるにしても少数であり、大多数の主権者は自由と権利を持つとされるものの実際は被統治者なのである。このディレンマの解決のためには、国民が自らの意思で自発的かつ積極的に政治の現場に参加することが求められることになる。だが、実際の政治参加とは参政権の一部である選挙における投票に限定されるし、最小化されているのである。

　選挙における「棄権する自由」とは、いわば自らが果たすべき最小限の政治的義務・責任を果たしていない「フリーライド」を正当化しているにすぎない。法的には、有権者として最低限の政治的義務・責任としての「棄権する自由」を担保するために、選挙において白票を投じることが許容されているのは、そのためである。ましてや、棄権を「市民的不服従」の表れだとするのも誤りである。

　国民の政治参加をより強く求めるような場合には、義務投票制を採用することに繋がるだろう。それは、立法者が国民の政治参加に対して懐疑的である場合（投票率の低下が懸念されるような場合である）であ

る。一方で、任意投票制を採用するのは、立法者の意図が国民は政治的に啓蒙され、合理的かつ理性的な判断を自ら実践するであろうという理想的な民主政と国民の政治参加を捉えている場合である。

　選挙とは国民の権利であるから、投票行動も国民の任意に委ねるべきという任意投票制度を採用するか、それとも投票は国民の義務とする義務投票制度とするかは、前述のように各国によって異なっている。

　任意投票制を採用しているのは、日本をはじめとして米国や英国がその例である。ただし、移民によって国家が形成されてきたような米国では、住民登録制度がないこともあり、選挙にあたっては事前に有権者登録を義務付けている。投票は個人の権利であるとした上で、権利の行使のための登録を義務付けているのである[21]。

　日本では、憲法15条に示されたように投票は権利であって、罰金・罰則で投票を強制するものではないという、米国流の自由権（参加への強制を拒否する消極的自由）に基づく意見が主流をなしており、任意投票制を基本としている。だが、二元説に立脚すれば、国民は道徳的・政治的な義務の履行が求められる。もちろん、道徳的・政治的義務であるが故に、直接的な投票の強制性は排除すべきものである。そして、罰金・罰則といった強制的投票は、個人の自由と権利の侵害にも繋がる恐れがないとは言えない。ゆえに、道徳的・政治的な義務の履行を怠ったとしても、直接的なペナルティを課すことは避けるべきである。しかしながら、政治的義務の履行を怠る棄権者に対して、選挙が成立しない恐れがあるような場合に至れば、投票義務の不履行は避けるべきであるという強い道徳的動機づけまでも排除されるものではない。

5．最低投票率制度の導入への検討課題

(1)　公職選挙法と地方自治法との齟齬
　公職選挙法では選挙を経ることによって構成される新しい議会の成立

要件が定義されていないものの、新しい議会においては、議会の成立要件や議案の成立要件は地方自治法によって規定されている。議会を成立させる定足数は議員の過半数の出席であり、また議会での各種議案の成立も出席者の過半数以上とされている。地方自治体の予算あるいは条例等の可決要件は、議会成立要件としての議員定数の半数の出席（地方自治法第 113 条）、出席者の過半数の賛成（地方自治法第 116 条）が定められている。

　各種議案の成立要件については、地方自治法によって定められているものの、議会そのものの成立要件、すなわち直近の議会議員選挙に関しては、議会を成立せしめる規定は公職選挙法では規定が存在しない。新しい議会を成立せしめる選挙において、当該選挙区の有権者による投票参加に議会を成立させるための投票率あるいは投票数の要件が、地方自治法上に定められていない。

　こうした両法の「ちぐはぐな状態」は、立法段階において立法者が想定していなかったものであった。普通選挙制度を導入した際には、立法者は多くの国民がこぞって選挙に参加するであろうという漠然とした期待を持っていたのであった。立法段階はともかくも、法律制定後から今日まで、その漠然とした期待を持ち続けていくことは妥当性を著しく欠くものと言えよう。

（2）　無投票選挙における当選との齟齬

　現行の公職選挙法によれば、議員定数通りの候補者数だった場合、あるいは定数に満たない候補者数であった場合では、選挙が実施されることはなく、候補者が全員無投票当選とされる。そして、前述のように定数に立候補者が満たない場合の欠員分が再選挙される。

　最低投票率制度を導入した場合、こうした「無投票当選」との齟齬が発生する。最低投票率を下回った場合には、議員定数以上の候補者が立候補したとしても、選挙が成立しないものとされて再選挙が実施される

ことになる。ところが、議員定数通り、あるいは定数に満たない場合には、投票が実施されないにもかかわらず、選挙そのものは成立しており当選が有効となるというねじれた現象を惹起させる[22]。このねじれ現象の発生を解決するため想定される方法論として、無投票当選を排除することであるが、それは立法論からは可能だとしても、政治的な慣習として定着していると同時に、そもそも立候補者不足という実態を考慮すれば、消極的にならざるを得ない。

(3)　制度的中立性の課題

　今日では無党派層（政治的無関心層とは異なる特定の支持政党を持たない有権者）と呼ばれる有権者の動向が、特に国政選挙においては選挙結果に与える影響として決定的とされている。ゆえに、最低投票率制度によって、無党派層の動向による影響がより強まることが予想される。なぜなら、投票を棄権する有権者は、そうした無党派層の大部分を占めることから、最低投票率制度を導入した後に、彼らの投票行動によっては、既存の政党や候補者の得票にこれまでとは異なる大きな正負の影響を与えるものと予想できるからである。

　一方、いわゆる「よく組織化された支持層」すなわち「固定支持層」と呼ばれる有権者に対する動員効果を高く得られる政党ほど、図２のように低投票率は所属候補者の当選に有利に作用する[23]。政治の実践の場では、自民党は地域でよく組織化され、有権者（固定支持層）への動員の効果が期待できることから、低投票率の方が当選可能性が高くなるとされる。地域において政党組織や後援会組織がコストをかけて整備することによって、それだけ動員効果を高く得られるからである。

　そのため、最低投票率制度が導入されれば、動員のコストに見合うだけの結果は期待できないこととなる一方で、動員のためのコストをかけていないものの無党派層の支持を得る候補者が当選することが予想される。なぜなら、無党派層の投票率が高くなることによって、固定支持層

図 2　衆議院議員選挙の投票率と各党の当選者数

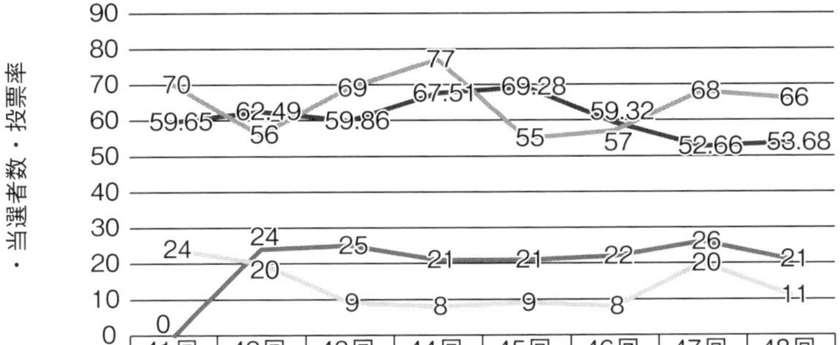

	41回	42回	43回	44回	45回	46回	47回	48回
投票率	59.65	62.49	59.86	67.51	69.28	59.32	52.66	53.68
自民党	70	56	69	77	55	57	68	66
公明党	0	24	25	21	21	22	26	21
共産党	24	20	9	8	9	8	20	11

―― 投票率　―― 自民党　―― 公明党　―― 共産党

出所：筆者作成

に依存する政党や候補者は不利になるからである。

　つまり、最低投票率制度の導入は、各政党や候補者のコストに対して中立的な制度ではなく、政党や候補者のコストに見合わない結果をもたらす非中立的な選挙制度を用意してしまうことになる。選挙制度の変更によって、ある特定の政党やその候補者に与える影響に偏向があってはならない。過去に、衆議院議員選挙での小選挙区制度の導入が議論された際に、少数政党へ配慮することの必要性との観点から比例代表制との併用が採用されることになったのはそのためであり、制度変更に伴う中立性はできる限り担保しなくてはならない。

　以上の点から考えれば、最低投票率制度の導入は無党派層と呼ばれる「固定の政党支持あるいは候補者への支持を持たない層」への投票の動機づけになるものである一方、政治的な中立性に欠けることに留意せざるを得ない。

（4）　選挙と議会の実務上の課題

　前述の質問主意書に対する政府回答のように、最低投票率制度を導入した結果、再選挙が執行される場合があると、財政的課題として選挙費用の過重な負担が想定される。再選挙となれば、選挙費用が単純に二倍必要となり、当然、各地方自治体の財政的負担が増加する。各地方自治体ともに財政がひっ迫している状況の中では、各地方自治体としては再選挙に消極的にならざるを得ない。さらに、各候補者や政党にとっても、選挙費用等の負担が増加することになる。最低投票率制度の導入の最大の足かせとなるのが、この財政負担である。

　そして、二度同じような低投票率となり、再々選挙というように選挙を繰り返すとなれば、終わりのない選挙となる可能性を想定しておくことが必要となる。仮に低投票率であっても再々選挙によって選挙を有効として終了するとすれば、第1回目、2回目の選挙において低投票率だった場合、制度設計上の意味がなくなるからである。

　さらに、そうした事態に陥れば、議会の空白期間が発生することが懸念される。現行の公職選挙法第33条において、地方議員は任期満了の30日前までに選挙を実施することとされているのは、選挙による「空白」を防ぐためである。再選挙あるいは再々選挙が30日間の間で実施が可能か、という実務的な問題が生じる。また、万一、議会の空白期間が長引けば、様々な政策決定に支障が発生し、住民にとって不利益が生じる可能性がある。とりわけ地震などの災害が発生した場合などの緊急事態への対処も視野に置いておかなくてはならない。

　しかしながら、これらは民主政のコストとして受容すべき重要な課題であると思われる。民主政のコストとは、たんに財政的な意味を持つのではないが、候補者・政党は言うに及ばず国民全体として考えなくてはならない政治的な責任問題である。政治的義務・責任を果たすというコストを避けていては、より善き民主政を生み出していくというベネフィットを得ることはできないからである。

6．おわりに

　選挙権は個人の権利であるから、投票するか否かは個人の自由意思に委ねた任意投票制が妥当である。だが、二元説から導き出されるように、同時に選挙の投票は「公人」としての個人の義務でもある。なぜなら、個人の自由は権利を行使することのみにて成立するものではなく、個人としての義務を負担してこそ自由と権利を得られるからである。そして、個人の自由意思に委ねるとしても、その自由意思が政治への無関心に由来するものであるとすれば、代表制あるいは議会制はその成立の正統性を失うことが民主政の原理から導かれるからである。ゆえに、国民の政治あるいは選挙への無関心を改めていくための何らかの動機づけがなくてはならない。だが、投票への動機づけの必要性についての議論と若干の方法論（その多くは選挙管理委員会の専管事項とされている）は存在するものの、任意投票制から逸脱する可能性のある最低投票率制度の法制化への動きはない。

　本章では投票への動機づけの方法論の一つとして最低投票率制度について検討を加えてきたものである。検討の結論は、最低投票率制度の導入には「民意のパラドックス」をはじめとする理論的課題が残り、さらに克服が困難な実務的課題が残されるために、現在の時点において必要性はあっても、消極的にならざるを得ないというものである。とりわけ、農村部における立候補者不足が深刻化し、各種選挙で無投票当選者が増加している中では、無投票当選を「無効」とするような最低投票率制度の導入には躊躇せざるを得ない。

　だが、このまま政治的無関心の表れである低投票率化が進んでいくことには重大な懸念があることも確かである。この政治状況が「民主政の危機」あるいは「民主政の赤字」と呼ばれて久しいが、危機を回避し、赤字を解消するためにも、理論面での探求や、選挙実務面での対策を検

42

討していくことの必要性は大きい。特に、本章では検討を加えなかった
ものの、公職選挙法に禁止条項が多いとの基本的な課題がある。国民の
政治への関心と参加を動機づけるための選挙制度にするために、禁止条
項の廃止あるいは緩和といった根本から検討し直すことが必要であろ
う。加えて、既存の議会制度においては国民・住民の積極的な参加を要
請するものになっていないことによって、国民・住民の政治的無関心を
助長していることについての対処がこれからの重要な課題である。これ
らの法制度の課題と改正の方向性については、今後の課題として検討し
ていくこととしたい。

[註]

1　低投票率化の原因については、様々な指摘がされているが、最大の要因は
有権者による議会への期待の喪失という意味での無関心である。総務省の調
査でも、選挙に棄権した理由の上位は、「関心がなかった」である。総務省選
挙部「目で見る投票率」（平成29年1月）によれば、棄権の理由が「関心が
なかった」となっているのは、平成25年の参議院議員選挙では19.0％、平成
26年の衆議院議員選挙では23.4％である。また、現行の公職選挙法では、「公
平・公正な選挙」を実施するためとの趣旨から、事前・選挙期間中を含め
て、候補者・政党等の政治・選挙活動に様々な規制がかけられている。それ
が、逆に、有権者に対する投票への動機づけを弱めていると考えられるが、
それは今後の検証が必要な点である。また、政党システムの変容が低投票率
を招いているという見解もある。支持基盤の弱体化によって、各政党が支持
基盤を拡大しようとして包括的な政策を打ち出した結果、政党間での政策的
な差異が無くなったことによって、逆に有権者の関心が逆に薄れてしまった
というものである。

2　いずれの民主国においても、低投票率化が進んでいる。例えば1995年から
地方選挙が始まった韓国においては、第1回から投票率が下がり続けてい
る。第5回では持ち直しているのは、18歳投票権が施行された影響だと言わ
れる。軍事独裁体制から民主化への舵を切ったばかりの最初の地方選挙であ
れば、韓国国民の選挙への関心は高かったものと思われる。だが、回を重ね
る度に投票率が下がったということは、日本と同様に当初の地方議会への期

待感が薄れてきたものと言えるだろう。

　　　韓国統一地方選挙

　　　　　第 1 回 1995 年 68.4%

　　　　　第 2 回 2001 年 52.3%

　　　　　第 3 回 2007 年 48.8%

　　　　　第 4 回 2013 年 51.6%

　　　　　第 5 回 2018 年 54.5%

3　しかしながら、決して投票率が高ければよいというものではない。北朝鮮のような専制体制の下で実施される「強制される投票」の結果、投票率が90% を超えて選挙区で唯一の候補者が住民全員から信任を得るというような場合は論外である。

4　選挙管理委員会では低投票に歯止めをかけようと様々な工夫を凝らしてきた。一つには、制限的だった期日前投票制度を、ほぼ解禁した。二つには、投票場の拡大である。これらは多少の投票率の確保には有効であったと考えられるが、その効果を帳消しにするほどに低投票率化が加速している。

5　ジョン・ロック（1968：156）

6　ハンナ・アレント（1995：407）

7　ジョン・ロックは以下のように述べている。「どの協同体でもそれを動かすものは、その協同体各個人の同意のみである。そうして一体たるものにとっては一つの道をゆくことが必要だから、その団体は、大きい方の力すなわち多数者の一致の進んでゆく方向へ動く必要があるのである。もしそうでないとすれば、それはその構成員である各個人がそうあるべきだと同意したように、一箇の協同体として決議し存続することが不可能になる。そこで団体を結成している各個人は、同意を与えた以上、多数者に拘束されなければならないのである。」（ロック 1968：101）

8　現行法の法定得票数は、市町村議会議員の場合には、有効投票総数を定数で割り、さらに 4 分の 1 を超えた得票数であり、それを超えなくては当選とならない。だが、その場合でも、選挙そのものの投票率は考慮されない。

9　直近では、2018 年（平成 29 年）11 月 27 日に告示された群馬県昭和村議会議員選挙の例がある。定数が 12 名のところに 9 名が立候補し、その 9 名は無投票当選とされた。定数の 6 分の 1 を超えた 3 人の欠員分が、2019 年（平成30 年）1 月 27 日に再選挙された。ただし、再選挙でも欠員分の 3 名の立候補により、選挙は実施されず無投票当選となった。

10　日本では国政選挙における「一票の格差」を巡って訴訟が提起されているのが例である。その際には、現行の格差は憲法違反状態であり、その格差の是正を求める判決が出されるものの、選挙そのものを無効とする判例はない。

11　フランス地方選挙の制度と実態—コミューン議会議員選挙・県議会議員選挙—(財) 自治体国際化協会　CLAIR REPORT NUMBER 222(November30, 2001) p.3

12　参議院地方行政委員会議事録（昭和 22 年 6 月 5 日）に海野晋吉政府説明員の答弁による。

13　極端に投票率の低い選挙の場合の当選効力に関する質問主意書

昭和五十六年四月七日提出　提出者　　　小沢貞孝

　　衆議院議長　福田一殿

　　前知事の辞任による千葉県知事選挙が、四月五日投票で新知事が決定した。投票率は二五・三八％で、過去の全国知事選の最低を記録した。また登録有権者数（選挙人名簿登録者数）三二三万五、七四八人の内、当選者の得票数は三九万四、一三九票で、有権者に対する得票率はわずか一二・二％であつた。

　　公職選挙法の第九十五条の当選人の規定には、有効投票に対する最低得票の規定（第一項第五号で有効投票の１／４以上）はあるが、登録有権者数に対する最低得票の規定はない。県民の代表としての知事が、一〇〇名の内の一二・二名の意思で決定されたということである。

　　民主主義の基本である選挙において、現在「一票の重さ」が論議されているなかでもあり、最低得票についての規定を定める必要があるのではないだろうか。

　　ちなみに、フランスの例をみれば、選挙法一二六条① (ａ) 第一回投票で(ア)有効投票の絶対多数（過半数以上）(イ)登録有権者の総数の四分の一に相当する得票数の(ア)(イ)のいずれも満たすことが必要であると定められている。これは有権者の意思の尊重と当選人の重みについて考慮しているものと思う。

　　よつて次の点について質問する。

一　各級選挙において、当選人となるためには、有権者総数に対する得票率の最低を規定する必要があるのではないか。

二　前項で最低得票数に満たないときは、その選挙で得票した上位二人による決戦投票を行うようにすべきではないか。

　右質問する。

この質問主意書に対する答弁は以下のようなものである。

一及び二について

　投票について選挙人の自由に委ねている現行制度（任意投票制）の下では、選挙に参加した有権者の投票結果をもつて全有権者の意思の反映があつたものと考えることが適当であり、当選人となるための得票の基準は、現実に選挙において表明された有権者の意思表示、すなわち、有効投票を基礎として定めることが妥当であると考える。

　当選に必要な得票の基準を有権者総数との対比において固定的に定めることも立法政策上は一つの考え方であろうが、この場合、当選人が得られないため決選投票を行つたとしても、その結果は先の選挙とほとんど同様のものとなることが予想されるだけでなく、かえつて激烈な競争を招き多額の経費を要することとなろう。このような観点からも、現行法は、当選に必要な得票の基準を有権者総数との対比ではなく、有効投票総数との対比において定め、更には立候補者数が定数を超えない場合には、無投票当選の制度を認めているものである。

　なお、決選投票制度を採ることについては、かつて地方公共団体の長の選挙においてこの制度が採用されていたが、決選投票の実績をみると、ほとんどの場合、最初の選挙における第一位の得票者が決選投票においても当選しているため、改めて投票を行うことの繁雑さに対する批判が高まり、昭和二十七年に廃止された経緯があることからみても、適当とは考えられない。右答弁する。

14　総務省自治行政局住民制度課による平成 22 年度の調査では、417 自治体が合併に関する住民投票条例を制定した。同調査によれば、住民投票条例等を持つ自治体は 51 件、自治基本条例等によって規定されている場合が 112 件である。

15　「豊中市の市民投票制度　基本的な考え方」豊中市政策企画部企画調整室、（2007：10）

16　投票結果は、投票率 52.48% で、埋め立て「反対」が 71.73%、「賛成」が 18.98%、「どちらでもない」が、8.7% であった。

17　日本国憲法第十五条は「公務員を選定し、及びこれを罷免することは、国

民固有の権利である。」と規定している。

18 本論文は国民投票制度に関する考察であるが、パラドックスについては、公職選挙においても同様に想定できるものである。

19 辻村みよ子がこの立場である。

20 実際に、最高裁判所裁判官国民審査法（第 32 条）では、1％条項（罷免を可とされた裁判官）が設定されているように、公務員を選定、罷免するための投票において最低投票率制度そのものを排除しているものではないと考えられる。（第 32 条　罷免を可とする投票の数が罷免を可としない投票の数より多い裁判官は、罷免を可とされたものとする。但し、投票の総数が、公職選挙法第 22 条第 1 項又は第 2 項の規定による選挙人名簿の登録が行なわれた日のうち審査の日の直前の日現在において第 8 条の選挙人名簿に登録されている者の総数の百分の一に達しないときは、この限りでない。）

21 米国での選挙における低投票率化の一つの要因として、この有権者登録に要する ID の取得などの手続きが煩雑なことがあると指摘されている。CNN（2015.9.12)「低所得層が投票しない理由　米選挙を考える」https://www.cnn.co.jp/usa/35069393.html（2019.1.3 閲覧）　米国では、中間選挙の投票率が低い傾向を示しているが、2018 年の中間選挙では、インターネットを使った有権者登録運動の成果があったためか、有権者登録を行った有権者の投票率は 8 割を超え、過去最高の全体の有権者数の 50％程度の投票率になった。

22 日本においては、とりわけ都道府県会議員選挙と町村議会議員選挙において、立候補者が少なく、無投票当選者数が平成 27 年の統一地方選挙において両者ともに全体の当選者の 21.8％を占めていた。2019 年の統一地方選挙の 41 の道府県議会議員選挙では、NHK の調査によれば、945 の選挙区のうち全体の 39％にあたる 371 の選挙区で合わせて 612 人が無投票当選となったとのことである（NHK 2019 年 4 月 9 日 News Web）。また、総務省によれば、同年 4 月 14 日告示の一般市議会議員選挙では、総定数 6726 のうち、無投票当選は 182 名であった。高知県大川村村長による問題提起に端を発した議会に替わっての村民総会（住民総会）への移行の議論のように、現行法では許容されている住民総会への移行の必要性を、最低投票率制度の検討とは別として、今後とも検討を続けていく必要性は大きい。

23 近年の衆議院議員選挙における比例代表選挙の結果の範疇では、自民党は投票率と当選者数が相反する傾向がある。例外は 44 回選挙における「小泉ブーム」による大勝である。一方、さらによく組織化された公明党や共産党

は、投票率の推移とは関係なく、一定の当選者数確保している。

［参考文献］

上田道明（2014）「住民投票研究の立場から見る国民投票法」『佛教大学社会学部論集』第 58 号，19-42 頁

岡田信弘（2000）「憲法学における選挙研究」『選挙研究』第 15 巻，65-72 頁

加藤一彦（2005）「選挙権論における『二元説』の意義」『現代法学』第 8 号，115-136 頁

犀川長作・犀川久平（1925）『改正衆議院議員選挙法釈義』富文社書店

財団法人自治体国際化協会（2001）「フランス地方選挙の制度と実態―コミューン議会議員選挙・県議会議員選挙―CLAIR REPORT」Number, 222（November30）

沢田善太郎（2004）「コンドルセ『多数結論』研究―陪審定理と啓蒙思想」『現代社会学』第 5 号，3-24 頁

政治議会課憲法室（2007）「諸外国における国民投票制度の概要」『調査と情報』第 584 号，1-10 頁

辻村みよ子（1981）「選挙権の本質と選挙原則」『一橋論叢』第 86 巻第 2 号，210-229 頁

――――（2015）『憲法』日本評論社

圓谷勝男（1983）「選挙権と政治的自由論」『東洋法学』第 29 巻第 2 号，29-70 頁

肥前洋一（2014）「最低投票率の経済理論」『同志社法学』第 66 巻第 1 号，48-63 頁

福井康佐（2010）「国民投票による憲法改正の諸問題」『大宮ローレビュー』第 6 号，88-120 頁

宮沢俊義（1993）『憲法』有斐閣

宮下茂（2011）「憲法改正国民投票における最低投票率」『立法と調査』No.,322，98-106 頁

脇坂徹（2004）「政策型住民投票の投票率―首長提案による実施が低投票率をもたらすのか」『關西大學法學論集』第 54 巻第 2 号，145-184 頁

Arrent, Hanna（1963）*On Revolution* Penguin Books. ハンナ・アレント／志水速雄訳（1995）『革命について』ちくま学芸文庫

Hirczy de Miño, Wolfgang P. (2000) "Compulsory Voting," Richard Rose (ed.) *International Encyclopedia of Elections*, London: Macmillan Reference, pp.44-47.

International Idea "Voter Turnout Database" <https://www.idea.int/data-tools/data/voter-turnout)> [Accessed: 13 November 2019].

Locke, John (1690) *Two Treatises of Government*, London. ジョン・ロック／鵜飼信成訳 (1968)『市民政府論』岩波文庫

Luhmann, Niklas (1983) *Legitimation durch Verfahren*, Suhrkamp Verlag. ニクラス・ルーマン／今井弘道訳 (1990)『手続きを通しての正統化』風行社

Rawls, John (1993) Politial Liberalism, Columbia University Press

Rousseau, Jean-Jacques (1915) "Du Contrat Social" *The Political Writings of Jean-Jacques Rousseau, with Introduction and Notes*, by C.E. Vaughan, Cambridge, 2 vols., Aubier, Paris, ジャン＝ジャック・ルソー／桑原武夫・前川貞次郎訳 (1954)『社会契約論』岩波文庫

第 2 章

期日前投票制度と
積極的利用者の規定要因

岡田陽介

1. はじめに

　期日前投票は 2003 年に創設され、国政選挙では 2004 年の衆院選から導入された。それ以降、選挙管理委員会などによる啓発活動や政党や候補者による期日前投票利用の呼びかけ、さらには、期日前投票所の増設なども行われ、国政・地方選挙問わず制度の定着が進んできた。近年の公示（告示）期間中の報道を見ても、期日前投票の利用が増加している旨の報道や、選挙後には、当該選挙においてその利用が過去最高となった旨の報道も多く見受けられる。衆議院議員総選挙、参議院議員通常選挙を例にとれば、2017 年衆院選では、衆院選での過去最高の 2,137 万人、また、2019 年参院選でも、参院選での過去最高の 1,706 万人が利用したと報じられた[1]。

　図 1 は、衆院選・参院選について、投票者数に占める期日前投票者数の割合の推移を示したものである。これを見ると、制度導入当初は衆議院・参議院いずれも 10% 程度の利用割合であったが、選挙実施のたびに利用割合が増加し、直近では、衆議院で 40% 程度、参議院で 30% 程度にまで上昇している。このことからも、期日前投票は制度創設から一定期間を経て、制度自体が認知されたことに加え、積極的・恒常的に利

用する有権者も増加したことが窺える。

　期日前投票の利用者の増加は、主として次の2つのことを意味している。まず、投票率全体の下支えとなる点である。国政・地方選挙を問わず、投票率の低下が叫ばれるが、期日前投票制度に伴う有権者の投票機会の増加は、そうした投票率の低下状況に歯止めをかける一助となる。次に、公職選挙法が定める投票日当日投票主義からの例外の拡大をもたらしている点である。そもそも期日前投票制度は不在者投票制度を踏襲したものであり、「複数投票日制の採用を意味するものではない」（安田・荒川 2009：［上］416）とされる。しかしながら、期日前投票制度の導入以前やその利用割合が低い状況下では、投票日は定められた選挙期日の1日となるが、期日前投票の利用者の増加・拡大は、実質的には公示（告示）以後の選挙運動期間中のほとんどが投票日となることを意味し、投票日と選挙運動期間の重複をもたらしている。

　今後、さらなる制度の充実や制度認知の拡大によって、期日前投票の利用者はますます増加することが予測される。本章の目的は、期日前投

図1　投票者数に占める期日前投票者数の割合（衆議院・参議院）

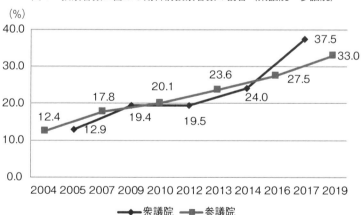

出所：衆議院議員総選挙結果調、参議院議員通常選挙結果調をもとに筆者作成

票の利用者、ひいては、積極的に利用する有権者がどのような要因に
よって規定されているのかを探ることにある。そして、その規定要因を
明らかにすることで、制度の充実や制度認知の拡大に向けた方策、さら
には、期日前投票によって生じる問題点を明らかにすることにある。

２．期日前投票制度と投票環境改革

　期日前投票創設以前にも、選挙期日以前の投票として不在者投票制度
による投票が可能であった。しかしながら、その要件は厳しく利用しづ
らかったことから、1998 年に選挙期日に仕事や旅行、レジャー、冠婚
葬祭等の用事があるなど一定の事由に該当すると「見込まれる」者へと
要件緩和の変更がなされた。こうした改善は不在者投票制度の利用者を
増加させたが、他方では、投票用紙を直接投票箱に入れることができな
いことや、投票用紙を内封筒および外封筒に入れなければならないこ
と、外封筒に署名をしなければならないことについて、有権者からの改
善の声が大きくなった。また、選挙管理事務の視点では、選挙期日の生
存確認や外封筒・内封筒の開封なども必要とされ、有権者にとっても選
挙管理事務にとっても煩雑なままであった（安田・荒川 2009）。
　そうした状況を受け、2003 年の公職選挙法改正によって期日前投票
制度が創設された。その概要は、「従来の不在者投票のうち、名簿登録
地の市区町村の選挙管理委員会で行う投票」を対象となる投票とし、
「選挙期日に仕事や用務があるなど現行の不在者投票事由に該当すると
見込まれる者」[2] を対象者としたもので、「選挙期日の公示日又は告示日
の翌日から選挙期日の前日まで」[3]、「選挙権認定の時期を期日前投票の
日」[4] として「各市区町村に一箇所以上設けられる『期日前投票所』」に
て「従来の不在者投票と同じく、午前 8 時 30 分から午後 8 時まで」投票
可能とするもので、選挙期日の投票手続と大きな差はなくなった（表1）[5]。
　また、期日前投票についてはその創設に留まらず、「共通投票所の設

表1　期日前投票制度の概要

対象となる投票	従来の不在者投票のうち、名簿登録地の市区町村の選挙管理委員会で行う投票
対象者	選挙期日に仕事や用務があるなど現行の不在者投票事由に該当すると見込まれる者
投票期間	選挙期日の公示日又は告示日の翌日から選挙期日の前日まで
投票場所	各市区町村に一箇所以上設けられる「期日前投票所」
投票時間	従来の不在者投票と同じく、午前8時30分から午後8時まで
投票手続	選挙期日の投票所における投票と同じ（投票用紙を直接投票箱に投票）
選挙権認定の時期	期日前投票を行う日

出所：総務省「期日前投票制度の概要」より筆者作成

置」「大学や商業施設等への期日前投票所の設置」「期日前投票の投票時間の弾力化」「投票所等への移動支援等」などの試みも行われている（総務省 2017）。こうした期日前投票制度の創設や不在者投票・期日前投票の一連の制度改革は、有権者ならびに選挙管理事務にとっての利便性・効率を高めるほか、投票環境の改善をもたらし、投票率向上の下支えとなっている（松林 2017；和田・坂口 2006；品田 1999）。しかしながら、期日前投票制度の運用に際して、次のような問題や混乱を引き起こすこともある。

　第1に、同日選における告示（公示）期間の違いについての問題である。自治体によっては、近い日程で複数の選挙が行われる場合に同日選挙を選択したり、解散によって衆議院選挙が急遽決まった場合には、既に予定されていた地方選挙の期日を変更しても衆議院との同日選挙を選択したりすることがある。もちろん、同日選挙自体は、選挙経費削減や投票率向上の観点からすれば望ましい。しかしながら、対象選挙の公示（告示）期間が異なることから、「公示日又は告示日の翌日から」とする期日前投票の期間に違いが生じてしまう。例えば、衆議院選挙と市区町

村の首長選挙や市議会選挙を同日選とした場合、衆議院選挙では 11 日間の期日前投票期間があるが、市議会選挙および市長選挙が 6 日間[6]、町村議会選挙および町村長選挙では 4 日間となる。したがって、市区町村の首長選挙や市議会選挙の告示以前に、衆議院選挙の期日投票期間前に投票所に赴くと、市区町村の首長選挙や市議会選挙の期日前投票が不可能となってしまう[7]。

　第 2 に、期日前投票と選挙期日の投票所の違いについての問題である。期日前投票所は多くの場合選挙期日の投票所とは異なる。また、共通投票所の設置が可能になったことにより、期日前投票所が複数設置されている場合もあることから、そもそも期日前投票所がどこであるのかを確認しなければならない。他方、ショッピング・センターなどへの期日前投票所の開設によっては、買い物の機会などに投票を行える利便性が増した。しかしながら、選挙期日の投票所と比較すると、ほとんどの期日前投票所は遠くなってしまうことから、期日前投票のみを目的とした場合、生活圏から離れた投票所に赴くことになり、心理的なコストは増すであろう。また、選挙区割の変更や同日選によっては、生活圏内や身近に存在する共通投票所や期日前投票所で投票可能な選挙が異なる場合が生じることもある。

　第 3 に、政党・候補者の情報不足についての問題である。期日前投票は、実質的には公示（告示）日翌日以降、選挙期日までの間の複数の日程を投票日として選択できるが、立候補者の手続きなどの規定や運用は選挙期日での投票が前提となっている。有権者に立候補者の情報を提供する選挙公報を例にとれば、選挙公報は「選挙の期日前二日までに、配布するものとする」（公職選挙法第 170 条）とされていることから、期日前投票を行おうとする有権者が選挙公報を入手できない場合もある[8]。ただし、国政選挙の選挙公報は選挙管理員会の web サイトにも掲載されるが、また、インターネットによる選挙運動が解禁されたことにより、有権者が候補者の web サイトや SNS に直接アクセスし情報を得る

ことも可能ではある。しかしながら、そうした手段を用いることが難しい高齢者などにとっては、期日前投票における政党や候補者の情報の不足は避けられない。また、そうでない有権者にとっても、実質的には投票日を前倒ししていることから、本来、選挙期日に投票する場合と比較して得られる情報が少なくなることは避けられない[9]。

　最後に、期日前投票後の投票のやり直しができない問題である。期日前投票は、選挙権の有無が期日前投票を行う日に認定されることで選挙期日前の投票箱への投票を可能にさせる。しかしながら、投票後に新たな情報や事実を入手して投票先を変えたいなどの状況の変化が起きたり、極めて稀に、選挙運動期間中に立候補者が死亡したりして立候補者の状況が変わったとしても後の変更ややり直しは行えない。したがって、期日前投票を行った有権者が、投票後や開票後に自身の投票に後悔を残す可能性も存在する。

　以上に見るに、期日前投票導入以前の不在者投票制度と比較すれば、その利便性は確かに増したが、期日前投票は有権者の意思決定の期間が選挙期日の投票と比較すると短くなることから、選挙期日以前に既に投票意図が確定している有権者にとっては投票日を選択できる点で利便性が高いが、逆に、投票参加の意図は確定していても投票先が未確定の有権者にとっては意思決定期間が短縮させられてしまうことになる。したがって、制度を利用するにあたっては、自治体から提供される期日前投票に関する情報や、政党や候補者から提供される情報をより短期間に整理し理解しなければならない。また、投票結果に後悔を残さないような決定を行わなければならず、期日前投票は選挙期日の投票と比較すると認知コストや意思決定コストが高い制度であるといえる。

３．投票参加と期日前投票参加

　そもそも期日前投票は投票の一形態であることから、期日前投票の促

進要因を検討する上で、既存の投票参加研究で示される要因は手がかり
となる。既存の投票参加研究に従えば、年齢の高さや教育程度などの社
会的属性に加え、政治的関心、投票義務感、政治的有効性感覚、政治参
加のコスト感覚、政党支持の心理的要因、組織加入に伴う動員などの社
会的要因が促進要因として位置づけられ、実証分析でもその効果が示さ
れてきた（山田 2016；三宅 1989；蒲島 1988）。

　ただし、社会属性についての日本の分析では、教育程度は年齢と教育
程度の負の相関が高く、投票参加に対して必ずしも直接的な効果を持た
ないとされてきた（蒲島 1988）。しかしながら、教育程度は政治的関心
や投票義務感などの他の要因を媒介して投票参加を導く間接的な効果が
認められるほか（中條 2003）、市民の熟練度としての市民的技術（civic
skills）を構成し、政治参加や投票参加を促進するともされている
（Verba, Schlozman and Brady 1995; Brady, Verba and Schlozman
1995）。市民的技術とは、「政治的な生活において時間やお金を効果的に
使うコミュニケーションや組織運営の能力」（Verba et al. 1995: 304）
であり、市民的技術が高いほど、効率的な政治的情報の認知・処理が可
能となる。したがって、教育程度の高さは投票参加を行う上で必要とな
る政治的情報を認知・処理する能力を高めたり、他の心理的要因を媒介
したりすることで投票参加を促進させるといえる。

　教育程度と同様に他の社会的属性も、心理的要因や社会的な要因を媒
介して投票参加に影響を与える。そうした媒介要因として、蒲島
（1988）は政治関与と組織加入を主要な要因として位置づける。政治的
関与は、複数の政治意識変数の因子分析によって析出された「政治関
心」「政治的義務感（投票義務感）」「政治的有力感」「政治的信頼」「政
治参加のコスト感覚」の５次元、および、地域愛着度や政党支持で構成
され、それぞれが投票参加に対する規定要因となるとされる。

　また、組織加入は投票依頼等による動員の頻度を高め投票参加を促進
する。これら動員の効果について、日本の分析では、アグリゲート・

データ、サーベイ・データのいずれの分析でも確認されている（石川
1984；浅野 1998；綿貫 1986）。また、組織加入による日常的なネット
ワークの形成や、そこでの動員が投票義務感を高め、投票参加を促進す
る効果も確認されている（岡田 2007、2017）。

　以上の効果は、投票参加に対する効果であるが、期日前投票に当ては
めれば、それぞれ、次のような効果が予測される。まず、社会的属性の
中でも、教育程度の高さが期日前投票の利用を促進させるであろう。先
述のように、期日前投票は選挙期日の投票と実質的には同形態となり利
便性が高まったが、期日前投票所の設置場所の認知や、短時間での情報
処理、意思決定など高い認知コストや意思決定コストを必要とする投票
形態である。したがって、そうしたコストの負担を避ける有権者は、選
挙期日での投票を選択するか、選挙期日の投票が出来なければ棄権を選
択すると考えられる。他方、選挙期日に投票が出来ないがコストを負担
できる有権者は期日前投票を選択するであろう。つまり、認知コストや
意思決定コストを負担し、適切に情報処理を行うためには、市民的技術
やその背景となる教育程度の高さが効果を持つといえる。もちろん、教
育程度はその大半が有権者になる以前に獲得されるものであるが、学校
教育の中で得た読解力や理解力は、情報処理の能力を促進させ、有権者
となった後も認知コストや意思決定コストを低減させるものとして機能
するといえよう。

　また、社会的要因としての動員も期日前投票を促進させるであろう。
先述のとおり、期日前投票は短時間での情報処理、意思決定を強いる
が、仮に投票意図や投票先が確定していれば、残された選択はいつ投票
に行くかという問題となり意思決定コストの負担は少ない。通常、党派
的な動員は投票先の依頼と合わせて行われる。したがって、党派的な動
員によって投票に参加する有権者にとっては、投票先は確定しており投
票に対する後悔も残さず、逆に、投票できなかったことに対する後悔を
生まずに済むと考えられることから、期日前投票制度の利便性は高く、

その利用が促進されるといえる。

4．データ

(1)　データの概要

　分析にあたり本章で用いるデータは、2017 年 2 月から 3 月にかけて実施された「福島県民に対する政治意識調査」（以下、福島県調査）と題した郵送調査である。調査対象は福島県内の有権者 1,200 人（層化抽出）で、回収率は 42.0% であった[10]。

　福島県調査では、2016 年参院選を主たる対象として、投票参加や投票先の候補者や政党、期日前投票の利用有無などが質問項目として設定されている。そこで分析に先立ち、福島県調査における投票率、ならびに期日前投票の利用状況と、実際の福島県での投票率、期日前投票利用状況について確認を行いたい。

　まず、福島県下での 2016 年参議院選挙における実際の投票率は57.1% であった（福島県選挙管理委員会 2016）。また、期日前投票者数は 318,115 人で、制度創設以来、国政選挙では過去最多となった（福島民友みんゆう Net 2016）。投票者に占める割合は 34.0% であり[11]、図 1（50 頁）に示した 2016 参院選の全国の投票者数に占める割合（27.5%）よりも高い割合であった。

図 2　2016 年参院選の投票参加（N=484）

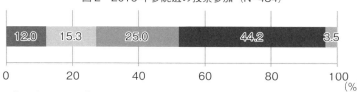

　他方、福島県調査における投票参加の割合（投票率）は 69.2%[12]、期日前投票については、投票者に占める割合が 36.1% と、実際の投票率、期日前投票の利用割合より高い割合となっている（図 2）[13]。

(2)　期日前投票の過去利用と積極的利用者

　福島県調査では過去の期日前投票利用と利用後の後悔の有無についても尋ねている（図 3）。まず、「ここ 10 年の国政選挙・地方選挙で期日前投票を利用したことがありますか」という過去利用の質問では、51.0% が「ある」と回答しており、ほぼ半数の回答者が期日前投票を利用した経験がある。次に、期日前投票の利用経験者に対して「期日前投票を利用した後に、『投票しなければよかった』と後悔したことがありますか」との質問では、後悔をしたことがないとの回答が 96.8%、後悔したことがあるとの回答は 1.2% で、ほとんどの回答者が後悔はしていない。これは、少なくとも現状においては、選挙における意思決定期間を短縮させる期日前投票であるが、後悔をもたらすような状況はほとんど生じておらず、制度としては機能していることを示唆している。

　さらに、期日前投票の過去利用と、2016 年参院選での期日前投票の有無により、期日前投票経験がない回答者、過去に経験あるが 2016 年では選挙期日に投票所で投票した回答者、過去に経験があり 2016 年で

図 3　国政・地方選挙での期日前投票の利用とその後悔

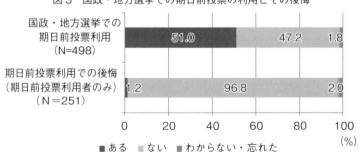

図 4　期日前投票の積極的利用者（N ＝ 440）

- ■期日前経験なし　　　■過去に経験あり／2016年投票所
- ■過去に経験あり／2016年経験あり

も期日前投票を利用した回答者という 3 段階で作成した期日前投票の積極的利用者について確認してみると、およそ 26.6% の有権者が過去に期日前投票の経験があり、かつ、2016 年参院選においても期日前投票を利用している積極的な利用者であることがわかる（図 4）[14]。

(3)　投票環境に対する意識と期日前投票

　選挙期日は日曜日に設定されることがほとんどであるが、期日前投票の利用は実質的に日曜日以外の投票を可能にさせる。福島県調査では投票環境についての質問項目も複数あるが、その中で、期日前投票に関連するものとして、「投票日を日曜日に限定する必要はない」と思うか否かについて尋ねている（図 5）。「投票日を日曜日に限定する必要はない」ということに肯定的な回答は「そう思う」（26.9%）と「どちらかと

図 5　投票日を日曜日に限定する必要はない（N ＝ 479）

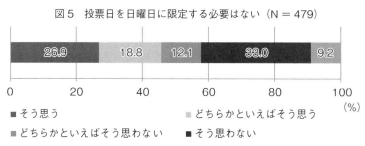

- ■そう思う　　　　　　　　　　■どちらかといえばそう思う
- ■どちらかといえばそう思わない　■そう思わない
- ■わからない

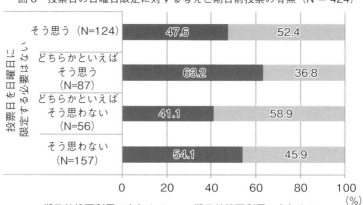

図6　投票日の日曜日限定に対する考えと期日前投票の有無（N＝424）

図7　投票日の日曜日限定に対する考えと期日前投票の積極利用（N＝381）

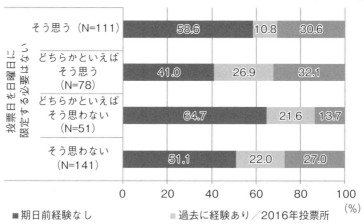

いえばそう思う」（18.8％）とを合わせた45.7％、否定的な回答は「そう思わない」（33.0％）と「どちらかといえばそう思わない」（12.1％）」とを合わせた45.1％で拮抗している。ただし、「投票日を日曜日に限定す

図 8　期日前投票所の巡回（N = 483）

■ そう思う　　　　　　　　　　　　■ どちらかといえばそう思う　（%）
■ どちらかといえばそう思わない　　■ そう思わない
■ わからない

図 9　期日前投票の積極利用と期日前投票所の巡回（N = 370）

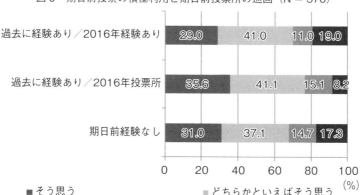

■ そう思う　　　　　　　　　　　　■ どちらかといえばそう思う
■ どちらかといえばそう思わない　　■ そう思わない　（%）

　る必要はない」に対する意見と過去の期日前投票の利用の有無（図
6）、そして、期日前投票の積極的利用（図 7）とのクロス集計を行うと
明確な関連は確認できず、必ずしも投票日を日曜日に限定する必要はな
いと思っているからといって期日前投票を利用しているわけではないこ
とがわかる。
　次に、投票環境についての質問項目では、「高齢者や障害者など、直
接投票所へ行くことが困難な人々のため、期日前投票所を巡回させるべ
き」と思うか否かについて尋ねている（図 8）。肯定的な回答は「そう

思う」（26.7％）と「どちらかといえばそう思う」（34.6％）とを合わせた61.3％であり、投票弱者に対しての支援を行うべきとの認識が高いことがわかる。ただし、期日前投票の積極利用とのクロス集計を見る限り、期日前投票の利用の程度との明確な関連は確認できない。そもそも、投票弱者に対する移動支援は十分ではなく、実施している自治体も少ない（河村 2018）。そうした意味では、期日前投票における投票弱者に対する移動支援への肯定的な意識は、期日前投票の利用経験によるものではなく、純粋に投票弱者の投票環境整備としてとらえられているといえる。

（4） 心理的要因・社会的要因

　次に、回答者の心理的要因・社会的要因についての構造を確認する。本調査で用いられた政治意識に関する複数の質問項目を用いて斜交回転（プロマックス回転）を伴う因子分析を行った結果、6次元が析出された（表2）[15]。第Ⅰ因子は動員の源泉となる様々な政治的なネットワークを有しているか、第Ⅱ因子は国・地方レベルそれぞれに対する政治関心、第Ⅲ因子は国レベルの政治信頼、第Ⅳ因子は都道府県・市区町村レベルの地方政治に対する信頼、第Ⅴ因子は政治家が有権者のことを考えていなかったり、なおざりにしているということに関連する質問項目、最後に第Ⅵ因子は政治へのかかわりよりは自身の生活の重視することにかかわる質問項目で、それぞれ高い負荷量となっている。

　なお、政治信頼については、第Ⅲ因子の国レベルの政治信頼と第Ⅳ因子の地方レベルの政治信頼とが別々に析出されている。因子間の相関を見ると両者の相関は高いが、有権者の中で政治信頼が国政レベルと地方レベルとに分かれて認識されていることが示唆される。本章が焦点を当てるのは、国政選挙における期日前投票であることから、以後の分析には国レベルの政治信頼を用い、その他、第Ⅳ因子を除き、第Ⅰ因子から第Ⅵ次元までを順に、「動員」「政治関心」「政治信頼」「政治的有効性感覚」「私生活志向」として分析に用いた。

表 2　心理的要因・社会的要因の因子分析（N=402）

	I	II	III	IV	V	VI
	動員	政治関心	政治信頼（国）	政治信頼（地方）	政治的有効性感覚	私生活志向
政治的なことがらには関わりたくない	−.095	−.042	−.014	−.024	.002	.612
政治に関心持つより自身の生活の充実	−.001	−.026	−.015	.037	−.007	.605
家族や友人と過ごす時間が大切	.099	.043	.080	.047	−.033	.201
自身の価値や理念の表明は慎重であるべき	.032	.042	.064	−.124	−.077	.108
政治家は当選すると有権者のことを考えない（反転）	.038	.032	−.030	.068	.749	−.032
政治家は政争に明け暮れ我々をなおざり（反転）	.018	.002	.096	−.088	.735	.025
選挙制度があるから有権者の声が反映	−.107	.017	.366	.008	.044	−.115
政治関心（国の政治や行政全般）	−.080	.770	.060	−.017	−.039	−.077
政治関心（都道府県・市区町村の政治や行政全般）	.040	.809	−.080	.026	.076	.051
電子メール投票やインターネット投票を認めるべき	.025	−.013	.045	.011	−.046	−.022
投票日を日曜に限定する必要はない	.011	.070	.015	−.098	−.046	.053
政治信頼（国レベルの政治）	.019	−.038	.418	.137	.166	.066
政治信頼（都道府県レベルの政治）	−.067	−.010	.096	.743	.000	.017
政治信頼（市区町村レベルの政治）	.043	.022	−.058	.783	−.028	−.002
政治的ネットワーク（町内会や自治会の役員）	.420	.125	.128	.029	−.132	.025
政治的ネットワーク（県・市町村の部課長以上の職員）	.805	−.047	−.042	.009	.051	−.044
政治的ネットワーク（市町村長・県議・市町村議）	.824	−.013	−.017	−.035	.023	.003
Variance	1.911	1.817	1.811	1.693	1.686	1.552
Proportion	.320	.304	.303	.283	.282	.260

因子間相関の相関行列	I	II	III	IV	V	VI
I　動員	1					
II　政治関心	.409	1				
III　政治信頼（国）	.256	.428	1			
IV　政治信頼（地方）	.179	.194	.590	1		
V　政治的有効性感覚	.065	−.018	.526	.285	1	
VI　私生活志向	−.262	−.379	−.321	−.042	−.367	1

※　プロマックス回転後の因子負荷量
負荷量の網掛け、因子間相関の網掛けは 0.4 以上

　なお、これらの因子は、蒲島（1988）の政治関与の5次元とほぼ対応
しているが、質問項目の違いから必ずしも同一ではない。特に、政治的
関与のうち「政治的義務感（投票義務感）」に相当するものは、本章の
分析に用いた調査では質問項目が設定されていないことから、独立した
因子としては析出されていない[16]。また、「政治参加のコスト感覚」に
関連する質問項目としては「投票日を日曜に限定する必要はない」や投
票所へ足を運ぶ労力を削減できる「電子メール投票やインターネット投
票を認めるべき」が相当するが、本章の分析ではいずれの因子に対して
も負荷量が低く、独自の因子としては析出されなかった[17]。

5．分析

　期日前投票利用の規定要因を探るため、各種期日前投票利用を従属変
数とする分析を行った。従属変数には、（1）2016年参院選での投票参
加形態（棄権・投票日投票・期日前投票）、（2）過去10年間の期日前投
票経験の有無、（3）過去10年間の期日前投票経験、および、2016年参
院選での期日前投票の有無により作成した積極的利用者の3つとした。
　独立変数には、社会的属性として、性別、年齢、教育程度、居住年
数、職業ダミー（参照カテゴリ：無職）、心理的要因・社会的要因とし

て、先述の因子分析によって析出された「動員」「政治関心」「政治信頼」「政治的有効性感覚」「私生活志向」の各因子の因子得点、政党支持ダミー（参照カテゴリ：支持なし）を用いた。

　分析にあたっては、(1) 投票参加形態の分析では多項ロジット分析（参照カテゴリ：棄権）（Model 1）、(2) 期日前投票経験の分析ではロジスティック回帰（Model 2）、(3) 積極的利用の分析では重回帰分析（OLS）（Model 3）を用いてそれぞれ推定を行った[18]。結果は表 3 のとおりである。表の左側は 2016 年参院選での投票参加形態の分析（多項ロジット分析）における係数、表の右側は過去 10 年間の期日前投票経験の分析（ロジスティック回帰分析）における係数と積極的利用の分析（重回帰分析）における標準化係数の値である[19]。

表 3　期日前投票・積極的期日前投票利用の規定要因

	2016 年投票[a]		期日前投票	
	Model 1		Model 2	Model 3
	投票日投票	期日前投票	過去経験[b]	積極的利用者[c]
	B	B	B	β
性別（女性）	−.179	.090	−.114	.006
年齢	.022　+	.040　＊	.014	.155　+
教育程度	.221	.829　＊＊＊	.570　＊＊＊	.295　＊＊＊
居住年数	.117	−.081	−.108	−.083
職業ダミー：公務員	.278	1.895　+	1.418　+	.151　＊
職業ダミー：経営者・役員	−.177	.558	.019	.038
職業ダミー：会社員（事務系・その他）	.478	.494	.173	.035
職業ダミー：会社員（技術系）	−.479	.103	.594	.052
職業ダミー：自営業・自由業	.110	−.065	.131	.013

職業ダミー： 専業主婦・パート・アルバイト	.569	.652	.554	.100
職業ダミー：学生	−.510	−.380	−1.687	−.045
動員	.252	.366	.419 *	.139 *
政治関心	.182	.064	−.031	.007
政治信頼	.433	.232	−.049	−.012
政治的有効性感覚	−.045	.108	.139	.049
私生活志向	−.256	−.261	−.044	−.010
政党支持ダミー： 自民	−.045	.302	.380	.092
政党支持ダミー： 民進	.976 +	1.723 **	.520	.140 *
政党支持ダミー： 公明	.104	2.197 *	2.000 *	.181 **
政党支持ダミー： 共産	1.438	1.798	.181	.030
政党支持ダミー： その他	.449	.558	−.438	−.003
定数	−1.962 +	−5.012 ***	−2.192 *	−
N	161	88	360	322
Pseudo R²	.139		.109	−
Adj R²	−		−	.122

*** $p < 0.001$, ** $p < 0.01$, * $p < 0.05$, + $p < 0.1$
a) 多項ロジット、参照カテゴリ＝棄権（N=86）, b) ロジスティック回帰, c) OLS

　まず、2016 年参院選投票（Model 1）について確認すると、投票日投票において、年齢の効果は正の有意傾向が確認され、年齢が高いほど選挙期日（投票日）の投票を選択している。また、教育程度については、その効果は認められなかった。こうした結果は、既存の投票参加の規定要因と整合的な結果となった。他方、2016 年参院選における期日前投票については、年齢の正の効果に加え、教育程度の正の有意な効果が確認でき、年齢や教育程度が高いほど期日前投票を利用している。また、

政党支持のうち、民進党・公明党のダミーで正の有意な効果が確認でき
る。しかしながら、「動員」の直接的な効果は認められていない。な
お、社会的属性のうち、職業ダミーについては期日前投票で公務員の有
意傾向が確認された。

　次に、期日前投票の過去経験（Model 2）については、社会的属性で
は教育程度の正の有意な効果と、公務員の正の有意傾向が認められる。
その他の効果では、「動員」と政党支持のうち公明党ダミーの正の有意
な効果が認められており、期日前投票の過去経験においては党派的な動
員が示唆される。

　さらに、期日前投票の積極利用については（Model 3）、社会的属性
では年齢の正の有意傾向と教育程度および公務員の正の有意な効果が認
められた。また、「動員」の正の有意な効果と、政党支持のうち民進
党、公明党ダミーの正の有意な効果が認められた。

　以上、分析の結果を整理すると、選挙期日当日の投票と期日前投票を
弁別するのは教育程度や公務員であるか否かである。さらに、期日前投
票の過去経験や期日前投票の積極的利用についても、教育程度が安定的
な効果を持っており、期日前投票に対しては一貫して教育程度の高さが
その利用を促進させるといえる。また、党派的な動員も期日前投票の利
用や積極的利用を促進させる。

6．結論と含意

　本章は、期日前投票の利用者、ひいては、積極的に利用する有権者が
どのような要因によって規定されているのかを探ることを目的とし、福
島県での意識調査データを基に分析を行った。分析の結果明らかになっ
たことは次のとおりである。

　まず、期日前投票の利用や積極的利用に対しては、教育程度の高さが
その促進要因となっていることが明らかとなった。投票参加の既存研究

において教育程度は必ずしも直接的な促進要因とはならないが（蒲島1988）、期日前投票に際しては一貫して効果が認められることから、相対的に制度認知のコストが高い期日前投票の利用については、教育による制度認知とその理解が必要であることが窺える。次に、期日前投票の利用や積極的利用に対しては、党派的な動員も促進要因となっていることが示唆された。期日前投票は、制度的な認知コストのほかに、短期間で意思決定を行わなければならない意思決定コストも相対的に高くなる。したがって、期日前投票制度は党派的な動員による投票参加のような、投票先が既に確定している有権者にとって利便性が高い制度であるといえる。

　以上の結果は、投票環境を取り巻く現状について次のような示唆を与える。第1に、期日前投票制度の定着や積極的な利用者の増加は、法的な位置づけとは別に実質的な複数投票日制度をもたらすが、本章の分析結果は、期日前投票利用者が認知コストや意思決定コストを克服できる有権者や、投票意図が確定した有権者に偏りかねないことを意味している。本来、幅広い投票機会をもたらすはずの期日前投票制度が、コストを克服できない有権者に対して、その投票機会を奪いかねないことを示唆している。

　こうした問題は、選挙運動期間と期日前投票期間の重複によって意思決定期間が短くなることに起因することから、問題を解消するためには意思決定期間を広げる方策が必要になる。ただし、公職選挙法の改正によって公示（告示）前に選挙運動期間を拡張することは、さらなる弊害をもたらしかねない。したがって、より現実的には公示（告示）直後の候補者に関する情報の充実が求められる。そうした現状において、最も現実的な方策は、インターネット上の候補者情報の拡充であろう。現時点で候補者情報を知る手段として普及しているものに選挙公報があるが、紙媒体のものについては配布や入手に時間を要する。近年、各自治体の web ページへの掲載が広がってはいるものの、自治体によって掲

載期間等の扱いは異なっているのが現状である。現職議員の過去の選挙公報を含めて選挙公報の web ページへの掲載が拡充されれば、有権者の意思決定コストを引き下げるための一つの手段となるであろう。

　第 2 に、選挙権が 18 歳に引き下げられ、主権者教育の重要性が叫ばれる現状にも大きな示唆を与える。18 歳に選挙権が引き下げられたことで、高等学校などでは模擬投票などを中心に活発に主権者教育が行われ、民主主義における政治参加・投票参加の重要性が扱われている。もちろん、そうした主権者教育は、投票率の下支え、ひいては、将来の機能する民主主義の構築にとっては必要である。しかしながら、期日前投票を含めた制度理解がどこまで行われているかについては不十分な点もあろう。実質的な制度理解や制度利用の理解が進めば、認知コストは引き下げられ期日前投票の積極的な利用が増すであろう。

　以上、本章の結論と含意を見てきたが課題もある。まず、本章は期日前投票の利用者の全国的な増加という現象に対して、福島県という一部の地域の調査・分析による検討を行ったものである。したがって、本章の結果をどこまで一般化できるかについては、さらなる検討が必要である。また、本章で扱えなかった他の様々な要因の考慮も必要であろう。しかしながら、本章の結果は利便性が増した期日前投票ではあるが、単にその利便性や利用者の増加に着目するのではなく、それによって生じる問題点を克服した上で充実を図ることの重要性を示すことができたといえる。

補遺 ─────────────

　分析に用いた変数の詳細は次のとおり。

○社会的属性

性別：女性ダミー

年齢：満年齢

教育程度：(1) 小学校・中学校、(2) 高校、(3) 短期大学・高等専門学校・専門学校、(4) ４年生大学・大学院

居住年数：(1)１年未満、(2)１年以上３年未満、(3)３年以上 10 年未満、(4) 10 年以上 15 年未満、(5) 生まれてからずっと

職業ダミー：公務員、経営者・役員、会社員（事務系・その他）、会社員（技術系）、自営業・自由業、専業主婦・パート・アルバイト、学生、（参照カテゴリ：無職）

○心理的要因・社会的要因

　「政治的なことがらには、なるべく関わりたくない」「政治に関心をもつより、自身の生活を充実させることに時間を使いたい」「家族や友人とすごす時間は何より大切だ」「自身の価値や理念の表明には、なるべく慎重であるべきだ」、「たいてい、政治家は当選すると有権者のことを考えなくなる」「政治家や政党は政争に明け暮れしていて、我々の生活をなおざりにしている」「選挙制度があるからこそ、有権者の声が政治に反映される」、「次にあげることがらについて、どの程度関心をおもちですか」について「国の政治や行政全般」「都道府県・市区町村の政治や行政全般」、また、「電子メール投票やインターネット投票を認めるべき」、「投票日を日曜日に限定する必要はない」、さらに、「あなたは、現在の国や地方の政治をどの程度信頼できるとお考えですか」について「国レベルの政治」「都道府県レベルの政治」「市区町村レベルの政治」のそれぞれについて、(1)「そう思わない」から (5)「そう思う」の５段階。また、「あなたは次にあげる人々と、普段どの程度のおつきあいがありますか」について、「市町村長」「県議」「市町村議」との付き合いの程度について、(1)「つきあわないし、会うのは難しい」から (4)「かなりつきあいがある」の各４段階。

○支持政党

　自民党、民進党、公明党、共産党、その他ダミー（参照カテゴリ：支持なし）

○投票参加・期日前投票参加

2016 年参議院選挙での投票：「あなたは、2016 年 7 月 10 日（日）に行われた参議院選挙で投票に行きましたか、行きませんでしたか」について、（0）棄権、（1）選挙期日（投票日）投票、（2）期日前投票

期日前投票過去経験：「あなたは、ここ 10 年の国政選挙・地方選挙で期日前投票を利用したことがありますか」について（0）ない、（1）ある

期日前投票の積極的利用者：（1）期日前経験なし、（2）過去に経験あり、および、2016 年投票所投票者、（3）過去に経験あり、および、2016 年期日前投票利用者

[註]

†　本研究は JSPS 科研費 JP 15H02790（「被災地目線で検討する e デモクラシーに関する基礎的研究」）および JP 18H00812（「民主制下における復旧・復興－そこで生じる政治的課題の整理・検討」）の助成を受けた。また、本章は、岡田陽介（2018）「期日前投票制度の定着と促進要因―福島県民に対する政治意識調査より―」『政経研究』の内容に再分析、および、大幅な加筆修正を施し再構成を行ったものである。

1　『朝日新聞』2017 年 10 月 23 日、『読売新聞』2017 年 10 月 23 日、『朝日新聞』2019 年 7 月 22 日、『読売新聞』2019 年 7 月 22 日。

2　公職選挙法第 48 条の 2 第 1 項では、その事由として、（1）職務若しくは業務又は総務省令で定める用務に従事すること、（2）用務（前号の総務省令で定めるものを除く。）又は事故のためその属する投票区の区域外に旅行又は滞在をすること、（3）疾病、負傷、妊娠、老衰若しくは身体の障害のため若しくは産褥にあるため歩行が困難であること又は刑事施設、労役場、監置場、

少年院、少年鑑別所若しくは婦人補導院に収容されていること、(4) 交通至難の島その他の地で総務省令で定める地域に居住していること又は当該地域に滞在をすること、(5) その属する投票区のある市町村の区域外の住所に居住していること、(6) 天災又は悪天候により投票所に到達することが困難であること、などが定められている。

3　従来の不在者投票期間は選挙期日の公示日又は告示日から選挙期日の前日までであった。

4　したがって、投票後に他市町村への移転や死亡等により選挙権を失っても有効な投票として扱われる。

5　ただし、氏名、住所、生年月日、性別、期日前投票理由などを記した「宣誓書」の提出は必要となる。

6　政令指定都市以外。

7　衆議院選挙と同時に実施される最高裁判所裁判官の国民審査についても、衆議院と比較して期日前投票の期間が短いという同様の問題が生じていた。しかしながら、2016 年の最高裁判所裁判官国民審査法改正によって、選挙期日前 7 日から選挙期日前 11 日に延長され衆議院選挙と同じ期間となった。

8　これは候補者から申請された選挙公報を印刷し配布するのに時間を要することが原因であるが、そもそも選挙公報の申請は「当該選挙の期日の公示又は告示があつた日から 2 日間（衆議院小選挙区選出議員の選挙にあっては、当該選挙の期日の公示又は告示があった日）」（公職選挙法第 168 条）ともされている。したがって、公示（告示）日翌日から始まる期日前投票に申請が間に合わない場合も存在する。

9　安田ら（安田・荒川 2009）は、選挙運動が十分に行われる前に一般的な投票が行われる制度を創設するのであれば公職選挙法の見直しが必要であったが、期日前投票制度は不在者投票制度を踏襲したものであったことから、そうした見直しは必要とされなかったとしている。

10　調査の概要については、河村・伊藤（2017）を参照されたい。

11　福島県内の選挙当日有権者数、および、投票者数をもとに算出。

12　投票日に投票所に行った 44.2% と期日前投票・不在者投票をした 25.0% の合計。

13　一般に、世論調査における投票率は実際の投票率よりも高くなる傾向にあるが、本章の調査においても同様の結果となった。

14　過去に期日前投票の経験がなく、2016 年参院選で期日前投票を行った回

答者は 2 人（0.5%）しかいなかったため、期日前投票経験なしに含めている。

15　固有値およびスクリープロットの結果による。

16　「政治的義務感（投票義務感）」を、「選挙・投票への参加をめぐる内面化
された規範」（岡田 2017：44）として捉えれば、「私生活志向」は、政治的
な事柄に対する関与と私生活を対峙させた際に、選挙・投票への参加ではな
く、私生活の重視を内面化したものとしており、「私生活志向」を「政治的
義務感（投票義務感）」の反転項目として解釈することもできる。

17　他の項目が複数の質問項目で測定されているのに対し、「政治参加のコス
ト感覚」のみ当該項目でしか測定されていないことによるとも考えられる。
なお、相対的には「政治的有効性感覚」で最も高い負荷量となっている。

18　変数の詳細については補遺を参照されたい。

19　図 4 で示したとおり、過去に期日前投票の経験がなく、2016 年参院選で
期日前投票を行ったケースは期日前投票経験なしに含めているが、このケー
スを過去に経験しているが 2016 年参院選では投票所での投票を行ったケー
スと同じカテゴリに入れた分析も行ったが、有意な係数ならびに推定値に顕
著な差は確認できなかった。

［参考文献］

浅野正彦（1998）「国政選挙における地方政治家の選挙動員―『亥年現象』の
謎」『選挙研究』第 13 号，120-129 頁

石川真澄（1984）『データ戦後政治史』岩波書店

岡田陽介（2007）「投票参加と社会関係資本―日本における社会関係資本の二
面性」『日本政治研究』第 4 巻第 1 号，91-116 頁

―――（2017）『政治的義務感と投票参加―有権者の社会関係資本と政治的
エピソード記憶』木鐸社

蒲島郁夫（1988）『政治参加』東京大学出版会

河村和徳・伊藤裕顕（2017）「被災地選挙の諸相（30）投票環境の維持・向上
策に関する住民意識―福島県民意識調査から」『月刊選挙』第 70 巻第 5 号，
9-15 頁

河村和徳（2018）「投票環境改善策としての移動支援―選挙管理委員会に対す
る調査結果から」『年報政治学』2018-II 号，15-39 頁

品田裕（1999）「公職選挙法の改正による投票時間の延長が与える影響につい

て」『神戸法学年報』第 15 号，161-192 頁

総務省（2017）『投票環境向上に向けた取組事例集』<http://www.soumu.go.jp/main_content/000474598.pdf>（最終閲覧日：2017 年 10 月 17 日）

――――「期日前投票制度の概要」<http://www.soumu.go.jp/senkyo/senkyo_s/news/touhyou/kijitsumae/kijitsumae01.html>（最終閲覧日：2017 年 10 月 17 日）

総務省自治行政局選挙部（2005）「平成 17 年 9 月 11 日執行衆議院議員総選挙・最高裁判所裁判官国民審査結果調」

――――（2009）「平成 21 年 8 月 30 日執行衆議院議員総選挙・最高裁判所裁判官国民審査結果調」

――――（2012）「平成 24 年 12 月 16 日執行衆議院議員総選挙・最高裁判所裁判官国民審査結果調」

――――（2013）「平成 25 年 7 月 21 日執行参議院議員通常選挙結果調」

――――（2014）「平成 26 年 12 月 14 日執行衆議院議員総選挙・最高裁判所裁判官国民審査結果調」

――――（2016）「平成 28 年 7 月 10 日執行参議院議員通常選挙結果調」

――――（2017）「平成 29 年 10 月 22 日執行衆議院議員総選挙・最高裁判所裁判官国民審査結果調」

――――（2019）「令和元年 7 月 21 日執行参議院議員通常選挙結果調」

中條美和（2003）「国政選挙と地方選挙における投票参加の違い―教育程度と選挙関心、投票義務感の関係」『國家學會雑誌』第 116 巻第 9・10 号，967-1012 頁

福島県選挙管理委員会（2016）「第 24 回参議院議員通常選挙（平成 28 年 7 月 10 日執行）投票結果」<https://www.pref.fukushima.lg.jp/uploaded/attachment/175102.xls>（最終閲覧日：2017 年 10 月 17 日）

福島民友みんゆう Net（2016）「【データで見る参院選】選挙区投票率　期日前が初の 30 万人超え」<http://www.minyu-net.com/news/saninsen2016/FM20160712-108001.php>（最終閲覧日：2017 年 10 月 17 日）

松林哲也（2017）「期日前投票制度と投票率」『選挙研究』第 33 巻第 2 号，58-72 頁

三宅一郎（1989）『投票行動』東京大学出版会

和田淳一郎・坂口利裕（2006）「横浜市における期日前投票所増設の効果」『選挙学会紀要』第 7 号，27-35 頁

綿貫譲治（1986）「選挙動員と候補者要因」譲治綿貫・三宅一郎・猪口孝・蒲島郁夫『日本人の選挙行動』東京大学出版会，137-164 頁

安田充・荒川敦編（2009）『逐条解説　公職選挙法』ぎょうせい

山田真裕（2016）『政治参加と民主政治』東京大学出版会

Brady, Henry E., Sidney Verba and Kay Lehman Schlozman (1995) "Beyond SES: A Resource Model of Political Participation," *American Political Science Review* 89(2): 271-294.

Verba, Sidney, Kay Lehman Schlozman and Henry E. Brady (1995) *Voice and Equality: Civic Voluntarism in American Politics*. Cambridge, Mass.: Harvard University Press.

第3章
地方議会議員の被選挙権における住所要件・居住要件の見直し

眞鍋貞樹

1．はじめに

　本章は、地方議会議員候補者が被選挙権を有するか否かの住所要件は、住民登録を行うことで十分であり、判例のように、住所要件に加えて些末な居住実態を考慮した居住要件を考慮する必要性はないことを指摘するものである。

　その理由は、判例では地方議員の被選挙権に関する居住要件について、政治活動の本拠と日常生活の本拠が一致していることを前提としているが、本来、政治活動は自由であるべきものであり、政治活動の本拠と日常生活の本拠が一致しなくてはならないとすることに、何らの政治的かつ公共的利益は発生しないからである。しかも、二元代表制のわが国において、地方議会議員によるチェック・アンド・バランスの相手である首長の被選挙権については、政治活動の本拠と日常生活の本拠を一致させることが法律上規定されていないのである。

　判例では地方議会議員候補者の地縁性を重視して、主観的意思による居住を被選挙権の居住要件として認めない「客観説」と、政治活動と生活の本拠を分離させることを認めない「住居一致説」が通説となっている。だが、地方自治の本旨からしても、住民（地方議会議員候補者を含

む）が自らの地域の課題を思考し、その課題の解決に住民自らが自律的
に解決のために活動を行うことにあるから、被選挙権者の居住に関わる
主観的意思が排除される理由はない。

　しかしながら、わが国の過去の判例では、被選挙権者の居住に関わる
主観的意思は尊重されず、至って客観的な居住要件として水道や電気の
契約や使用、あるいは ATM の使用などの生活の実態を伴うことが、住
民の持つ被選挙権の重要な要件とされている。その理由は、憲法以下、
住所（居住）は侵されざるべき重要な個人の権利であると同時に、住民
基本台帳法の改正などに伴って、住民の居住の実態が問われてきたこと
にある。

　さらに、選挙実務的にも、住所要件を定めた根拠としての地縁性を示
すだけの客観的な実態を、選挙管理委員会が調査し、把握できるのはそ
うした日常生活の痕跡だけだからである。

　その結果、地方自治の本旨を実践するうえで最も重要な被選挙権が、
電気や水道の使用実態からみた地縁性という居住実態のみが考慮される
こととなった。そして、本来政治的に重要な、地方議会議員候補者と有
権者との間にある様々な政治的コミュニケーションによる選挙結果を考
慮されることがなく、居住実態に欠けると判断されれば当選無効とされ
るのは、政治的権利と自由を損なうことからも看過できないものである。

　もちろん、公平・公正な選挙を実施していくための諸手続きについて
は考慮されなくてはならない。そのため、地方議会議員候補者の３か月
の住所要件は、設定期間の妥当性はともかく、被選挙権の要件としては
必要なものである。

　しかしながら、前述のように地縁性の証明の住所要件は住民票の登録
という手続きを満足させることで十分であって、政治活動のために、ど
こに、どのように居住するかは地方議会議員候補者の主観的意思に委ね
るべきものである。その主観的な意思による地縁性が政治的に妥当性を
持つのか否かの判断は、ライフラインなどの契約や使用状況によって証

明されるものではなく、有権者の投票の結果によって判断されるべきも
のなのである。

　そのため、本章では、まず、地縁性に基づく住所要件・居住要件の必
要性への疑問を提示するために、根拠法令を整理する。その際の疑問点
は以下のようなものである。

・地縁性は地方自治の本旨とされるが、それを意味するものは何か。

・地縁性が地方議員にのみ求められる議員としての性質なのか。

・判例は、地縁性への従来の見解を踏襲したままにあり、地方議員の政
　治活動と日常の生活の本拠を分離してはならないとすることを原則と
　しているが、それはもはや現状と齟齬があるのではないか。

　次に、公職選挙法の規定について明治期からのものを検討し、地縁性
については明治初期からの考え方が基本的に今日まで引き継がれている
ことを示す。そして、戦後の判例と近年の事案を検討していく[1]。

　その上で、議員の成り手不足、住民の流動性の増加、広域的な住民の
活動、議員の性質が地縁関係議員から政策中心の議員へと変化していく
ことを踏まえて、地方議員の被選挙権の住所・居住要件を、地方議員の
主観に委ねる「主観説」と、その結果による政治活動の本拠と生活の本
拠が異なることを許容する「住所複数説」に基づいて改めていくことを
提言していく。

2．住所・居住要件の根拠法体系

(1)　地方自治法と公職選挙法の規定

　最初に地方議会議員候補者が被選挙権を有するために必要な住所要件
がどのように規定されているかを整理しておきたい。

　地方議会議員の選挙権と被選挙権において最も基本の規定となるの
は、地方自治法第18条である。

地方自治法　第 18 条　選挙権

　「日本国民たる年齢満 18 年以上の者で<u>引き続き３箇月以上</u>（下線は筆者、以下同様）市町村の区域内に住所を有するものは、別に法律の定めるところにより、その属する普通地方公共団体の議会の議員及び長の選挙権を有する。」

　「引き続き３箇月以上」という規定は、継続して３か月以上住所を定めているものと解釈され、３か月以上は一定の住居に住民票を置くことを意味する。ただし、その間に別の居所に住居を置くことまでも禁止されているわけではない。それは憲法第 22 条によって、居住の自由が保障されているからである。

　公職選挙法でも、地方自治法と同様に、「引き続き３箇月以上」住所を有していることが選挙権を有するという、選挙権の住所要件が規定されている。

公職選挙法　第９条　選挙権

　「日本国民で年齢満 18 年以上の者は、衆議院議員及び参議院議員の選挙権を有する。

２　日本国民たる年齢満 18 年以上の者で<u>引き続き３箇月以上</u>市町村の区域内に住所を有する者は、その属する地方公共団体の議会の議員及び長の選挙権を有する。

３　日本国民たる年齢満 18 年以上の者でその属する市町村を包括する都道府県の区域内の一の市町村の区域内に<u>引き続き３箇月以上</u>住所を有していたことがあり、かつ、その後も引き続き当該都道府県の区域内に住所を有するものは、前項に規定する住所に関する要件にかかわらず、当該都道府県の議会の議員及び長の選挙権を有する。」

　地方議会議員の被選挙権について住所要件が求められているのは、公職選挙法第 10 条の三ならびに五の規定による。

　　公職選挙法　第 10 条　被選挙権
　　「日本国民は、左の各号の区分に従い、それぞれ当該議員又は長の被選挙権を有する。
　　　一　衆議院議員については年齢満二十五年以上の者
　　　二　参議院議員については年齢満三十年以上の者
　　　三　都道府県の議会の議員については<u>その選挙権を有する者</u>で年齢満二十五年以上のもの
　　　四　都道府県知事については年齢満三十年以上の者
　　　五　市町村の議会の議員については<u>その選挙権を有する者</u>で年齢満二十五年以上のもの
　　　六　市町村長については年齢満二十五年以上の者」

　公職選挙法第 10 条の規定によって、地方議会議員のみが、当該の地方自治体に住所を置き、その地方自治体での選挙権を有する者が被選挙権を有すると規定されている。
　そして、地方自治法第 11 条では、選挙権と被選挙権とは「選挙に参与する権利」と一体と規定されている。その上で、第 19 条第 1 項で、地方自治体の議員の選挙権を有する者が地方自治体の議員の被選挙権を有する、と規定されている。さらに、公職選挙法第 10 条にて、都道府県会議員の選挙権を有する者が被選挙権を有すると規定されている。しかし地方自治法第 11 条第 2 項、3 項において、都道府県知事ならびに市町村長は、選挙権を有する者との規定がされず、結果、他の地方自治体に居住していても被選挙権が付与されている。
　つまり、必ずしも選挙権と被選挙権を有する選挙区とは一致とすべきものとはされておらず、住所と選挙区とを分離したとしても、法的には

何ら問題はないのだが、地方議会議員のみが、住所と選挙区が一致したものとして扱われるのは、「地縁性」と「地方自治の本旨」という理由からだけである。

(2)　民法等における住所要件と居住要件との区分

　ここで検討すべき点は、各法律によるところの住所要件と居住要件の定義である。なぜなら、住所要件と居住要件は明確に区分して考えなくてはならないものだからである。

　まず、民法では第22条により住所については「各人の生活の本拠をその者の住所とする」との定義が示される。「生活の本拠」を住所とするとの民法上の規定から、他の法律にも住所の定義として準用される。だが、一方で民法では居所を定めた民法第23条に「住所が知れない場合には、居所を住所とみなす」との規定から、居所も住所として認められる場合もある。民法上は住所とは社会通念によるところの定住性を持つ場所であり、必ずしも住民票に記載された住所地をもって「生活の本拠」とはされない。

　これは民法とは個人間の契約の保護を目的としたものであり、「生活の本拠」とはたんに住民票を置いた場所ではなく、客観的かつ総合的に判断されるべきものとされるからである。つまり、民法上は手続き的に住民票に登録された住所ではなく、実質的な「生活の本拠」が居所であっても契約上は差支えないという「住所複数説」に依拠しているのである。

　次に、税法上の住所と居住である。納税の有無にかかわらず選挙権・被選挙権が付与される普通選挙の時代ではあるが、基本的には納税と選挙権・被選挙権は密接に関わっている。現在の税法においては、個人の納税地は住所地とされるものの、生活の実態に合わせて住民登録上の住所ではなく、居所において納税することを税務署が判定するとされている[2]。つまり、納税者には、住民登録上の住所ではなく、「生活の本拠」

とする居所において納税することが求められる「住所複数説」に依拠している。

　続いて、地方自治法・公職選挙法・住民基本台帳法では、住所について明確には定義されていないから、民法上の住所の定義すなわち「生活の本拠」が準用される。しかしながら、地方自治法・公職選挙法・住民基本台帳法の適用においては、選挙権の発生要件、住民税等の納税義務、教育や福祉などの住民サービスを受ける公的権利などと密接に関係するため、民法とは異なり、居所が「生活の本拠」であっても、住民登録されていなければ居所を住所とはしない。すなわち、公的権利を得るためには、必ず住所を定めて住民登録しなければならず、またその住民票に登録された住所は「生活の本拠」でなくてはならないのである。

　加えて、判例からは地方自治法・公職選挙法・住民基本台帳法上の住所とは、まず民法に倣って「生活の本拠」とされるものの、住民の主観的な居住の意思だけではなく、客観的な居住の実態によって判断される。それは、上記のように、民法とは異なり、地方自治法・公職選挙法・住民基本台帳法といった行政法では、私人と行政庁と間の手続き上の権利や義務の関係を規定したものだからとされる。したがって、「生活の本拠」となりえないような事務所や店舗などを、居所として住民登録することはできない。

　そして、公職選挙法上の住所においては、「生活の本拠」となり得るアパートやマンションなどで住民登録しただけでは足りない。裁判の判例によって示されている居住要件を満足する必要がある。しかも、過去の裁判の判例は、次第に厳格な居住実態を要件として求めている。すなわち、民法上の「生活の本拠」だけではなく、公職選挙法上の「引き続き」という要件が加えられ、なおかつその居所にて実質的に生活をしていなくてはならないとされる。

　これまでの判例からは、生活の本拠としての居住実態を示す具体的な根拠として認められているものは以下のようなものである[3]。

表1　住民登録上の住所と生活の本拠地としての住所

民法	契約上の住所はいずれでも差支えない	住所複数説
税法	生活の本拠地を納税地とする	住所複数説
住民基本台帳法	生活の本拠地を住民登録上の住所とする	住所単一説
地方自治法	住民登録上の住所に選挙権・被選挙権を有する	住所単一説
公職選挙法		
国政選挙と首長選挙	被選挙権はいずれでも差支えない	住所複数説
地方議員選挙	住民登録上の住所かつ生活の本拠地に選挙権・被選挙権を有する	住所単一説

出所：筆者作成

・電気・水道・ガスあるいは新聞の契約をし、それらを使用している実態があること。

・食事、入浴、起臥してこと。

・郵便物を受け取っていること。

・近所の住民と交流していること。

・近所の ATM を使用していること。

　公職選挙法上の住所には、こうした些末な生活実態が問われるのは、被選挙権を有するためには、住民票の登録という手続きだけではなく、その登録住所における政治活動と日常生活が一致していることが求められるからである。そして、こうした政治活動と日常活動が一致することが求められるのは、地方議会議員だけなのである。

　表1のように整理すると、住民登録上の住所と生活の本拠地が一致することが法律上求められていない「住所複数説」に依拠するのは、民法と税法ならびに、公職選挙法における国会議員と首長の被選挙権である。地方議員については、住民基本台帳法と同様に、生活の本拠地と住民登録上の住所が一致する「住所単一説」に依拠することが厳格に求められているのである。

3．住所要件の歴史的経過

（1） 明治から戦前まで

　明治以降の各種選挙法における住所要件の概略とその経過を示しておきたい。それは、住所要件が設定された根拠が納税による有権者資格（公民）の登録から始まったことを明らかにしておくためである。

　明治以降の選挙法は基本的にドイツ帝国の法に倣った。それは、ドイツ帝国から派遣され、「お抱え学者」と呼ばれたカール・ルードルフやアルベルト・モッセなどの貢献による。彼らは普通選挙ではなく制限選挙の必要性を唱えたのだが、その理由は、封建時代から近代国家に衣替えしたばかりの日本では、急進的に普通選挙を実施することは危ういことから、漸進的に選挙法を整え、まず一定額の納税をできる国民・住民すなわち「公民」をして、議会制や選挙を理解させ、それに参与させることが肝要という認識を持っていたからであった[4]。

　一方、当時の明治政府にとっては、徴兵や徴税そして義務教育のために、全国民を政府（地方自治体を含む）が管理できる近代的な戸籍制度の整備が急務であった。それまで、各藩で独自の戸籍制度を持っていたり、「宗門人別改帳」によって管理されていたりしたものを、1871年（明治4年）には「壬申戸籍」を施行し、全国的に統一された戸籍制度を始めた。幾度となく戸籍法が改正されたことは、全国的な戸籍制度の整備が実務的にも政治的にも困難だったことを伺わせる。

　戸籍制度を整備する目的には、納税、徴兵、義務教育等のためだけではなく、議会制度の根幹をなす選挙資格を有する選挙人の名簿を作成することもあった。しかしながら、戸籍そのものの整備を進めていくことが困難な時代であったから、選挙人名簿の調製に相当の年数が必要との判断があった。つまり、明治初期の被選挙人の住所要件とは、戸籍を整備することによって選挙人名簿を調製することを第一義とし、そして有

権者の納税額によって選挙権者と被選挙権者を特定していくための必要
不可欠なものだったのであった。

　では、各種の選挙法についての規定の変遷を示しておきたい。

　まず1888年（明治21年）の町村制において、選挙権と被選挙権が下
記のように規定された。

　町村制　第7条
　　「凡帝国臣民にして公権を有する独立の男子2年以来（1）町村の
　　住民となり（2）其町村の負担を分任し及（3）其町村内に於て地租
　　を納め若くは直接国税年額2円以上を納むる者は其町村公民とす」
　　第12条第1項
　　「町村公民は総て選挙権を有す」
　　第15条
　　「選挙権を有する町村公民は総て被選挙権を有す」

　今日の公職選挙法にある被選挙権に関する要件の原型といえる規定で
ある。町村制による被選挙権における住所要件は、納税地と密接不可分
の関係にあった。納税額に応じて選挙権を有する者を特定して選挙人名
簿を調製することが必要であった。前述のように、戸籍制度が定められ
たものの、その整備は今日とは異なり手作業であるから、選挙人名簿の
調製にも長い期間を要したのであった。

　だが、戸籍の整備とともに、その選挙人名簿の調製期間は徐々に短縮
されていった。1889（明治22年）に制定された衆議院議員選挙法では、
選挙人と被選挙人について以下のように、満1年以上という居住期間が
規定された。

　　衆議院議員選挙法　第2章　選挙人の資格　第6条第二
　　「選挙人名簿調製の期日より満1年以上其府県内に於て本籍を定め

　　住居し仍引続き住居する者」
　　第3章　被選人の資格　第8条
　　「選挙人たることを得る者は日本臣民の男子満30歳以上にして選
　　挙人名簿調製の期日より<u>前満1年以上</u>其の選挙府県内に於て直接国
　　税15円以上を納め仍引続き納むる者たるべし」

　住所の期間である満1年以上という規定が、町村制の2年という期間
よりも短いのは、選挙人名簿の調製の期日よりも1年前という規定とさ
れたためである。
　そして、1899年（明治32年）に制定された府県制と郡制でも、被選
挙権について、衆議院議員選挙法とほぼ同様の規定が定められた。

　　府県制第6条
　　「府県内の市町村公民にして市町村議員の選挙権を有し且其の府県
　　内に於て<u>1年以来</u>直接国税年額10円以上を納むる者は府県会議員
　　の被選挙権を有す」

　　郡制第6条
　　「郡内の町村公民にして町村議員の選挙権を有し且其の郡内に於て
　　<u>1年以来</u>直接国税年額3円以上を納むる者は郡会議員の被選挙権を
　　有す」

　府県制では、さらに、明治33年と大正8年に順次改正され、居住期
間が満6箇月以上というように短縮された。

　　改正後の府県制第8条2
　　「選挙人名簿調製の期日迄引続き<u>満6箇月以上</u>同一選挙区内に住所
　　を有する者」

　1926 年（大正 15 年）の改正には衆議院議員選挙法が改正されたが、基本的には 1 年以上の居住要件は変更されなかった。

　　改正後の衆議院議員選挙法第 12 条
　　「町村長は毎年 9 月 15 日の現在に依り其の日迄引続き <u>1 年以上</u>其の町村内に居住を有する者の選挙資格を調査し選挙人名簿二本を調整し 10 月 15 日迄に之を郡長に送付すべし」
　　「市長は毎年 9 月 15 日の現在に依り其の日迄引続き <u>1 年以上</u>其の市内に居住を有する者の選挙資格を調査し選挙人名簿を調整し 10 月 15 日迄に之を郡長に送付すべし」

　そして、1934 年（昭和 9 年）の衆議院議員選挙法の改正により、その期間は 6 月以上という規定に短縮された。

　　改正後の第 12 条
　　「市町村長は毎年 9 月 15 日の現在に依り其の日迄引続き <u>6 月以上</u>其の市町村内に居住を有する者の選挙資格を調査し 10 月 31 日迄に選挙人名簿を調整すべし」

　以上のように、被選挙権の居住要件の期間は、各選挙法の改正ごとに短縮されてきたが、この改正によって、住所要件が 6 箇月ということで統一された。

(2)　戦後の改正時における議論

　戦後まもなく、各種の選挙毎の選挙法を統一した新しい公職選挙法へと改正がされることが国会での議論の俎上に上った。その際、地方議員の居住要件の短縮についても議論の対象となり、原案は 6 箇月から 3 箇月へと短縮された。1949 年（昭和 24 年）の衆議院選挙法改正に関する

特別委員会において、3箇月の住所要件の必要性について質問され、それに対する三浦義男法制局参事による答弁は、以下のようなものであった。

　「小委員会におきましても、いろいろご議論のありました点でありまして、全然選挙権の要件から居住要件をはずすかどうか、あるいは従前通りに6箇月の要件を置くかどうかという点で、いろいろ議論されまして、結局地方公共団体の議会の議員及び長の選挙につきましては、<u>地縁関係をやはり重く見る</u>ということが、いずれにしても必要ではなかろうか」

　「地方公共団体の選挙権というものは、<u>地縁的なつながり</u>を重視して考えるか、あるいはもうどこからでも、一日でもその土地に入って来た人であれば、常に地方公共団体の選挙権と同じように与えるかどうかという、<u>地方自治の本旨の問題</u>」[5]

　「地方自治の本旨」に基づく地方議員に求められる性格が「地縁性」にあるという答弁が、その後の住所要件と居住要件を巡る議論の出発点になっていると考えられる。

　この3箇月要件についての判例では、東京高等裁判所判決（平成25年2月19日：判例時報2192号30頁）において、次のように指摘されている。

　「3か月という期間は決して短期のものとはいえないが、前期説示したところに照らすと、実効性のある不正投票防止を実現する機関として上記期間を設定したことが、国会に委ねられた裁量を逸脱した合理性を欠く許容しがたいものと断ずることはできないというべきものである」

　本裁判は帰化により日本国籍を取得したものの、公職選挙法21条１項の３か月記録要件を満たさないとして選挙人名簿へ登録がされず、選挙権を行使できなかったことによる国家賠償請求事件である。同条は、選挙人登録を３か月ごとに実施することによって、不正投票を防止するための必要な期間を設定したものであるとされる。しかし選挙人名簿の調製の手続きに必要な期間という意味では、昭和26年に施行された住民登録法に基づき、住民基本台帳が整備されることとなり、さらに住民基本台帳法へと変更されたうえで、1999年（平成11年）の同法の改正によって、電子化が進められた。不正投票防止と選挙人名簿の調製のために３か月という期間を設定したままにしておく実務的な意味はほとんどなくなっている[6]。

　そして、被選挙権者に地縁性を求めたとしても、わずか３か月で地縁性が満たされることは社会通念からもない。地方議会議員にとっての地縁性とは単に出生地や住所地を意味せず、その地域での政治的活動の集積である。３か月というのは単に選挙管理委員会による投票人名簿の調製のためだけに設けられた期間であるから、それを地方議員の地縁性と結び付けることは政治的にはまったく無意味なものである。

　戦後の公職選挙法の改正において、地方議会議員の被選挙権を国会議員や首長とは異なり、選挙権を有する地方自治体の範囲の中でのみ被選挙権を有するという規定を置いた根拠は、前述の三浦義男法制局参事の答弁のように、「地縁性」と「地方自治の本旨」からである。

　ところが、「地縁性」が政治的にどのような意味であるかは十分に考慮されず、ただ「地縁的なつながり」といった曖昧な表現に終わっている。その結果、実態としてその住所に「生活の本拠」を置くことによってのみ「地縁性」が満足されるという見方となった。戦前の地方議会議員は名誉職として規定され、いわゆる「名士型議員」という認識が踏襲されたのであった。

　また、「地方自治の本旨」についても、新憲法には規定されたもの

の、それを具体的に定義された条文は存在しない。「地方自治の本旨」については通説では、住民の自由意思に基づいて、住民が政治に参与し、地域の運営を自律的に担っていくものとされる。ゆえに、立法当時としては、その土地に生活の本拠を置く「地縁性」が強く求められたのは当然のことであろう。だが、本来、政治的な「地縁性」は地方議会議員と住民との間の政治的コミュニケーションを意味するのであって、それは必ずしも「生活の本拠」とは関係しないものである。ゆえに、国会議員や首長においては、「生活の本拠」が問われることがなかったのであった。

　中でも「地縁性」が求められるはずの首長については、「地縁性」よりも地方自治体の経営のためには幅広く首長に相応しい人材を必要とするという判断から、考慮されないこととなった。この判断は、戦前の官治主義、具体的には首長は住民の直接選挙ではなく、議会の推薦に基づいて形式的に天皇による任命職であったこと、そしてその実態は内務省による人事であったことが色濃く残ったものである。

４．戦後の住所要件・居住要件に関する判例

　戦後、選挙権の住所の定義を巡って争われた判例として挙げられるのが、下記の 47 名の大学寮に住む大学生の選挙権の有無を巡って行われた裁判である。大学生たちは郷里に住民票を置いたままであり、実態として大学寮を生活の本拠としていたことから、大学寮の所在地に住民票を移動すべきであったという判断が示された。この判決によって、公職選挙法上の住所とは、「各人の生活の本拠を指すもの」とい定義が示された。つまり、選挙権とはたんに住民登録を行った住所ではなく、実態的に居住する場所に住民登録を行ったことによって有するものとの判断であった。

最高裁判決 1954 年（昭和 29 年）10 月 20 日（オ）第 412 号
　「本訴の争点は、被上告人等 47 名が昭和 28 年 9 月 15 日現在にお
いて、その日まで引続き三箇月以来 a 村の区域内に住所を有してい
たかどうかの一点にあるのである。（中略）　およそ法令において人
の住所につき法律上の効果を規定している場合、反対の解釈をなす
べき特段の事由のない限り、その住所とは各人の生活の本拠を指す
ものと解するを相当とする。」

　しかしながら、戦後の経済発展とともに、農村部から都市部への住民
の移動、あるいは都市部と都市部との移動が多くなり、さらに仕事上の
転勤や長期出張といったことが一般的になるにつれて、選挙実務的には
対応が変化した。それが今日の不在者投票制度の簡便化である。転勤や
長期出張によって生活の本拠が住民票に登録された住所と異なったとし
ても、申請によって住民票に登録された住所の自治体にて郵便投票がで
きるように改正された。そして、今日では期日前投票制度が緩和され、
特段の手続きは必要なく、選挙期間中であれば投票ができるものと改正
されている。
　こうした改正は、有権者の投票権を巡る権利を擁護する趣旨のもので
あるが、有権者は住民票に登録された住所に生活の本拠がなくとも、そ
の住所地に選挙権を有するものへと手続き的に変更されたのであった。
　一方で、住民台帳基本法によって、住民票を置く場所が、生活の実態
があるかどうかという居住要件は厳格化された。地方自治体には、住民
による住民票の移動を受理するかどうかについて、その届け出先の住所
が実態として生活することが可能かどうかの調査と判断がその責務とさ
れた。

　　住民基本台帳法　第4条
　　「住民の住所に関する法令の規定は、地方自治法（昭和二十二年
　法律第六十七号）第十条第一項に規定する住民の住所と異なる意義
　の住所を定めるものと解釈してはならない。」

　つまり、住民の住所とは、一か所にはとどまらないという「住所複数
説」を前提としても、本人の意思による住民登録上の住所ではなく、客
観的に「生活の本拠」すなわち居住要件を満足している居所を、選挙
権、被選挙権そして住民基本台帳法上の住所とする「住所単一説」を採
用したのである。
　特に、被選挙権に関しては、より厳格に「住所単一説」に基づいて、
本人の意思による住所ではなく、客観的に生活の本拠がある住所に、被
選挙権があると判例で示されたのが、下記の判決である。

　　東京高等裁判所　昭和32（オ）552　市議会議員当選の効力に関
　する訴願裁決取消
　　最高裁判所第二小法廷1957年（昭和32年）9月13日　　判決
　棄却
　　「公職選挙法上においても一定の場所を住所と認定するについて
　は、その者の住所とする意思だけでは足りず客観的に生活の本拠た
　る実体を必要とするものと解すべき」

　地方議会議員候補者本人の意思による住所ではなく、被選挙権の住所
は、客観的に生活の本拠であることを実態的に備わっていなければ、た
んに住民票の登録を行うだけでは、被選挙権を有するとは解せないとの
判断が示されたのであった。
　この判断に対して、地方議会議員の被選挙権を有する住所には、生活
の面ではなく、政治活動の面から判断すべきではないかとの異論があっ

た。その異論に対する判決が下記である。

最高裁判決　1960 年（昭和 35 年）3 月 22 日
　「公職選挙法及び地方自治法が住所を選挙権の要件としているの
は、一定期間、一の地方公共団体の区域内に住所を持つ者に対し当
該地方公共団体の政治に参与する権利を与えるためであつて、その
趣旨から考えても、選挙の要件としての住所は、その人の生活に最
も関係の深い一般的生活、全生活の中心をもってその者の住所と解
すべく、私生活面の住所、事業活動面の住所、政治活動面の住所等
を分離して判断すべきではない。（昭和 29 年 10 月 20 日大法廷判
決、集 8 巻民 1907 頁参照）」

　この判決は、選挙権の住所要件を巡っての争いであるが、被選挙権に
ついても当然のように連動している。そのため、地方議会議員の私生活
の客観的な生活実態と、地方議会議員の主観的な政治活動の本拠とは分
離すべきではないとの判断を示したものである。確かに両者は密接不可
分なものであり、特に地方議会議員の中でも市区町村議会議員であれば
より強く求められることも当然である。だが、必ずしも市区町村議会議
員にとって、私的な休息の場である生活の本拠地と、自らの政治的意思
に基づいて行う政治活動の本拠が一体化しなくてはならないという政治
的な意味は存在しない。
　しかし、こうした地方議会議員の住所に関する主観的な意思が退けら
れたのが、下記の裁判である。事案の内容は、東村山市議会議員が選挙
で当選後、支援していた次点候補者を当選させるために、自らの住所を
他市に移動させて自身の被選挙権の喪失による当選無効を狙ったことに
ついて最高裁まで争われ、住所の移動が客観的な居住の事実がないこと
から認められなかったものである。

最高裁判決平成 9 年 8 月 25 日　東村山市当選無効請求事件
「一定の場所が住所に当たるか否かは、<u>客観的な生活の本拠たる実体</u>を具備しているか否かによって決すべきものであるから、主観的に住所を移転させる意思があることのみをもって直ちに住所の設定、喪失を生ずるものではなく、また、住所を移転させる目的で転出届がされ、住民基本台帳上転出の記録がされたとしても、実際に生活の本拠を移転していなかったときは、住所を移転したものと扱うことはできないのである。」[7]

　この事件の背景には、単純に選挙の無効を争ったものではなく、別の候補者を当選させるためにあえて住民票を移動したという経過があることを考慮しても、地方議員は生活の本拠と政治活動の本拠を分離すべきではないという、地方議会議員の主観的意思を排した判断は妥当性に欠く。なぜなら、国会議員と首長は生活の本拠と政治活動の本拠が主観的意思による分離が認められるのであるが、地方議会議員だけに主観的意思が排除されるというのは、至って明治時代から今日まで続いている「名誉職」あるいは「名士」としての地方議会議員の地縁性という考え方からに由来するものだからである。

5．改正の提言

　選挙を一定の秩序を保ちながら実施するためには、当然の要請として地方議会議員候補者の住所要件は必要である。しかしながら、地縁性を証明するための居住要件についての判例と解釈は、明治以降の地縁性にこだわり続けている。しかし、下記に記すように、地縁性という地方議会議員に求められる政治的性質そのものが大きく変容していることから、その判例と解釈は見直しをしていくべきである。

（1）　地縁性の変容

①　議員活動の広域化　生活と政治活動の分離

　現在の地方議会議員としての公的任務は、一市町村の区域に留まることはない。市町村の行政も広域化して連携していくことが求められてきたことから、広域連合や一部事務組合など広域的な議会が設置される。地方議会議員がその広域的な議会の議員となった場合、自分の所属する市町村の利益を中心に考えるのは当然としても、広域的な利益をも考慮しなくてはならない。

　さらに、現在の地方議会議員とりわけ市区町村議会議員の政治活動は居住地だけに留まらない。特に、政党所属の市区町村議会議員の政治活動は、自らが居住する自治体の範囲の中には留まらず広域的になっているのが実態である。市区町村議会議員が政党内部で重要な幹部になればなるほど、全国的な政治活動を行うのが常である。例えば国会議員選挙の場合などには、たとえ市区町村議会議員であっても、国会議員の選挙区にまで広域的に政治活動を行うのである。

　こうした市区町村議会議員の公的役割や政治活動の実態とは無関係に、地方議会議員の被選挙権の居住要件は、住民基本台帳法や税法に則して、「生活の本拠」であることが求められている。本来、「生活の本拠」と「政治活動の本拠」とは別に考えなくてはならないものであるにもかかわらず、この両者を分離する考え方は、前述のように 1960 年（昭和 35 年）3 月 22 日の最高裁判決にて退けられて以来、続いている。さらに、この判例による被選挙権者の住所要件を満足させるだけでは足らず、居住要件の根拠とされる居住実態が厳格に判断されるようになっている。

　果たして、通信や移動手段の様相が今日とはまったく異なる戦後間もなくの最高裁判例のように、現在においてもなお地方議会議員にとって「生活の本拠」と「政治活動の本拠」は分離されざるべきものであろうか。地方議会議員にとって、もはや「生活の本拠」と「政治活動の本

拠」の実態は、大きくかけ離れているのである。

② 議員の性質の変化　　地縁型政治家から政策型政治型へ

　地方議員の性質も地縁性とは無縁になりつつある。地方議会議員もかつてのような地元の名士型議員だけではなく、現在では、政策立案型議員の誕生が求められている。地縁性が薄くとも、その地域における政策課題に取り組む議員の誕生が望まれている。名士型議員に求められる地縁性と政策立案型議員の政策立案能力とは必ずしも一致しないのである。

　しかも、政治的な意味からの地縁性は、居住実態という意味での地縁性ではない。政治的地縁性とは、有権者や関係者との政治的コミュニケーションによって生まれる地域に関する政策と質と量とすべきである。政策的には地方議員会議員の水道や電気の使用などとは無関係のものである。外形的な要件としての地方議会議員の居住実態と、地方議会議員の政治的コミュニケーションによる政策の質と量との因果関係はほとんどないのである。

　政治的コミュニケーションの質と量という意味での地縁性で問題視されるのは、いわゆる「落下傘候補者」である。「落下傘候補者」とは、居住の経過による地縁性がほとんどないものの、当選可能性の高い選挙区に選挙前に移動するという、いわば「足による投票」の候補者版である。当選可能性の高い選挙区を選択するのは、地方議会議員を目指すものにとっては重要な選択であるために、その選択を否定することはできない。ところが、「落下傘候補」が当選の後に、居住要件が問われて辞職した例が続いている。

　多摩市議会議員　2012 年
　東京都多摩市、みんなの党、阿藤雄馬市議の例。政治活動を多摩市で行っていたものの、妻の住む世田谷に生活の本拠があったと当選後に指摘された。多摩市内の物件について、電気やガスなどのライフラインの

契約をしていなかったことが、生活の実態がないことの根拠とされた。本人は議員を辞職した。

　　新宿区議会議員　2012 年

　東京都新宿区、みんなの党、沖智美区議の例。居住実態のないアパートを選挙管理委員会に届けていたとして、区議会政治倫理審査会で結論。本人は議員を辞職。その後、2013 年の参議院議員選挙に栃木選挙区から立候補するものの、次点で落選した。

　　新座市議会議員　2012 年

　埼玉県新座市、無所属、立川明日香市議の例。居住実態がなかったとして、新座市選挙管理委員会によって当選無効とされ、埼玉県選挙管理委員会に上訴した結果、当選無効と裁決されたため、東京高裁に訴えたものの、係争中に辞職した

　　新宿区議会議員　2019 年

　東京都新宿区、NHK から国民を守る党、松田美樹区議の例。統一地方選挙での当選後、住民から居住実態がないとの指摘が選挙管理委員会に届けられ、区選管がガスや水道の使用実態を調査した結果、「生活の本拠があったと認めがたい」として当選を無効とした。

　こうしたいわゆる「落下傘候補」については、立候補に至るまで居住という意味での地縁性がない選挙区において立候補することの政治的な妥当性が議論の焦点となる。だが、逆に、長年その地に居住していたという意味だけの地縁性がある候補者が、地方議会議員として適格かどうかも一般化できない。地方議員としての資質は、長年その地に居住していたという意味での地縁性よりも、地方議会議員候補者としての政治的能力によるものでなくてはならない。その地に生まれ育ち「生活の本拠」があるという意味だけでの地縁性と、地方議会議員としての政策能力を発揮することとの間にも因果関係はまったく存在しない。因果関係として考えられるのは、そうした地縁性を背景とした支持者などの運動

による当選可能性という意味での地方議会議員としての能力である。したがって、「落下傘候補者」についての地方議会議員としての資質の妥当性の評価は、もっぱら有権者の判断すなわち投票に委ねることが望ましい。

　市区町村議会議員も都道府県会議員や市町村長と同様に、当該の地方自治体が所属する都道府県内に住所を置く者と規定することで、上記のような居住要件の不備から選挙後に当選無効となるといった事態は避けられることになろう。

③　住民の居住の移転の増加　　地縁性の薄まり

　今日においては、有権者の住所の移転が都市部では特に甚だしい。例えば、人口 12 万人の東京都小金井市の資料によれば、小金井市では毎年転出・入者がそれぞれ 9,000 人前後で推移している。したがって、4 年に一度の市議会議員選挙では、実に、3 割ほどの人たちが入れ替わって投票することになる。また、20 年以上小金井市に居住している住民は 2 割に過ぎない。このような流動的な状況で、転出・転入者が地縁関係を持つかどうかは疑問である。

　都市部の住民による住所の移転が頻繁になっている一つの理由には、より生活の利便性や地方自治体による教育や福祉サービスの便益を求めた住民の「足による投票」が考えられる。この「足による投票」という有権者の選択と行為は、地縁性あるいは地方自治の本旨とは無関係である。しかも、都市部においては昼夜における住民の生活実態は、地方自治法や公職選挙法の立法当時とは大きく事情が異なっている。

　「千葉都民」「埼玉都民」といった言葉があるように、住民が日常的な労働を行っている場所は、住所地と大きく異なっている。判例の言う「生活の本拠」とは、住民にとっては寝るためだけというのが実態である。また、住民の消費活動や文化的活動についても、隣接する他の地方自治体に依存する場合もある。つまり、都市部においては、「生活の本

拠」と立法当初の想定である「地縁性」あるいは「地方自治の本旨」
と、住民の生活実態は大きく乖離しているのである。

　当然のように、市区町村議会議員に立候補しようとする意思を持つ住
民にとっても、自身の住所の移転（他の自治体への移転）と、その自治
体における地縁性とは無関係となる。移転先に居住する政治関係者との
繋がりから、自身の政治的意思の具現化すなわち市区町村議会議員とな
るために居住していた元の自治体から移転することは、都市部において
はしばしば行われていることである。

　この場合、納税と被選挙権との関係が問題とされている。納税もして
いない地方自治体の議員になることについての政治的、道義的責任であ
る。確かに、納税地ではない地方自治体の議員として、その納税された
資源の使い道を議員という立場から審議するということについては違和
感がある。しかしながら、そもそも地方自治法や公職選挙法では、立法
者は納税と選挙権との関係性については考慮していないのである。それ
は、なにより納税額や性別によって選挙権の有無を区別しない、普通選
挙法を導入した経過があるからである。なにより、被選挙権と納税地の
一致を求めるとするならば、市町村長が自身の納税地ではない地方自治
体の長となって、予算を策定し、執行することを認めていることとの整
合性がとれないのである。

④　議員の成り手不足　地縁性の限界
　現在の農村部では、議員の成り手不足が深刻となっている。しかしな
がら、議員の成り手不足は農村部だけの問題ではない。都市部において
も、同様の傾向にある。その原因は、各政党の地域での日常的な政治活
動の縮減、政治家としての地方議会議員の「やりがい」の欠如、議員報
酬の削減や議員年金の廃止に伴う当選後あるいは議員引退後の生活上の
不安定さへの懸念、そしてより厳しくなる住民による批判と監視などが
挙げられる。

　そのため、各政党や政治団体は候補者のリクルートに奔走することとなる。当該の地方自治体に適切な候補者が見つからない場合には、他の地方自治体に居住している者をリクルートすることは、政治の現場では日常的に行われている。もちろん、リクルートによって、地方議員候補者が当選していくことは簡単ではない。なぜなら、他の地方自治体に居住している者を、選挙直前にリクルートして立候補させていくこととなれば、選挙のための準備態勢を整えるだけの暇はないからである。その上、新人候補者に対して充分に実務的にサポートする態勢はほとんどない。立候補のための諸手続きを遺漏なく行うことは、立候補者の当然の義務であるが、実務的手続きを事前に学習する機会がなければ、煩雑な手続きを自らが遺漏なく行うことは無理である。

　今日の、「議員の成り手不足」の背景には、地方議会議員候補者をリクルートし、候補者としての資質を向上させる学習の機会を提供し、そして当選させるための支援態勢を、政党や政治団体が十分に整えらないことにある。このような事態において、地方議会議員に従来の様な「地縁性」を求め続けていくことは、農村部でも都市部でも、もはや限界に近づいているのである。

(2)　選挙権と被選挙権の齟齬

①　衆議院議員選挙小選挙区との齟齬

　国会議員の場合は国家レベルの任務を負うという性質から、政治活動と生活の本拠地を一致させることは無理である。実際に、地方の選挙区出身の国会議員が、生活の本拠を東京においている場合が多い。なぜなら、国会議員の場合には、自身の選挙区での政治活動と、国会での活動を両立させなくてはならないからである。ゆえに、公職選挙法上で、国会議員の被選挙権について住所・居住要件が定められていないことは、政治的に理にかなっている。

　国会議員の場合には認められている政治活動と日常生活の本拠の分離

が、地方議会議員の場合には認められないという根拠は、地方議会議員の地縁性という観点が求められているからに他ならない。

だが、国会議員のうち衆議院議員小選挙区の実態は、すでに東京23区の行政区域すなわち区議会議員の選挙区よりも狭い場合が世田谷区（小選挙区の5区と6区）、港区（3区と4区）、品川区（3区と7区）、江戸川区（16区と17区）、足立区（12区と13区）とある。衆議院議員選挙における一票の格差の是正を目的とした選挙区割りの結果とはいえ、区議会議員選挙よりも狭い選挙区となっているのである。

そのように狭い選挙区の場合、小選挙区選出国会議員が当選を果たすうえでは、地方議会議員と同様に、あるいはそれ以上に選挙区との政治的な意味での地縁性、すなわち有権者との密接な政治的コミュニケーションが求められる。それにも関わらず、国会議員には住所要件は必要とされず、地方議会議員には厳格に求められるというのは、政治の現場の実態ならびに要請と法制度との乖離があることを顕著に示している。

② 首長との齟齬

明治時代の任命制の時代であればともかく、住民による直接投票で選出され、地方自治体の政策の執行権、人事権、予算編成権等を有する首長こそが地縁性を重視されるべきものである。それにもかかわらず、首長には住所に関する主観的意思が認められ、地縁性が排除されるというのでは、論理的にも制度的にも今日の政治状況からすれば整合性がとれない。

戦後の公職選挙法の改正時においても、幅広く人材を確保するとの趣旨で市町村長の住所・居住要件を定めなかった。幅広く人材を確保するという趣旨であれば、地方議会議員も同様だが、首長だけが地縁性とは無関係に幅広く人材を確保することが求められるという考え方は、前述のように明治から昭和にかけて、首長が任命制であった官治主義の残渣である。官治主義の残渣としては、特に都道府県知事においては、中央

省庁の高級官僚出身者が知事となる例が多いことにも表れている。

　戦後から始まった地方自治体の二元代表制と首長の公選制の趣旨からすれば、市町村長も地縁性とは無縁ではない。それが、知事・市町村長には主観的意思に基づいた政治活動と生活の本拠の分離が認められる、すなわち地縁性が不要とするならば、地方議会議員においても同様に扱われるべきものであろう。

③　選挙権と被選挙権の齟齬

　前述の 1960 年（昭和 35 年）の判例で、「選挙の要件としての住所は、その人の生活に最も関係の深い一般的生活、全生活の中心をもってその者の住所と解すべく、私生活面の住所、事業活動面の住所、政治活動面の住所等を分離して判断すべきではない。」との判断が下されたものの、選挙権については住所と居所が分離していた場合でも、事実上、住民登録を行っている住所地にて投票が可能となっている。

　例えば、公職選挙法第 4 章の二で規定されている在外選挙制度である。国内に住民登録を残したままの在外邦人であっても、海外の大使館や領事館の管轄地に 3 箇月以上居住している場合には、その大使館や領事館での投票が可能である（ただし、国政選挙に限られる）。この措置は、海外在留邦人が増加していることに対処するため、公職選挙法の一部改正法案（在外選挙法案）として 1998 年（平成 10 年）に公布され、以降、投票方法についての公職選挙法の一部改正法が 2004 年（平成 16 年）から施行されたものである。

　あるいは、公職選挙法第 48 条の二で規定されている中で、長期出張者あるいは単身赴任者のように、住所と居所が分離している場合でも、住所地での投票が可能とされている不在者投票制度である。不在者投票制度そのものは 1926 年（大正 15 年）の普通選挙法（衆議院議員選挙法）の改正によって始められたものであるが、後に不在者投票が可能となる対象者は拡大され、今日での期日前投票制度へと改正されてきた経

過がある。

　こうした例外的な規定が設けられてきた意味は、1960 年（昭和 35 年）の判例にみられる住所と居所の分離を排除することへの例外的措置ということである。この住所と居所との分離を容認した例外的な措置は明らかに、従来の判例の趣旨と齟齬が発生している。むしろ、この例外的措置の方が現状に照らしても妥当な判断に基づくものだと言える。なぜなら、例外的な措置は、住所と居所が分離していることによって、憲法第 15 条で保障された選挙権を行使することができなくなる事態を避けるために政策的に実施されたものだからである。

　しかしながら、その政策的措置の結果、選挙権においては住所と居所の分離が事実上容認され、一方で選挙権と連動している被選挙権においては、住所と居所の分離が排除されるという事態となっているのである。

　さらに、より細かい問題点を指摘すれば、被選挙権者としての住所要件が認められないとして選挙後に無効となるとすれば、当該の候補者が行った投票も選挙後に無効とされるべきものであるが、それは考慮されない。なぜなら、憲法第 15 条 4 項で保障された投票の秘密があるため、当該の候補者が誰に投票したかは確認できないからである。つまり、法的には無効（選挙権が不存在）のはずの投票が、有効のまま選挙手続きが進められるという奇妙な現象を生んでいるのである。

(3)　法的手続きの不備

　2019 年（平成 30 年）の伊丹市議会議員の事件では、住所要件について、選挙実務上で法的な問題が明らかになった。朝日新聞によれば、事案の経過は下記のようなものである。

　　「7 日投開票の兵庫県議選伊丹市選挙区に立候補していた、NHK から国民を守る党新顔の原博義氏（47）について、県選挙管理委員会は同日、公職選挙法で定める居住期間の要件を満たさず被選挙権

がないと発表した。原氏の名を記した2992票（伊丹市選挙区の有効投票の約4・8%）は無効となった。原博義は選管から被選挙権がないとの通知を受けながら立候補。選管が被選挙権がないことを投票前に公表しなかったのは、『過去の判例で、事前に周知すると選挙運動の妨害に当たり、違法と判断されていたため』とのこと。」[8]

　本件の法的な手続きの問題とは、神戸新聞によれば次のような点であった[9]。第一に、被選挙権の住所要件を満たさない場合、選管が事前に立候補を取り下げられる規定がないこと。第二に、過去の判例から、被選挙権があるかどうかの実質的な審査は、開票の際に立会人に聞いて決定することになっていることである。

　本件の場合、選挙の実務の面からは、選挙管理委員会としては立候補のための届出書類が形式的に書面上整っていれば立候補届出を受理せざるを得ない。立候補者が立候補届出の事前審査を受けていれば、居住要件の調査は可能である。しかし、事前審査を受けず、立候補届出時に提出された住民票に基づき、選挙管理委員会が立候補者の居住要件を即日に調査することは難しい。立候補者の居住の実態を把握するためには、裁判所の判例に基づいて、ライフラインの契約や使用状況の調査、さらにはATMなどの使用状況の調査をする必要があるからである。それらを短い選挙期間中に調査を完了させることは無理である。

　また、開票立会人の職務を定めた公職選挙法第68条第1項5では、無効投票について「被選挙権のない公職の候補者の氏名を記載したもの」を、開票立会人の意見を聴いた上で、その投票を受理するかどうかを決定することになっている。つまり、立候補者の住所・居住要件が満たされて被選挙権を有しているかどうかは、開票時にまでには選挙管理委員会による調査を終了させ、要件を満たしていない場合には開票立会人に提示して、無効投票とすることが第一次的に求められている。

　したがって、手続き的には伊丹市選挙管理委員会の対応については、

問題はなかったとは言える。しかしながら、公職選挙法における手続きの規定に問題がないとは言えない。なぜなら、この伊丹事件の場合には、立候補者による届出に関する手続きの瑕疵（住所・居住要件の不備）について、選挙管理委員会が立候補届出前から把握しておきながら、法令上の規定がないことと、選挙妨害にあたる可能性があることを根拠として、立候補届出段階で何らの勧告や行政指導を行うことなく立候補を受理して選挙を実施したものである。その結果、投票を事後的に無効としたことについては、法に定められた手続きに沿った対応であり瑕疵はなくても、その法に定められた手続きそのものが、住民の最も重要な政治的権利である投票権・選挙権を侵害する恐れがある。

　選挙権とは民主政の根幹とも言える最も重要な個人の政治的権利であり、そして誰しもが平等に持つ権利である。その民主政における重要な選挙権の行使の結果を、手続き上の問題から有権者の意思とは無関係に無効とすることは、法的には妥当な判断であったしても、政治的には問題が残る。なぜなら、伊丹市議会議員の事案のように、立候補者の住所要件や居住要件が厳格に適応される一方で、実務的には行政上の手続きの不備については不問とされたままに当選が無効とされることは、著しく民主政における選挙の意義を貶めるものとも言えるからである。

　つまり、1951年の長崎県議選のような場合での、「被選挙権の住所要件を満たさない場合、選管が事前に立候補を取り下げられる規定がない」ならびに「被選挙権があるかどうかの実質的な審査は、開票の際に立会人に聞いて決定する」という認識と判断は明らかに、法令の不備であることを指摘したものであるから、事件発生当時において速やかに改正すべき案件であった。しかしながら、投開票日前に被選挙権を有しないと知り得るものであるにもかかわらず、投開票日の当日、あるいは事後に当選の無効を決定する、という法的手続きの不備は是正されることなく放置されていたのであった。

6．おわりに

　現行の公職選挙法における選挙活動については、住所要件のみならず公共的利益を擁護するために「禁止項目」を多数規定している。その一方で、法の適用は「ザル法」とも呼ばれるような実態がある。こうした事態に至った背景には、公職選挙法の立法にあたって、政治的自由を保障しながら、いかに公共的利益との衝突を回避するか、という面での苦肉の策であることは否めない。

　しかしながら、苦肉の策の結果とは言え、政治活動は基本的に自由なものでなければならない。政治活動の自由は、選挙権者はさることながら、被選挙権者すなわち地方議員候補者において重要な政治的環境である。

　もちろん、地方議員候補者だとしても無分別かつ無制限な自由はなく、公平かつ公正な選挙によって住民代表としての地位を獲得すべきものであることは指摘するまでもない。したがって、政治活動の自由にも公共的利益を侵害することのないように法的制限や手続きが規定されることは当然の要請である。そのために、選挙権や被選挙権に関して年齢や住所に一定の要件が必要とされるのである。だが、法的制限や手続きは、政治的自由と公共的利益の擁護という二律背反する利益を比較衡量した上で、適切な運用がなされ、かつ妥当な範囲のものでなくてはならない。

　こうした観点から、本章での問題意識の根幹にあるのは、古くから語られる地方議会議員の「地縁性」という理由から、政治活動の本拠と日常生活の本拠とを分離することは認められないという過去の裁判での判断が、果たして政治的自由の保障と公共的利益と照らして妥当なのかという問いである。

　地方議会議員の被選挙権において居住要件を満たさないことによって

生じる公共的不利益とは何なのかという点については、地方自治の本旨に基づく「地縁性」という他は明らかではない。しかしながら、逆に、地方議会議員にのみ求められる「地縁性」によって、厳格な居住要件が求められことが、むしろ政治的な公共的利益を侵害することに繋がっている。本章で指摘してきた政治的な公共的利益の侵害として挙げた点は、選挙において有権者が投票した結果が、被選挙権者には「地縁性」がないという理由すなわち居住要件を満たしておらず、さらに、政治活動の本拠と日常生活の本拠が分離しているとの手続き的判断から無効とされることにある。政治的な公共的利益とは、手続きを厳格にすることより、地方議会議員や住民の政治的意思を尊重することにある。

　地方議会議員や住民の政治的意思を尊重するとの観点に立てば、地方議会議員にとっての地縁性とは「生活の本拠」ではなく、住民・有権者との間の政治的コミュニケーションに由来する「政治活動の本拠」としなくてはならない。「政治活動の本拠」とすることにより、地方議会議員に地縁性が存在するか否かの客観的な判断基準は、至って地方議会議員と個々の住民・有権者との主観的な政治的コミュニケーションによる投票という結果に現れることになるのである。

　つまり、判例が示してきたような居住要件が必ずしも満足していない場合であっても、地方議会議員候補者が地域代表としてふさわしいか否かは、住民・有権者の判断に委ねるべきものなのである。なぜなら、住民・有権者の投票に至る判断は、その候補者が居住要件であるライフラインの使用や、ATM の使用といった生活の実態を満足しているか否かという点に、関心があるわけではないからである。

　よって、地方議会議員候補者の被選挙権の住所要件は必要であるとしても、その居住要件としての求められる地縁性の定義である政治活動の本拠と日常生活の本拠との一致は、もはや現状とは乖離したものであって無意味である。加えて居住要件を満たさないことによって投票の結果を無効とすることは、政治的な公共的利益を侵害するものである。ゆえ

に、今後の裁判において従来の「客観説」ならびに「住居一致説」に基づいた判例が、住所要件を満足すればよいとする趣旨へと改められることが必要である。

[註]
1　本文で触れる以外で、近年に発生した居住要件を巡っての事案は以下のようなものがある（カッコ内の年は選挙実施年）。
　　藍住町議会議員（2008年、2012年）、七尾市議会議員（2013年）、横浜市議会議員（2015年）、寝屋川市議会議員（2015年）、小野市議会議員（2015年）、魚津市議会議員（2016年）、伊豆の国市議会議員（2017年）
2　国税庁ホームページより https://www.nta.go.jp/taxes/shiraberu/taxanswer/shotoku/2029.htm（最終閲覧日：2019年5月4日）
3　平成29年1月31日／高松高等裁判所／第4部／判決／平成28年（行コ）23号
4　伊藤博文編（1935：286-287）にモッセの意見が記されている。
5　衆議院選挙法改正に関する特別委員会議事録　第12号　昭和24年10月17日
6　3箇月の住所要件の公職選挙法の改正については、神山智美（2017:87-89）を参照されたい。
7　最高裁判決1997年（平成9年）8月25日
8　朝日新聞デジタル版（2019年4月8日）
9　https://www.kobe-np.co.jp/news/sougou/201904/0012225169.shtml（最終閲覧日：2019年4月30日）。神戸新聞（2019年4月9日）によれば、県選管が事前公表しなかった根拠に挙げているのは1951年（昭和26年）の福岡高裁の判例である。長崎県の県議選で、選管や選挙事務関係者が選挙期日前に特定の候補者の被選挙権がないことを公表することは「その候補者の選挙運動を著しく妨害し、選挙の自由公正を害する」と判断されたことにより、県選管は「投開票日前に周知すると、選挙の妨害に当たる」と判断したという。

[参考文献]
石村正（1936）『改正選挙法令撮要』聖選社
伊藤博文編（1935）『秘書類纂　帝国議会資料　上巻』秘書類纂刊行会

神山智美（2017）「地方議員選挙における被選挙権要件に関する一考察」『富山大学紀要　富大経済論集』第 63 巻第 2 号，83-106 頁
長尾英彦（2014）「選挙権の制限」『中京法学』第 49 巻第 1・2 号，65-86 頁

第4章

公職選挙法と
選挙違反の規定要因

岡田陽介

1. はじめに

　近年、選挙にまつわる違反件数は減少傾向にある。例えば、2019（令和元）年参院選では摘発人数が戦後最少になったことなどが報じられている[1]。

　選挙運動を規定する公職選挙法では、その目的として「日本国憲法の精神に則り、衆議院議員、参議院議員並びに地方公共団体の議会の議員及び長を公選する選挙制度を確立し、その選挙が選挙人の自由に表明せる意思によって公明且つ適正に行われることを確保し、もつて民主政治の健全な発達を期することを目的とする」（第1条）ことが掲げられ、選挙が「公明且つ適正に行われること」の確保に焦点が当てられている。

　したがって、近年の選挙違反の摘発減少傾向は、公職選挙法、ひいては、選挙そのものの趣旨に照らせば望ましいことである。しかしながら、過去を振り返れば、選挙違反が必ずしも少なかったわけではなく、いわゆる「津軽選挙」や「甲州選挙」のように、買収や饗応などが激しく展開された事例などもある（杉本 2017）。こうした選挙違反に対しては、「公明選挙」や「明るい選挙」、さらには、寄付に関する「贈らない・求めない・受けとらない」といった「3ない運動」の標語で展開さ

れてきた運動など、如何に違反を減らすかとの闘いであったともいえよう。

　本章の目的は、第1に公職選挙法の成立や改正、さらには、その内容を概観することで、公職選挙法の性質を整理する。第2に、公職選挙法の主要な内容である選挙運動の関連条文に対してテキストマイニングを施すことで、公職選挙法における選挙運動の規定の変遷について検討を行う。第3に選挙運動について、公職選挙法への抵触、すなわち、選挙違反に焦点を当て、その推移を概観し、計量分析によって選挙違反の増減の規定要因を探ることにある。

　以上を通して、本章では、日本における戦後の選挙運動がどのように変化してきたのか、また、変化してこなかったのかを公職選挙法の視点から明らかにすることで、選挙運動を媒介した政治家と有権者の政治コミュニケーションのかたちを検討したい。

2．公職選挙法の成立

　公職選挙法（昭和25年4月15日法律第100号）は、それまで選挙ごとに定められていた各法律を統合するかたちで1950（昭和25）年に制定された。

　そもそも、公職選挙法以前の各選挙を定めた法律には、主として衆議院議員選挙を規定した衆議院議員選挙法（明治22年2月11日法律第3号）、参議院議員選挙を規定した参議院議員選挙法（昭和22年2月24日法律第11号）、地方選挙を規定した地方自治法（昭和22年4月17日法律第67号）があった[2]。

　このうち、衆議院議員選挙法は最も古く定められた選挙法であり、現行の公職選挙法の基礎となったものである。安田ら（安田・荒川2009）によれば、衆議院議員選挙法の成立から公職選挙法への統合に至るまでの過程は「創設期の選挙制度」「明治中期の改正」「大正後期の改

正」「昭和初期における改正」「終戦後における改正」の５つの期間に分けられる。その過程において大小様々な改正が施されたが、選挙運動の制限に着目すれば、創設期にはほとんど規定されていなかった選挙運動への規制が、大正後期の普通選挙法の導入に伴い加えられた。例えば、選挙事務所の制限、選挙運動員に関する規制、戸別訪問の禁止、文書図画の制限、選挙運動費用の額の制限、支出方法に関する規制などであり、これらの改正が現行選挙制度の基礎となった。また、これ以降、選挙運動に制限を加える傾向が激しくなり、政府与党による反対党への弾圧や妨害に用いられたとされる。

　ただし、終戦に伴う民主化により、様々な制限は緩和されることとなり、1945（昭和20）年には第三者運動の自由化、個々面接及び電話による選挙運動の自由化などがもたらされた。しかしながら、その自由化も候補者間の機会均等、すなわち、「公正さ」を求める議員の反発により、若干の自由化にとどまった（三枝 2018）[3]。

　戦後の制限緩和を経た後、各選挙法は統合され公職選挙法へと至るが、そこでは、必ずしも更なる自由化はもたらされず、戦後の民主化・自由化の渦の中でも、選挙運動については多くの制限を残したままの法律となった。堀内（2017a）によれば、その成立過程は、衆参両院に設けられた特別委員会の審議を中心に進んだが、国会主導化を図るGHQと、第１回国会で成立した行政委員会であり、法案主導権を握り権限強化を狙う「全国選挙管理委員会」との駆け引きの間で展開されたとされる。そして、その結果、最終的には議員立法となったものの、成立間もない若い国会は法案審議に不慣れなことで、保守的・保身的な議論となったとされる。また、村井（2013）はGHQと日本の議員との間で望ましいとする選挙像に相違があり、特に日本の議員が「選挙の公正さ」を強調していたと指摘している。

　したがって、公職選挙法は、結果として「候補者のために、現職議員のために、議員多数派のために」（杣 1986：289）という、選挙の自由

化よりも公正の原理を優先し制限法となっていた既存の衆議院議員選挙
法を踏襲した「技術的な一本化」（佐藤 2003：39）でしかなかった。つ
まり、公職選挙法は多くの規制や制限に基づいた「公正さ」を軸として
構成された性質を持った法律としてその始まりを迎えたといえよう。こ
れは、公職選挙法の目的に、選挙が「公明且つ適正に行われること」の
確保が掲げられていることにも表れているといえる。

3. 公職選挙法の構成と改正

(1) 公職選挙法の構成

　そもそも公職選挙法は、その成立過程で「選挙基本法」として公職選
挙法を位置づけ各選挙法を残すのか、各選挙法を廃して公職選挙法に統
合するのか充分な議論のないまま、後者の統合へ至った（堀内 2017a）。
したがって、選挙に関する様々な規定が、公職選挙法の中に包含されて
いる。

　現行の公職選挙法[4]を見れば、第 1 章「総則」、第 2 章「選挙権及び
被選挙権」、第 3 章「選挙に関する区域」、第 4 章「選挙人名簿」、第 4
章の 2「在外選挙人名簿」、第 5 章「選挙期日」、第 6 章「投票」、第 7
章「開票」、第 8 章「選挙会及び選挙分会」、第 9 章「公職の候補者」、
第 10 章「当選人」、第 11 章「特別選挙」、第 12 章「選挙を同時に行う
ための特例」、第 13 章「選挙運動」、第 14 章「選挙運動に関する収入及
び支出並びに寄附」、第 14 章の 2「参議院（選挙区選出）議員の選挙の
特例」、第 14 の 3「政党その他の政治団体等の選挙における政治活動」、
第 15 章「争訟」、第 16 章「罰則」、第 17 章「補則」そして、最後に「附
則」「別表」として構成されている。これらを簡単に整理すれば、総則
に始まり、「選挙人（有権者）や選挙区域を規定するもの」「選挙期日や
選挙の実施そのもの、投開票を規定するもの」「候補者の選挙運動、収
支を規定するもの」「訴訟や罰則を規定するもの」「詳細部分（附則）」

など多岐にわたっている。

　このように様々な規定が記述される公職選挙法であるが、そのうち、どの分野に重点が置かれているのであろうか。ここでは、各章の記述量がどの程度であるかの視点から確認しよう。もちろん、記述量の多寡のみによって判断することはできないが、公職選挙法がどの内容を多く規定しているのかの1つの指標となる。

　記述量は文字数換算によって行うこととし、条文は、「D1-Law.com（第一法規法情報総合データベース）」より入手した。なお、見出しや条・項、別表、傍点（、）等の文字は文字数に含めたが、目次部分については文字数換算から除いた。また、「第○章の二」のように枝番号が振られている章（第4章及び第14章）は当該章に合算した。さらに、記述量の変化を見るため、1950（昭和25）年の成立時と2019（令和元）年現行法、さらにその中間点として1985（昭和60）年条文の比較を行った[5]。

　図1は、各章の記述量を図示したものである。まず、各章の構成の割合について見てみると、附則や別表を除けば、全体に占める記述割合が多いのは、第13章「選挙運動」（1950年で15.8％、1985年で14.6％、2019年で13.0％：以下同様の順）、第14章「選挙運動に関する収入及び支出並びに寄附」（8.9％・12.8％・6.8％）、第16章「罰則」（12.3％・12.9％・7.7％）となっている。これらの章は候補者の選挙運動を規制し、違反の際の罰則を規定するものである。なお、現行法に近づくにつれ、それぞれ割合が低下しているが、後述するように附則や別表の記述量や割合が増加した結果であり、各時点の中ではこれらの章の割合は大きなものとなっている。

　次に、記述量の変化について見てみると、成立時を基準とすると条文全体では1985（昭和60）年で2.1倍、2019（令和元）年で4.6倍に増加している。その中でも最も顕著なのは、附則や別表である。通常、附則には法律の改正に伴う施行期日や経過措置などが記述され、別表には詳細な規定が記述される。したがって、これらの記述の増加量が多いこと

図 1　公職選挙法における章別の記述量の変化

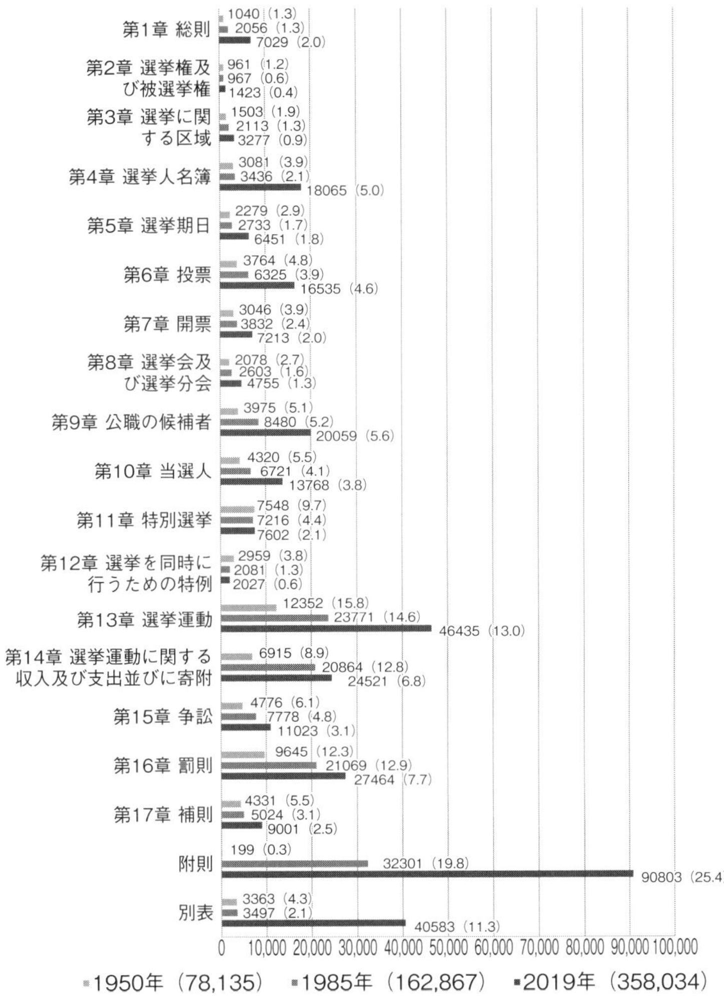

第1章 総則
1040 (1.3)
2056 (1.3)
7029 (2.0)

第2章 選挙権及び被選挙権
961 (1.2)
967 (0.6)
1423 (0.4)

第3章 選挙に関する区域
1503 (1.9)
2113 (1.3)
3277 (0.9)

第4章 選挙人名簿
3081 (3.9)
3436 (2.1)
18065 (5.0)

第5章 選挙期日
2279 (2.9)
2733 (1.7)
6451 (1.8)

第6章 投票
3764 (4.8)
6325 (3.9)
16535 (4.6)

第7章 開票
3046 (3.9)
3832 (2.4)
7213 (2.0)

第8章 選挙会及び選挙分会
2078 (2.7)
2603 (1.6)
4755 (1.3)

第9章 公職の候補者
3975 (5.1)
8480 (5.2)
20059 (5.6)

第10章 当選人
4320 (5.5)
6721 (4.1)
13768 (3.8)

第11章 特別選挙
7548 (9.7)
7216 (4.4)
7602 (2.1)

第12章 選挙を同時に行うための特例
2959 (3.8)
2081 (1.3)
2027 (0.6)

第13章 選挙運動
12352 (15.8)
23771 (14.6)
46435 (13.0)

第14章 選挙運動に関する収入及び支出並びに寄附
6915 (8.9)
20864 (12.8)
24521 (6.8)

第15章 争訟
4776 (6.1)
7778 (4.8)
11023 (3.1)

第16章 罰則
9645 (12.3)
21069 (12.9)
27464 (7.7)

第17章 補則
4331 (5.5)
5024 (3.1)
9001 (2.5)

附則
199 (0.3)
32301 (19.8)
90803 (25.4)

別表
3363 (4.3)
3497 (2.1)
40583 (11.3)

0　10,000　20,000　30,000　40,000　50,000　60,000　70,000　80,000　90,000　100,000

■1950年（78,135）　■1985年（162,867）　■2019年（358,034）

凡例の括弧は総文字数、各章のラベル末尾の括弧は各時点の総文字数に占める記述割合

出所：公職選挙法条文より筆者作成

は、公職選挙法がその成立以後改正を繰り返してきたことを意味している。また、記述割合が多かった各章の記述について増加量を見れば、第13章「選挙運動」（成立時を基準に1985年で1.9倍、2019年で3.8倍：以下同様の順）、第14章「選挙運動に関する収入及び支出並びに寄附」（3.0倍・3.5倍）、第16章「罰則」（2.2倍・2.8倍）のように記述が増加していることがわかる。

　記述割合、記述量の変化について整理すれば、第1に附則や別表の記述割合、増加量が多く、公職選挙法が成立以降、改正が繰り返されてきていることがわかる。第2に、公職選挙法は様々な規定が記述されるとはいえ、その中心は候補者の選挙運動、すなわち、候補者の行動を規制する法律としての性質が強く、成立時からの推移を見ても、選挙運動に関する記述は増加の一途を辿っていることがわかる。

(2)　公職選挙法の改正

　図1で示したとおり、現行法の各章の記述量で最も突出していたのは附則であった。また、成立時からの記述量の増加でもやはり附則が突出しており、公職選挙法が改正を繰り返してきたことが示されていた。

　公職選挙法成立以後、様々な改正があったが、大きな改正としては選挙制度の改正や連座制の強化などがある。まず、選挙制度については、衆院選では、1994（平成6）年の改正で、それまでの中選挙区制から小選挙区比例代表並立制が導入され、参院選では1982（昭和57）年の改正で、全国区から比例代表（拘束名簿式）の導入や2000（平成12）年の改正で比例代表に非拘束名簿式が導入された。このように、衆院選、参院選いずれにおいても、戦後から現在に至る過程で比例代表制を導入する改正がなされた。

　次に、連座制は候補者と関連のあるものが買収等の罪で刑に処せられた際、候補者がその行為に関わっていなかったとしても当選の無効や一定期間の立候補を制限が課せられる制度である。公職選挙法成立以降

は、1952（昭和 27）年、1954（昭和 29）年、1962（昭和 37）年、1975（昭和 50）年、1981（昭和 56）年、そして、1994（平成 6）年に、適用範囲や内容、手続きなど、それぞれ段階的に強化されてきたが、このうち、1994（平成 6）年の改正は内容がより強化された改正であり、連座対象者に「秘書」や「組織的選挙運動管理者等」が追加されたり、連座制の効果に同一選挙における同一選挙区からの 5 年間の立候補の禁止が導入された（野々上 2004；法務省法務総合研究所 2005）。

　さらに、近年の大きな改正では、2003（平成 15）年改正での期日前投票制度の創設、2013（平成 25）年改正でのインターネットを用いた選挙運動の解禁、2015（平成 27）年改正での 18 歳への選挙権の引き下げ、2018（平成 30）年改正での参議院の定数増や比例代表における特定枠の導入などもがある。これらはいずれも利便性の向上や現実社会への対応などがもたらされた改正である。また、こうした大きな改正以外にも定数の変更や様々な改正が度々施されている。

　度重なる改正は、現実と法の乖離や現実での不都合を解消するための努力の結果であるともいえる。ただし、Curtis（1971）は、様々な選挙運動を制限する公職選挙法は、選挙区において既に知られた現職候補者にとって著しく有利であり、名の知られていない新人の進出を阻止する法律の維持によって利益を得られる現職には抜本的な改正を行う動機がないと指摘している。つまり、改正を重ね続けている公職選挙法であっても、それは抜本的な改正には至らないといえる。また、Curtis（1971）は公職選挙法が有権者の「政治的社会化」を牽制してしまっており、選挙運動においては有権者が受動的な役回りにされてしまっていることを指摘している。つまり、有権者は公職選挙法で縛られた候補者が展開する選挙運動の下で候補者を選択しなければならない点で、同様に縛られているということである。したがって、公職選挙法は改正を重ねても、候補者を縛る法律である点には変わりはなく、ひいては、有権者をも縛る法律であるといえよう。

(3) 選挙運動に関する公職選挙法の記述

　これまで見てきたように、公職選挙法は候補者の選挙運動、ひいて
は、有権者を規制する性質が強いものであった。そこで、選挙運動の規
定内容がそもそもどのようなものであるのか、第13章「選挙運動」の
内容について、テキストマイニングを用いた分析を行うことで検討した
い。

　分析は以下のような手順で進めた。まず、分析には、成立時の公職選
挙法（1950年）、現行法（2019年）そして、両時点の中間点（1985年）
の第13章「選挙運動」の内容をテキストデータとして用いた。次に、
分析前の準備として、テキストデータのうち、「もつて」「あつて」「よ
つて」などの促音の大書きを「もって」「あって」「よって」のように小
書きに修正し、傍点を削除した上で、KH Coder（樋口2014）を用いて
形態素解析を施した。その際、公職選挙法に特有な用語として、国政情
報センター（2016）の索引の語を強制抽出語として設定した[6]。

　表1は各時点の特徴語を示したものである。数値はJaccard係数で、
値が大きいほど各時点の文章に特徴的な語であることを意味している。

表1　選挙運動規定の時点による比較（特徴語）

1950		1985		2019	
立会演説会	.163	選挙運動	.181	選挙	.324
選挙管理委員会	.157	掲示	.154	議員	.275
公職	.157	使用	.123	規定	.259
候補者	.154	ポスター	.120	候補者	.244
都道府県	.149	定める	.119	当該	.243
前項	.126	個人演説会	.106	衆議院	.235
委員	.103	及ぶ	.104	選出	.234
全国	.095	禁止	.093	政党	.227
開催	.093	行為	.077	選挙運動	.208
教育	.092	管理	.074	参議院	.207

表を見ると、公職選挙法における選挙運動の変遷を見ることができる。1950 年の成立時では、選挙運動の内容に関する語としては、「立会演説会」が特徴的であるが、その後、1985 年では「個人演説会」へとかたちを変えるほか、「ポスター」が特徴的なものとなる。そして、2019 年では、これらに代わりそれまで現れなかった「政党」との語が出現している。立会演説会は 1983（昭和 58）年の改正で廃止となり、また、1994（平成 6）年の改正によって政党にも選挙運動が認められたが、それらの改正が特徴語にも反映されているといえる。

図 2　選挙運動規定の時点による比較（対応分析）

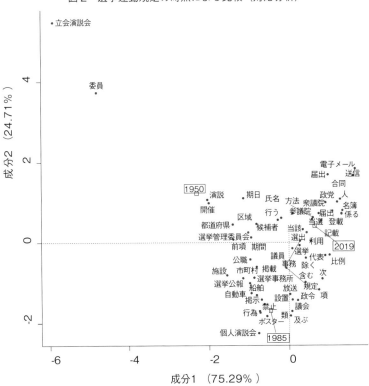

　こうした傾向は、図2に示した対応分析の結果でより明確となる。図では原点を中心として、1950年、1985年、2019年のそれぞれの時点に対する方向が示される。先の特徴語の分析では出現してなかった語も確認できるが、これらを整理すれば、まず、1950年の方向では「演説」や「立会演説会」などの語が配置され、演説を中心とした選挙運動として解釈できる。次に、1985年の方向では「個人演説会」や「ポスター」「選挙公報」などの語が配置され、演説による選挙運動と紙媒体の言語情報による選挙運動として解釈できる。そして、2019年の方向では「電子メール」「送信」や「政党」「名簿」などの語が配置され、インターネットを用いた選挙運動が解禁されたことによる電子メールの扱いや、政党中心の比例代表の選挙運動として解釈できる。

　これらの選挙運動の記述の変遷は、選挙運動における候補者と有権者のコミュニケーションのかたちの変化として捉えることができる。すなわち、演説を中心とした直接的なコミュニケーションから、「ポスター」「選挙公報」ひいては「電子メール」といった間接的なコミュニケーションへと変化したことが公職選挙法における条文の記述にも表れている。

　この記述の変遷は、公職選挙法が候補者を縛る法律である点で、候補者の選挙運動が有権者との直接的なものから間接的なものへと制限させられていることを意味するが、同時に、有権者をも縛る法律である点で、有権者と候補者のコミュニケーションも直接的なものから間接的なものに制限されてしまっているともいえる。

4．公職選挙法の違反

（1）　違反の推移
　公職選挙法による候補者の選挙運動の規制は、すなわち、違反すれば検挙されることを意味している。図3は、戦後の国政選挙（衆院選・参

院選）における選挙違反件数（検挙件数および検挙人員）について
1946（昭和 21）年衆院選から 2017（平成 29）年参院選までを示したも
のである[7]。

　図 3 を見ると、選挙違反件数の推移は概ね 3 つの時期に分けることが
できる。衆院選と参院選とでやや時期がずれるので特定の年度で明確に
分けることはしないが、第 1 に公職選挙法成立以後選挙違反件数が増加
傾向となる時期（1960 年代半ばまで）、第 2 に選挙違反件数が減少傾向
となる時期（1960 年代半ば〜 1980 年代中盤から後半にかけて）、第 3
に選挙違反件数が激減し横ばいになる時期（1990 年代以降）である。
なお、こうした傾向は衆院選と参院選で概ね共通するが、両者の違いに
着目すれば、参院選に比べ衆院選で検挙件数、検挙人員ともに多いこ
と[8]、違反件数が激減する時期には時間差があり、参院選が 1983（昭和
58）年であるのに対し、衆院選では 1996（平成 8）年であることである。
　こうした違反件数の推移について、李武（2007）は戦前・戦後の衆院
選（2003 年第 43 回衆院選まで）の選挙違反を概観する中で、戦後の違

図 3　選挙違反件数の推移

出所：総務省自治行政局選挙部（2018, 2019）より筆者作成

反について違反増減の理由として次の点を指摘している。第1に公職選挙法成立以後、選挙違反件数が増加傾向となる時期、特に1952（昭和27）年の第25回衆院選では、講和独立後の最初の選挙であり公職追放者が復帰し激化したことや、その後、安保闘争などの保革対立が激化したことなどにより、政党活動が活発化し対立が激しくなったことが違反を増加させた。第2に選挙違反件数が減少傾向となる時期では、連座制強化などの公職選挙法の改正や、「黒い霧事件」などの不祥事を背景に、都市部を中心として、選挙戦術が清純なイメージ選挙の展開にシフトし違反が減少した。第3に、選挙違反件数が激減し横ばいになる時期では、1994（平成6）年の公職選挙法改正により、政党にも選挙運動が認められたことや比例代表制が導入されたことで、選挙運動における政党の役割が増加し、イメージを重視する政党が極力選挙違反を避けたことで、違反がさらに減少したとしている。

　以上は、選挙違反の総数に着目したものであるが、違反の種類にも着目してみよう。図4は、李武（2007）の整理に倣い、戦後の衆院選の違反内容について、買収、自由妨害、形式犯に統合し、その件数の推移を示したものである。また、図5は違反内容の割合を示しものである[9]。李武（2007）は違反の推移について、第1に、戦前・戦後を通じて、そのほとんどは買収であること、第2に違反を取り締まる警察側の重点が買収犯罪にあり、戸別訪問・文書図画・事前運動など形式犯に対しては、警告の後に改善が見られない場合に検挙されることが多いため、選挙運動の規制強化に応じて形式犯の数は必ずしも増加しないこと、第3に暴力や脅迫、暴行や不正投票などの自由妨害の件数自体は少なくなったものの、他の違反の減少に伴い自由妨害の比率が上昇していることを指摘している。末武の整理は2003（平成15）年までであったが、2017（平成29）年までを対象とした本章の図を見ると、その傾向は継続し、1996（平成8）年以降、買収の割合が減少し始めた後、2017（平成29）年に至る過程で自由妨害の割合が増加傾向であることがわかる。

図 4　違反別送致人員の推移（衆院選）

出所：李武（2007:44-45）、警察庁（2006, 2010, 2013, 2015, 2018）より筆者
　　　作成

　なお、警告が与えられたものの中で最も多いものは文書に関連するも
のとなっている。例えば、2017（平成 29）年衆院選では 1,537 件の警告
うち 93.9%、2016（平成 28）年参院選では 1,970 件の警告のうち 96.9%
が文書に関するものであった（参議院 2016, 2018）。
　ここで、選挙違反の増減を規定しうる要因を整理すれば、「環境的要
因」と「制度的要因」の 2 つに集約できる。まず、「環境的要因」は候
補者を取り巻く政治的な環境によるものである。そもそも、候補者やそ
の陣営は、立候補者の当選を目的として選挙運動を展開する。したがっ
て、選挙における競争が激ければ立候補者や陣営は選挙違反を行う誘因
を持ち、逆に競争が激しくなければ選挙違反を犯してまで選挙運動を行
う必要がない。次に、「制度的要因」は法律や制度の変更により、候補
者やその陣営の選挙運動における行動が変化する場合である。法律や制
度の変更として、選挙違反を取り締まる公職選挙法の改正により、連座
制のように当落にかかわる厳しい規制や強化が導入されれば、選挙違反

図5　違反別送致人員割合の推移（衆院選）

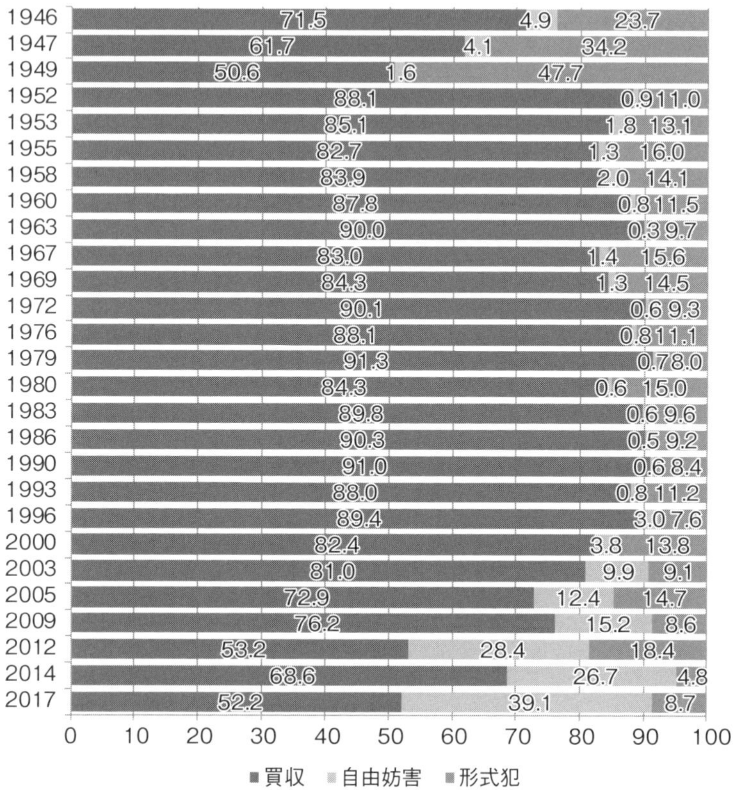

年	買収	自由妨害	形式犯
1946	71.5	4.9	23.7
1947	61.7	4.1	34.2
1949	50.6	1.6	47.7
1952	88.1	0.9	11.0
1953	85.1	1.8	13.1
1955	82.7	1.3	16.0
1958	83.9	2.0	14.1
1960	87.8	0.8	11.5
1963	90.0	0.3	9.7
1967	83.0	1.4	15.6
1969	84.3	1.3	14.5
1972	90.1	0.6	9.3
1976	88.1	0.8	11.1
1979	91.3	0.7	8.0
1980	84.3	0.6	15.0
1983	89.8	0.6	9.6
1986	90.3	0.5	9.2
1990	91.0	0.6	8.4
1993	88.0	0.8	11.2
1996	89.4	3.0	7.6
2000	82.4	3.8	13.8
2003	81.0	9.9	9.1
2005	72.9	12.4	14.7
2009	76.2	15.2	8.6
2012	53.2	28.4	18.4
2014	68.6	26.7	4.8
2017	52.2	39.1	8.7

■買収　■自由妨害　■形式犯

出所：李武（2007:44-45）、警察庁（2006, 2010, 2013, 2015, 2018）より筆者作成

を行う誘因はなくなるであろう。また、選挙制度の大きな改正が行われれば、選挙運動そのものの展開が大きく変化し、選挙違反に対する誘因も変化すると考えられる。

（2）　選挙違反件数の規定要因

これまで、公職選挙法の成立過程やその変遷、また選挙違反について

概観してきたが、以下、先述の選挙違反を説明しうる「環境的要因」と「制度的要因」についてそれぞれ操作化を行い、検挙件数、検挙人員、さらには罪種別の違反との関連を検討することで、選挙違反の規定要因を探りたい。

　まず、「環境的要因」については、「競争率」「同日選」「投票率」を検討する。選挙は定数（改選数）に対して複数の立候補者が当選を争う。したがって、定数に対して立候補者の数が多く「競争率」（候補者数／定数）が高まれば競争が激化するであろう。また、衆院選と参議院が同時に行われる「同日選」では、メディアでの取り扱いが大きくなり、有権者の関心の高まりや政治的選択の明確化が生じたり、大量の選挙運動員が投入され有権者への働きかけが行われたりする（蒲島 1988）。したがって、「同日選」は競争を激化させる要因となろう。さらに、有権者の関心の高まりという点では、「投票率」もその程度を示すものとなる。競争に伴い有権者の政治的関心の高まりによっては、当該選挙の投票率は上昇するであろう。これらの競争を激化させる要因は選挙違反を増加させると考えられる。

　次に、「制度的要因」については、「議院」「比例代表」「連座制」を検討する。そもそも衆議院と参議院の「議院」によって選挙制度は異なる。例えば、現行制度では、衆院選は小選挙区比例代表並立制（拘束名簿式）を採っているが、参院選では選挙区の選挙（選挙区により定数は異なる）と比例代表制（非拘束名簿式）を採っている。また、「比例代表」については、衆院選では 1996（平成 8）年から、参院選では 1983（昭和 58）年からそれぞれ比例代表制が導入されたが、これは、時系列で見れば衆院選、参院選ともに、比例代表制を導入していなかった時期と導入してからの時期とが存在することを意味している。比例代表の選挙は政党中心の選挙を招くと考えられ、選挙運動の様相を変化させるであろう。さらに、「連座制」は買収などの選挙違反に伴い当選の無効すらもたらすものであり、その強化は違反を抑制しうると考えられる。

図6　衆院選と参院選の違反件数

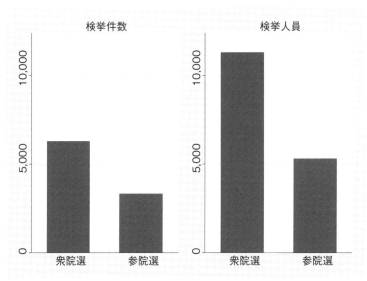

　ここで、各要因について、それぞれ検挙件数、検挙人員との関連を確認したい。図6は、「議院」別に検挙件数と検挙人員の平均値を示したものである。まず、検挙件数の平均値は、衆院選（$M = 6301.63, SD = 6552.20$）と参議院（$M = 3336.91, SD = 3924.47$）を比較すれば、衆院選で高く、その差は有意傾向であった（$t(48) = 1.90, p < .10$）。次に、検挙人員の平均値は、衆院選（$M = 11301.07, SD = 12084.99$）と参院選（$M = 5315.44, SD = 6022.73$）では、衆院選で有意に高い（$t(48) = 2.16, p < .05$）。このように、検挙件数、検挙人員ともに衆院選での違反が多いことから、以下の分析については、衆院選と参院選の差を考慮して、全体での関連と併せて、「議院」別の関連についても示こととする。

　図7は「競争率」「投票率」「連座制」[10] について検挙件数と検挙人員との散布図を示したものである。図を見ると、「投票率」についてはや

図 7　検挙件数・検挙人員と競争率・投票率・連座制の強化

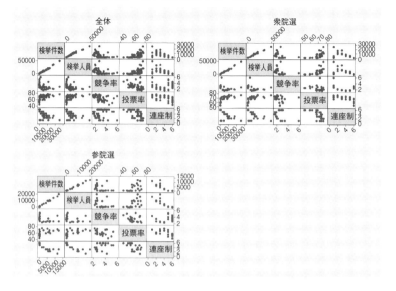

や右上がり、「競争率」「連座制」についてはやや右下がりの関連が確認できるが、関連の程度を確認するため、それぞれ相関係数の算出を行った。まず、「競争率」との相関では、全体では検挙件数（$r = -.40, p < .01$）、検挙人員（$r = -.39, p < .01$）、いずれも負の有意な関連が認められたが、衆院選では検挙件数（$r = -.32, n.s$）、検挙人員（$r = -.28, n.s.$）ともに負の関連であるものの、有意な関連は認められなかった。また、参院選では検挙件数（$r = -.38, p < .10$）、検挙人員（$r = -.40, p < .10$）いずれも負の有意傾向の関連が認められた。次に、「投票率」との相関では、全体での検挙件数（$r = .61, p < .001$）、検挙人員（$r = .60, p < .001$）、衆院選での検挙件数（$r = .63, p < .001$）、検挙人員（$r = .61, p < .001$）、参院選での検挙件数（$r = .53, p < .01$）、検挙人員（$r = .56, p < .01$）いずれも正の有意な関連が認められた。そして、「連座制」との相関では、全体での検挙件数（$r = -.69, p < .001$）、検挙人員

（$r = -.66, p < .001$）、衆院選での検挙件数（$r = -.62, p < .001$）、検挙人員（$r = -.60, p < .001$.）、参院選での検挙件数（$r = -.87, p < .001$）、検挙人員（$r = -.87, p < .001$.）いずれも負の有意な関連が認められた。

　以上の相関係数から示されることは、「競争率」を除く「投票率」と「連座制」については、概ね当初の予測どおりの関連であり、競争の激化は選挙違反を増加させ、規制の強化は違反を減少させる結果となった。

　「競争率」が予測とは逆の関連となったことについては、いくつかの理由が考えられる。第1に、「競争率」の算出方法である。そもそも選挙区によって政治的文脈は異なり、選挙区ごとの競争の程度は異なることや、衆院選、参院選それぞれに複数の選挙制度が採用されていることに鑑みれば、本章で採用した、競争度を単に総定数（総改選数）に対する立候補者の数で求めるだけでは、競争の程度を正確に測り切れていない可能性がある。第2に、選挙制度という点では、制度の変更に伴い競争率が変化している可能性である。図8は競争率の推移と検挙件数の推

図8　検挙件数と競争率の推移

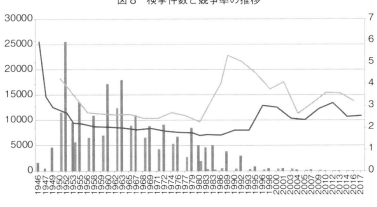

■検挙件数（衆）　■検挙件数（参）　——衆議院　——参議院
左軸は検挙件数、右軸は競争率

移を図示したものであるが、大きな選挙制度の変更であった比例代表制の導入以降（衆院選：1996 年、参院選：1983 年）、競争率が上昇している。

　次に、図 9 は同日選か否かによる検挙件数と検挙人員の差について示したものである。図を見ると、予測とは異なり同日選で検挙件数、検挙人員ともに少ない。しかしながら、検挙件数の全体での同日選（$M = 3085.50, SD = 2382.11$）と同日選以外（$M = 5098.94, SD = 5835.28$）の比較（$t(48) = 0.68, n.s.$）、衆院選での同日選（$M = 5061.50, SD = 74.25$）と同日選以外（$M = 6400.84, SD = 6809.57$）の比較（$t(25) = 0.27, n.s.$）、参院選での同日選（$M = 1109.50, SD = 1182.99$）と同日選以外（$M = 3549.05, SD = 4040.82$）比較（$t(21) = 0.83, n.s.$）いずれにおいても有意な差は確認できなかった。

　また、検挙人員でも、全体での同日選（$M = 5907.00, SD = 4733.56$）

図 9　同日選の検挙件数・検挙人員の比較

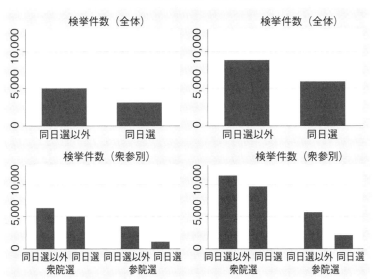

と同日選以外（*M* = 8777.30, *SD* = 10480.33）の比較（*t*(48) = 0.54, *n.s.*）、衆院選での同日選（*M* = 9774.50, *SD* = 1982.02）と同日選以外（*M* = 11423.20, *SD* = 12563.60）の比較（*t*(25) = 0.18, *n.s.*）、参院選での同日選（*M* = 2039.50, *SD* = 1860.40）と同日選以外（*M* = 5627.43, *SD* = 5627.43）比較（*t*(21) = 0.80, *n.s.*）いずれにおいても有意な差は確認できなかった。

さらに、図 10 は選挙制度の変更、すなわち、比例代表制の導入に伴う検挙件数と検挙人員の変化について示したものである。まず、検挙件数については、全体では比例代表制導入以前（M = 8014.27, SD = 5425.26）と比例代表制導入以後（*M* = 323.25, *SD* = 208.23）を比較すると、比例代表制導入以前で有意に高い（*t*(48) = 6.31, *p* < .001）。また、衆院選、参院選別に見ると、衆院選では導入以前（*M* = 8808.16, *SD* = 6292.54）で導入以後（*M* = 348.63, *SD* = 294.65）と比較して有意に高く

図 10　比例代表制導入前後の検挙件数・検挙人員の比較

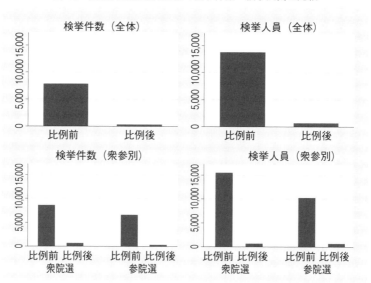

$(t(25) = 3.76, p < .001)$、参院選でも導入以前 $(M = 6643.00, SD = 3289.07)$ で導入以後 $(M = 306.34, SD = 137.35)$ と比較して有意に高い $(t(21) = 6.68, p < .001)$。

次に、検挙人員については、検挙件数と同様に、全体での導入以前 $(M = 13824.67, SD = 10081.31)$ と導入以後 $(M = 632.20, SD = 479.60)$ と比較 $(t(48) = 5.83, p < .001)$、衆院選での導入以前 $(M = 15779.42, SD = 11805.25)$ と導入以後 $(M = 665.00, SD = 610.11)$ の比較 $(t(25) = 3.58, p < .01)$、参院選での導入以前 $(M = 10448.27, SD = 4907.13)$ と導入以後 $(M = 610.34, SD = 398.91)$ の比較 $(t(21) = 6.93, p < .001)$ のいずれにおいても、比例区導入以前で有意に高い。

ここまで、要因ごとに検挙件数、検挙人員との関連を見てきたが、すべての要因の効果を同時に推定し、より直接的に効果を持ちうる要因の検討を行いたい。

推定に際し、従属変数は検挙件数、検挙人員それぞれとし、独立変数には衆議院ダミー、比例導入ダミー、競争率、同日選ダミー、投票率、連座制を投入した。なお、連座制については各年の改正の効果を検討するため、それぞれの改正年度をダミー変数として投入した（参照カテゴリ 1952 年改正）[11]。

図 11 は推定値の結果を図示したものである。各変数のプロットは非標準化係数の値であり、基準値（0）を挟んで左側に位置する変数が違反件数を減少させる要因、右側に位置する変数が違反件数を増加さる要因である。また、各プロットの左右に横棒で示されているのは 95% 信頼区間であり、信頼区間が基準値を跨いでいない変数が、効果が 0 ではない可能性を意味している。

図を見ると、まず、検挙件数では、衆議院ダミー $(b = -129.97, n.s., 95\%\mathrm{CI}\ [-3320.21, 3060.28])$、比例導入ダミー $(b = 3001.37, n.s., 95\%\mathrm{CI}\ [-4263.17, 10265.91])$、競争率 $(b = -2031.50, p < .10, 95\%\mathrm{CI}\ [-4201.34, 138.34])$、同日選ダミー $(b = -2306.60, \mathrm{n.s.}, 95\%\mathrm{CI}\ [-7298.85,$

図 11　検挙件数・検挙人員の規定要因

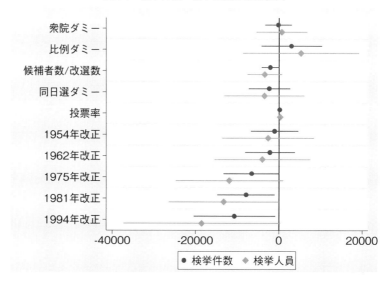

2685.65])、投票率（$b = 158.29$, *n.s.*, 95%CI $[-94.47, 411.05]$）、はいず
れも信頼区間が基準値を跨いでおり、効果は認められない。他方、効果
が認められたのは連座制の強化の程度である。いずれの係数の値も基準
値の左側であり、かつ、改正を経るごとにその値は左に移動しているこ
とから、改正を重ねるにつれて検挙件数が減少していることがわかる。
ただし、信頼区間を見ると、基準値を跨がないのは 1981 年改正（$b =$
-7873.64, $p < .05$, 95%CI $[-14774.50, -972.77]$）と 1994 年改正（$b =$
-10622.36, $p < .05$, 95%CI $[-20423.87, -820.85]$）のみであり、過去 2
回の改正が効果を持ち、特に、1994 年改正が最も大きな効果を持って
いるといえる。

　次に、検挙人員では、検挙件数と同様に、衆議院ダミー（$b = 678.93$,
n.s., 95%CI $[-5451.73, 6809.59]$）、比例導入ダミー（$b = 5290.11$, *n.s.*,
95%CI $[-8670.07, 19250.28]$）、競争率（$b = -3425.44$, *n.s.*, 95%CI $[-$

7595.20, 744.32])、 同 日 選 ダ ミ ー（$b = -3519.14$, *n.s.*, 95%CI［−13112.69, 6074.41]）、 投 票 率（$b = 285.17$, *n.s.*, 95%CI［−200.56, 770.90]）は、いずれも信頼区間が基準値を跨いでおり、効果は認められない。また、連座制の強化については、改正を重ねるにつれて検挙件数が減少しているが、いずれも基準値を跨いでおり、検挙件数で効果が認められた 1981 年改正（$b = -13183.29$, $p < .10$, 95%CI［−26444.61, 78.03]）と 1994 年改正（$b = -18468.30$, $p < .10$, 95%CI［−37303.75, 367.15]）も検挙人員では効果が認められなかった。

(3)　選挙違反内容の規定要因

　違反内容についても同様に分析を行った。ただし、違反内容については、衆院選のみの分析である。図 12 は「競争率」、「投票率」、「連座制」について買収、自由妨害、形式犯の散布図を示したものである。図を見ると、「競争率」については関連が確認できないが、「投票率」についてはやや右上がり、「連座制」についてはやや右下がりの関連が確認できる。関連の程度を確認するため、それぞれ相関係数の算出を行った。まず、「競争率」との相関では、買収（$r = -.30$, n.s.）、自由妨害（$r = .06$, n.s.）、形式犯（$r = -.16$, n.s.）いずれも有意な関連は認められなかった。次に、「投票率」との相関では、買収（$r = .59$, $p < .01$）、自由妨害（$r = .63$, $p < .001$）、形式犯（$r = .69$, $p < .001$）、いずれも正の有意な関連が認められた。そして、「連座制」との相関では、買収（$r = -.57$, $p < .001$）、自由妨害（$r = -.71$, $p < .001$）、形式犯（$r = -.77$, $p < .001$）いずれも負の有意な関連が認められた。

　次に、図 13 は同日選か否かと選挙違反内容の差について示したものである。なお、図では違反内容ごとに件数が大きく異なるので、違反内容ごとに軸の最大値を変えてある。図を見ると、予測とは異なり同日選で各違反が少ない。しかしながら、買収の同日選（$M = 8646.50$, $SD = 2032.93$）と同日選以外（$M = 9742.68$, $SD = 11044.80$）の比較（$t(25) =$

図12　買収・自由妨害・形式犯と競争率・投票率・連座制の強化（衆院選）

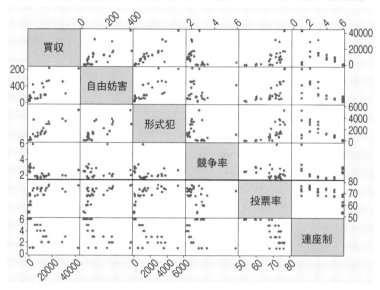

0.14, *n.s.*）、自由妨害の、同日選（*M* = 55.00, *SD* = 4.24）と同日選以外
（*M* = 134.52, *SD* = 113.49）の比較（*t*(25) = 0.97, *n.s.*）、形式犯の、同
日選（*M* = 1156.50, *SD* = 183.14）と同日選以外（*M* = 1474.48, *SD* =
1505.71）比較（*t*(25) = 0.29, *n.s.*）、いずれにおいても有意な差は確認
できなかった。

　また、図14は比例代表制の導入に伴う違反内容の変化について示し
たものである。まず、買収での比例代表制導入以前（*M* = 13501.47, *SD*
= 10505.11）と比例代表制導入以後（*M* = 541.50, *SD* = 543.82）の比較
（*t*(21) = 3.45, *p* < .01）、自由妨害での導入以前（*M* = 160.37, *SD* =
118.34）と導入以後（*M* = 53.25, *SD* = 24.39）の比較（*t*(21) = 2.51, *p* <
.05）、形式犯での導入以前（*M* = 2032.26, *SD* = 1352.61）と導入以後
（*M* = 70.25, *SD* = 64.71）の比較（*t*(21) = 4.05, *p* < .01）、いずれにおい
ても、比例代表制導入後で有意に低い。

図 13　同日選の違反内容の比較（衆院選）

図 14　比例代表制導入前後の違反内容の比較（衆院選）

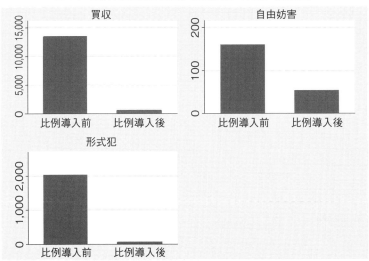

図 15　違反内容の規定要因（衆院選）

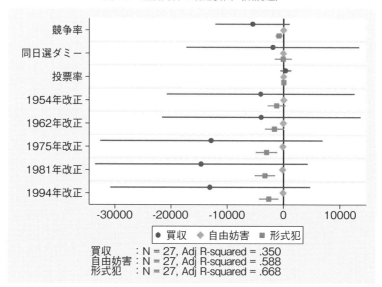

買収　　: N = 27, Adj R-squared = .350
自由妨害: N = 27, Adj R-squared = .588
形式犯　: N = 27, Adj R-squared = .668

　違反内容についても、すべての要因の効果を同時に推定し、より直接的に効果を持ちうる要因の検討を行った。推定に際し、従属変数は買収、自由妨害、形式犯のそれぞれの件数とし、独立変数は検挙件数、検挙人員の分析と同様のものを用いた。ただし、衆院選の分析においては比例ダミーと 1994 年改正は同値となるため、衆議院ダミーは分析から除外した。

　図 15 は推定値の結果を図示したものである。紙幅の都合、各変数の詳細の記述は省くが、分析の結果、買収、ならびに、自由妨害では、いずれの変数も基準値を跨いでおり効果は認められなかった。他方、形式犯では競争率（$b = -838.11, p < .05, 95\%CI [-1482.70, -193.53]$）と連座制の強化で効果が認められた。連座制の効果は、1975 年改正（$b = -3021.47, p < .01, 95\%CI [-4948.38, -1094.57]$）、1981 年改正（$b = -3304.67, p < .01, 95\%CI [-5148.48, -1460.86]$）、1994 年 改 正（$b = -$

2614.23, p < .01, 95%CI［−4347.82, −880.64］）であり、1975 年改正以降、形式犯を減少させていることがわかる。

5．おわりに

　本章の目的は、第 1 に公職選挙法の成立や改正、内容を概観することで、公職選挙法の性質を整理すること、第 2 に、選挙運動の関連条文に対してテキストマイニングを施し、公職選挙法における選挙運動の規定の変遷について検討を行うこと、第 3 に選挙違反に焦点を当て、計量分析によって選挙違反の増減の規定要因を探ることにあった。

　分析の結果、明らかになったことは次のとおりである。まず、公職選挙法の成立、改正、内容の概観からは、公職選挙法が規定する内容は、主として立候補者の行動を制限する選挙運動の規定であり、公職選挙法成立以降の度重なる改正で、特に、連座制を中心に強化されてきたことが確認された。次に、選挙運動に関連する記述のテキストマイニングからは、選挙運動における候補者と有権者のコミュニケーションのかたちが、演説を中心とした直接的なコミュニケーションから、「ポスター」「選挙公報」ひいては「電子メール」といった間接的なコミュニケーションへと変化してきたことが確認された。最後に、選挙違反の増減の規定要因を探る計量分析からは、選挙違反に対して連座制の強化は一定の抑制効果を持っていることが確認された。

　これらの結果は、次のような含意を持つ。すなわち、候補者は公職選挙法という制度に縛られていること、またその制限の中で選択しなければならない点で有権者も同様に縛られているということである。つまり、社会におけるゲームのルールの変更により、政治的アクターの行動が変化するということである。

　公職選挙法は、選挙が「公明且つ適正に行われること」の確保を目的としたものであった。その意味では、度重なる改正やその強化によっ

て、違反が減少し続けていることは、公職選挙法がその目的を充分に達成しているということを意味していよう。しかしながら、違反自体は減少しているとはいえ皆無とはいえず、いつの時代も存在し続けている。したがって、選挙がより「公明且つ適正」に行われるためには、さらなる改正ひいては抜本的改正が求められるのかもしれない。

　なお、本章にも課題はある。本章の分析では、テキストマイニングの分析結果と検挙件数・検挙人員や罪種別の違反件数とを連動させた分析は行っていない。公職選挙法の記述内容や記述量を独立変数に入れた分析によっては、公職選挙法の記述内容の変化が候補者や有権者をどのように縛るのか、また、違反をさらに減少させうる改正の方策はどのようなものであるのかについての詳細な検討が可能になろう。

　上記のようないくつかの課題は残るものの、本章は日本における戦後の選挙運動の変化と不変を示すことで、選挙運動を媒介した政治家と有権者の政治コミュニケーションの一側面を明らかにすることができたであろう。

[註]

†　本研究は JSPS 科研費 JP 18H00812（「民主制下における復旧・復興－そこで生じる政治的課題の整理・検討」）の助成を受けた。

1　『毎日新聞』「参院選：摘発人数、過去最少の 52 人　警察庁」2019 年 8 月 23 日、『読売新聞』「7 月参院選　選挙違反 37 件」2019 年 8 月 23 日。

2　地方自治法はそれまでの市制、町村制、府県制、都制の 4 法律を統合したものである。統合の経緯やそれに伴う諸問題については佐藤（2003）、堀内（2017a，2017b）を参照されたい。

3　三枝（2018）によれば、こうした「公正さ」の強調が選挙公営強化に繋がったとしている。

4　本章では、執筆時点での最終改正の条文（2019（令和元）年 5 月 31 日、6 月 1 日施行）を現行法とした。

5　成立時は 1950（昭和 25）年 5 月 1 日時点、現行法は 2019（令和元）年 6 月 1 日時点、中間点は 1985（昭和 60）年 4 月 1 日時点の条文を用いた。

6　予備的分析において語として抽出されなかった2語を加え、最終的には166語を用いた。

7　なお、衆院選については選挙後90日の数値であるが、1946(昭和21)年（第22回）については、選挙期日後50日の数値。参院選については、1950（昭和25）年（第2回）が選挙期日後1ヶ月、1953（昭和28）年（第3回）から1971（昭和46）年（第9回）までが期日後3ヶ月、1974（昭和49）年（第10回）以後は期日後90日のものである。参院選の1947（昭和22）年（第1回）については違反件数の件数を入手できなかったため、参院選については1950（昭和25）年（第2回）以降の値である。以後の分析についても参院選は同様である。また、参院選については選挙区と比例区（全国区）別に集計されているが、衆院選は小選挙区と比例区の別は示されていないことから、衆院選・参院選どちらも総数として示している。

8　そもそも衆院選と参院選とでは定数（改選数）が異なり、当然、立候補者数も異なる。立候補者の平均値は衆院選（$M = 1157.04, SD = 395.43$）と参院選（$M = 419.43, SD = 111.37$）を比較すれば、衆院選で有意に高い（$t(48) = 8.65, p < .001$）。

9　2003年までは李武（2007：44-45）の数値をもとに作成、2005年以降は、警察庁（2006, 2010, 2013, 2015, 2018）の数値をもとに作成。なお、2017年は検挙人員に基づいている。

10　先述のとおり、連座制は1950年の公職選挙法成立以降、1952年、1954年、1962年、1975年、1981年、そして、1994年に段階的に強化されてきたことから、(1) 1946年～1952年、(2) 1953年～1960年、(3) 1962年～1974年、(4) 1976年～1980年、(5) 1983年～1993年、(6) 1995年～2017年とする順序尺度として作成し、適用される各選挙年度に値を与えた。なお、厳密には (1) については1950年の公職選挙法制定前後で値を分割する必要があるが、該当年度が少なくなってしまうため (1) に統合した。

11　データ・セットは衆院選、参院選の各回選挙が時系列に構築されたパネル・データであるため、パネル・データ分析（固定効果モデル・変量効果モデル）による推定を行ったが、検挙件数、検挙人員どちらの分析においてもHousman検定、Breusch and Pagan検定、F検定それぞれの結果、プーリング回帰が選択された。そこで、プーリング回帰による推定を行ったが、衆議院・参議院の両院がモデルに含まれていることを考慮し、衆議院ダミーをモデルに加えた。

［参考文献］

蒲島郁夫（1988）『政治参加』東京大学出版会

警察庁（2006）「適条別第 43 回衆議院議員通常選挙における違反の送致件数・送致人員及び起訴状況」『平成 17 年の犯罪』<https://www.npa.go.jp/archive/toukei/keiki/h17/H17_63.xls>（最終閲覧日：2019 年 9 月 9 日）

─────（2010）「各種選挙違反の適条別　送致件数及び送致人員」『平成 21 年の犯罪』<https://www.npa.go.jp/archive/toukei/keiki/h21/EXCEL/H21_062.xls>（最終閲覧日：2019 年 9 月 9 日）

─────（2013）「各種選挙違反の適条別　送致件数及び送致人員」『平成 24 年の犯罪』<https://www.npa.go.jp/archive/toukei/keiki/h24/excel/H24_062.xls>（最終閲覧日：2019 年 9 月 9 日）

─────（2015）「各種選挙違反の適条別　送致件数及び送致人員」『平成 26 年の犯罪』<https://www.npa.go.jp/toukei/soubunkan/h26/excel/H26_062.xls>（最終閲覧日：2019 年 9 月 9 日）

─────（2018）「各種選挙違反の適条別　検挙件数及び検挙人員」『平成 29 年の犯罪』<https://www.npa.go.jp/toukei/soubunkan/h29/excel/H29_062.xls>（最終閲覧日：2019 年 9 月 9 日）

国政情報センター（2016）『選管事務の教科書—第二次改訂版』国政情報センター

佐藤俊一（2003）「公職選挙法と新たな自治体選挙法の形成」『選挙研究』第 18 巻，36-46 頁

参議院（2016）「第 192 回国会　政治倫理の確立及び選挙制度に関する特別委員会　第 2 号（平成 28 年 11 月 18 日）」<http://kokkai.ndl.go.jp/SENTAKU/sangiin/192/0056/19211180056002.pdf>（最終閲覧日：2019 年 9 月 9 日）

─────（2018）「第 196 回国会　政治倫理の確立及び選挙制度に関する特別委員会　第 2 号（平成 30 年 04 月 11 日）」<http://kokkai.ndl.go.jp/SENTAKU/sangiin/196/0056/19604110056002.pdf>（最終閲覧日：2019 年 9 月 9 日）

総務省自治行政局選挙部（2018）「平成 28 年 7 月 10 日執行参議院議員通常選挙結果調」<https://www.e-stat.go.jp/stat-search/files?page=1&layout=datalist&cycle=0&stat_infid=000031677867>（最終閲覧日：2019 年 9 月 9 日）

─────（2019）「平成 29 年 10 月 22 日執行衆議院議員総選挙最高裁判所裁判官国民審査結果調」<http://www.soumu.go.jp/main_content/000612972.pdf>（最終閲覧日：2019 年 9 月 9 日）

柾正夫（1986）『日本選挙制度史─普通選挙法から公職選挙法まで』九州大学
　出版会

李武嘉也（2007）『選挙違反の歴史─ウラからみた日本の 100 年』吉川弘文館

杉本仁（2017）『民俗選挙のゆくえ─津軽選挙 vs 甲州選挙』新泉社

D1-Law.com（第一法規法情報総合データベース）「公職選挙法」<https://
　rireki.d1-law.com/dh_r/jyoubun.do?actionType=init&sikouDate=5010904&h
　oureiCd=103898888980&searchFileId=resultid20190909163406.786&leftKoub
　angou=1&leftAllCount=3&UNIQUE_KEY=20190909163406.820>（最終閲覧
　日：2019 年 9 月 9 日）

野々上尚編著（2004）『公選法上の連座訴訟の解説─裁判例の概観』近代警察
　社

樋口耕一（2014）『社会調査のための計量テキスト分析─内容分析の継承と発
　展を目指して』ナカニシヤ出版

法務省法務総合研究所（2005）『犯罪白書〈平成 17 年版〉少年非行』国立印刷
　局

堀内匠（2017a）「自治体選挙法の消滅（上）─公職選挙法への統合をめぐっ
　て」『自治総研』第 468 号，52-77 頁

─────（2017b）「自治体選挙法の消滅（下）─公職選挙法への統合をめぐっ
　て」『自治総研』第 469 号，52-76 頁

三枝昌幸（2018）「選挙公営の起源と展開」『法律論叢』第 90 巻第 6 号，231-
　272 頁

村井良太（2013）「戦前から戦後への日本の選挙管理行政─信頼性と政治的安
　定をめぐって :1889-1952 年」大西裕編『選挙管理の政治学─日本の選挙管理
　と「韓国モデル」の比較研究』有斐閣

安田充・荒川敦編著（2009）『逐条解説 公職選挙法 上』ぎょうせい

Curtis, Gerald L.（1971）*Election Campaigning, Japanese Style*, New York:
　Columbia University Press. ジェラルド・カーティス／山岡清二訳（1983）
　『代議士の誕生─日本式選挙運動の研究（新版）』サイマル出版会

第5章
政党の宣伝コスト

浅井直哉

1．宣伝活動のコスト

　本章では、日本における政党の宣伝活動にかかわる費用に注目し、その実態を明らかにするとともに、政党間にはどのような違いがみられるのかを示す。議会制民主主義では、選挙によって公職をめぐる競合が行われ（Schumpeter 1942）、そこでは政党が主たる役割を担う。政党の目的は、得票を最大化するとともに、政権を獲得し、自らの掲げた政策を実現することにある（Müller and Strøm 1999: 5-9）。政党は、第一に政権の獲得、第二に政策の実現を目指しており、それらを実現するための手段として、第三に得票の最大化という目的を持つ。エプスタイン（Leon D. Epstein）やサルトーリ（Giovanni Sartori）らの定義を踏まえると、政党とは、選挙に際して公式のラベルを提示するとともに、候補者を擁立する政治団体として位置づけられる（Epstein 1967; Sartori 1976）。彼らの見方からも、選挙競合への参加は、政党にとって不可欠な要素である。

　競合的な選挙が行われるということは、二党以上の政党が得票ないし議席をめぐる争いに参加することを意味する。すなわち、複数の政党による競合が展開される。各党は、一人でも多くの有権者から支持を調達

するために、他党との差別化をはかろうとする。具体的な手段として
は、所属議員ないし候補者による街頭演説を実施したり、ビラを頒布し
たりすることが挙げられる。政党は、これらの宣伝活動を通じて、他党
との違いを有権者に示しつつ、自党の方針への賛同を得ようとする。と
りわけ、各党の取り組みは選挙を控えた時期に活発化する。

　日本も例外ではなく、政党は公約集を配布したりポスターを掲示した
りして、自党の主張を繰り広げる。選挙運動は衆議院選挙の場合で 12
日間に設定されているため[1]、限られた期間のみの活動では、自党の主
張を広範な有権者に届けることは難しい。そこで、政党は選挙運動期間
以外の時期にも常に発信を続けることによって、この課題を乗り越えよ
うとしてきた。主な活動としては、選挙運動に用いられるもののほか、
機関紙の発行や集会の開催がある。2013 年には選挙運動におけるイン
ターネットの使用が解禁され、日常においても、ウェブを駆使した宣伝
活動が増加した。現在では、選挙運動期間か否かを問わず、政党のバ
ナー広告や動画サイトでの広告を目にする機会も少なくない[2]。また、
政策的な内容を発信するだけでなく、党や所属議員をモチーフにした
グッズを作成する政党もある。宣伝活動にはさまざまな手段が存在して
おり、各党は、それぞれの支持層、組織に見合ったかたちで手段を選択
する。宣伝活動に際しては、内容のみならずその手段にも違いがみられ
る。どの宣伝手段をどの程度実施すると得票率が上昇するのか、または
下降するのか、あるいは、各党が宣伝活動にどの程度の効果を期待して
いるのかは別として、既成政党か新党かにかかわらず、政党は多様な手
段を通じて宣伝活動を行い続けている。少なくとも政党の側には、一定
の効果をあげているという認識が存在するものと考えられる。

　政党ごとに宣伝活動の手段が異なることは、必要となるコストの違い
を生み出す。宣伝活動は、あくまでも政党の自主的な活動の範疇であ
り、政党自らが発生するコストを負担する。そのため、宣伝手段が異な
ると、そのコストも異なってくる。機関紙の発行や配達にも費用がかか

るし、インターネット上の広告も無料で設置できるものではない。宣伝活動の実施は、政党にとって欠かすことのできない資金需要の一つであり、新たな方法が登場するたびに、費用の投入が必要とされてきた。

　宣伝と資金の関係については、これまでに政党研究の文脈において指摘されてきた。たとえば、宣伝活動の媒体の増加は、政党にとっての資金需要を高め、結果として各党の財政状況の負担になる（Katz and Mair 1995）。日本においても、インターネット使用が一般化し、宣伝費用は増加している可能性がある。では、実際に、各党が投入する宣伝活動費は増加しているのであろうか。宣伝活動の違いによって、どのような資金的差異が生じているのであろうか。本章はこれらの点に目を向けて、政治資金収支報告書にもとづき、政党が宣伝活動をどのように展開し、どのような認識をもって臨んできたと考えられるのか、政党資金という視点から紐解いていく。

２．宣伝活動と政党資金の結びつき

　本章では、政治資金収支報告書の要旨に記載されている「機関紙誌の発行その他の事業による収入」ならびに「機関紙誌の発行その他の事業費」の項目を扱い、二つの検証を行う。「機関紙誌の発行その他の事業による収入」では、機関紙やグッズなどの販売といった事業による収入の報告がなされており、「機関紙誌の発行その他の事業費」には、機関紙の発行やグッズの作成にかかった費用が記載されている。

　宣伝活動のうちには、広告やビラのように、受け手側が金銭的負担をしないものもあれば、機関紙やグッズなど、受け手側が金銭を支払うようなものも存在する。受け手がコストを負担しないということは、発信者である政党側がすべてのコストを負担することになる。受け手側が金銭を支払う場合、政党側はコストを軽減することができるか、あるいは収入を得ることができる。どのような宣伝や事業を展開し、どの程度の

コストを引き受けるかは、各党の財政状況や組織の在り方に左右される。資金需要があるという点で各党ともに共通するとしても、実際の政党の資金には限界があり、原資となる収入には違いがある。すなわち、機関紙や広告などといった宣伝の手段について、いずれの政党も共通した選択肢を持つ一方、どの手段を重視するか、どの程度の資金を充てるかなど、現実的に宣伝を行う段階においては、政党間に違いが生じ得る。

　この違いには、政党組織の特徴が反映されるのではないかと考えられる。たとえば、強固な支持基盤をもち、機関紙やグッズの販売によって一定の資金の確保を見通すことができる政党であれば、これらの事業を黒字化し、収入源とすることができる。反対に、コストが収入を上回ることをいとわず、宣伝事業の赤字を受けいれている政党があるかもしれない。そこで、まず、各党の宣伝に関する事業の収支状況を概観する。すべての政党が黒字ないし赤字という状況は観察されるのか。それとも、政党間に違いがみられるならば、それはどのようなものであるのか。この点を一つ目の検証とする。

　続いて、各党が実施する宣伝活動にはどのような違いがあるのかという点に目を向ける。政党資金という視点から宣伝活動に注目することにより、各党の抱えるコストの差が明らかになるほか、宣伝活動の質的な違いに関する情報提供が可能となる。宣伝の手段をめぐり、政党間の細かな違いは、実際に各党が行ってきた宣伝の総量を測定し、政党同士を比較することによって明らかになる。しかし、各党が実施する宣伝活動をすべて把握することは困難であるし、遡及可能な期間には限りがある。そこで、政治資金に注目すると、各党の通時的な変化を捉えることができるとともに、政党ごとの違いに関する大まかな傾向を把握することができる。この見方をもってしても細かな分類は難しいが、そもそも、この点の情報収集が困難であることを踏まえると、宣伝活動における各党の違いが示されることは新たな情報の蓄積につながる。

　たとえば、選挙期間か非選挙期間かを問わず、機関紙の発行を重視す

る政党があると考えられる。このほかに、議員を各地に派遣したり、インターネットでの宣伝を重視したりするなど、他の宣伝活動を展開する政党もみられるであろう。この点を検証するために「機関紙誌の発行その他の事業費」の下位に位置づけられる項目の推移を検証して、政党ごとの傾向を抽出するとともに、政党間の比較を行う。「機関紙誌の発行その他の事業費」の内訳は、「機関紙誌の発行事業費」、「宣伝事業費」、「政治資金パーティー開催事業費」、「その他の事業費」という項目から構成されている。

　政治資金収支報告書の要旨からでは、機関紙誌等の発行かそれ以外の宣伝活動であるかを区別することが限界となり、街頭演説を頻繁に行っているのか、インターネットによる宣伝の充実をはかっているのかなどの違いを見出すことはできない。しかし、政党の宣伝方法の一つとされてきた機関紙の発行がこれまでにどのように扱われ、今日ではどのような位置づけになっているのか、宣伝活動の切り替えを行った政党はあるのか、それとも、ひとたび採用した手段を変える政党はみられないのかなどといった問いに光を当てることができる。これを第二の検証項目とする。

　最後に、一点目と二点目の検証から抽出された各党の傾向をもとにして、一定のパターンがみられるか否かを検討する。現時点において、表１のような枠組みを想定することができる。これらの基準をもとにして、各党がどこに位置するのかを検討し、共通したパターンが析出されるか否かを示す[3]。次節では、まず、政党の事業における収支の状況を確認し、続いて、「機関紙誌の発行その他の事業費」の下位項目に目を向け、支出状況がどのような変遷をたどってきたのかを検証する。続く節では、得られた情報をもとに政党間の比較を行い、どのような政党がどのような収支状況にあり、事業費の推移にはどのような違いがみられるのかを指摘する。

表 1　政党の宣伝活動をめぐる収支状況と主な事業項目

		機関紙誌の発行その他の事業費			
		機関紙誌の発行事業費	宣伝事業費	政治資金パーティー開催事業費	その他の事業費
宣伝活動にかかわる収支	プラス（黒字）				
	マイナス（赤字）				

出所：筆者作成

3．宣伝活動による収入と支出

　ここでは、自由民主党（以下、自民党）、民主党（民進党）、公明党、共産党、日本維新の会（以下、維新の会）の宣伝事業にかかわる収支状況を概観する。政治改革以前の政治資金収支報告書は、「透明性のほとんどない状態に放置されていた（佐々木 1996:41）」と指摘されるが、個人やその他の政治団体の報告書には不透明な部分が多くみられたのに対して、政党本部の資金状況については比較的に明瞭な報告がなされてきた。政治資金を正面からとり上げた広瀬（1989）や岩井（1990）では、収支報告書が一次資料として使用されている。また、1976 年から採用されている報告書のかたちは、今日まで踏襲されている。そこで、遡及可能な時点から現在に至るまでの期間を対象とし、自民党、公明党、共産党は 1976 年以降、民主党と維新の会については、結党以降の資料を用いる。はじめに、自民党をとり上げて、収支状況がどのように推移してきたのかを時系列的にみていく。

　図 1 は、自民党の宣伝活動における収支状況である。ここからは、1970 年代から 1980 年代まで収支ともに上昇し続けていたことがわかる。宣伝事業の収入と支出の関係についてみると、1983 年までは支出が収入を上回り、1984 ～ 1990 年代初めの時期には逆転している。当時、

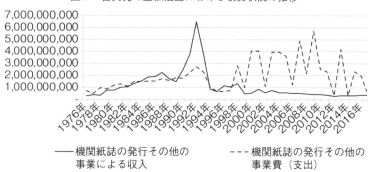

図1　自民党の宣伝活動における収支状況の推移

——機関紙誌の発行その他の
　　事業による収入

–––機関紙誌の発行その他の
　　事業費（支出）

出所：「政治資金収支報告書の要旨」『官報』より筆者作成

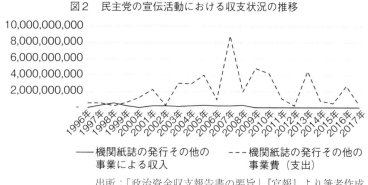

図2　民主党の宣伝活動における収支状況の推移

——機関紙誌の発行その他の
　　事業による収入

–––機関紙誌の発行その他の
　　事業費（支出）

出所：「政治資金収支報告書の要旨」『官報』より筆者作成

　自民党は寄付による収入を主な資金源としており、事業による収入は
10％に満たない規模であった。事業の収支で考えると、マイナスを記録
する年が多くみられたが、金額の規模は5～6億円程度で推移してお
り、事業関連の収支は、自民党の資金状況を左右する項目でなかったこ
とがわかる。
　その後、1991年、1992年と収入の大規模な増加を経験し、1992年に
は約38億円の黒字を記録した。ここを境界に、赤字と黒字が入れ替わ

る期間を経て、1998 年以降、ほぼ全ての年において支出が収入を上回るようになった。特筆すべき点は、穏やかであった赤字の規模が拡大することである。1970 年代から 1990 年代初頭にかけて、赤字分は 6 億円程度で推移していたのに対し、1998 年以降は、年ごとに大きく変動するものの、多い年には 30 億円を超え、2009 年には約 53 億円の赤字を記録した。2012 年、2014 年を除き、1998 年から 2017 年にかけて、事業費の大幅な赤字が続いている。現在の自民党にとって、事業費は収入源としての位置づけになく、機関紙の発行および宣伝活動は、資金的なコストを受けいれたうえで実施してきたといえる。この点から、自民党は、収支の状況がマイナスでありながらも、宣伝活動に一定の効果を見出しているのではないかということが示唆される。

　機関紙の発行から他の宣伝活動への切り替えとともに、自民党は、宣伝事業から生じるコストを受容している。この傾向と類似した状況にあったのが民主党である。図 2 は民主党の収支状況を示す。1996 年の結党から数年間は、概して支出が収入を上回る。この期間には、両者の間に規模の差がみられず、ほぼ拮抗していた。2000 年、2001 年と収支間の差が拡大し始め、2002 年に 3,000 万円ほどの赤字を記録してから、全ての期間で大幅な赤字となっている。2003 年以降は、支出が収入を 26 億円ほど上回り、2007 年には約 85 億円のマイナスとなった。民主党にとっても、事業収入は政党本部の収入を拡大するものではなく、宣伝活動に関わる支出は、必要経費として認識されていた状況が浮かび上がる。

　民主党における宣伝活動費用の推移からは、もう一つの特徴を指摘することができる。収入の部分に目を向けると、2009 年から大きく減少している。2009 年は、民主党が政権交代を果たし、党勢は最盛期であった。政権の獲得に連動し、宣伝事業の収入が増加するように思われるものの、そのような傾向は観察されず、2008 年に記録した約 3 億円の収入が翌年には 700 万円程度に圧縮され、それ以降減少し続けている。政

150

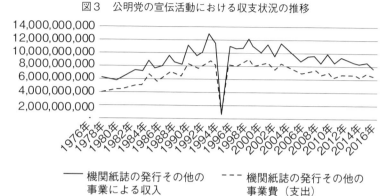

図3　公明党の宣伝活動における収支状況の推移

14,000,000,000
12,000,000,000
10,000,000,000
8,000,000,000
6,000,000,000
4,000,000,000
2,000,000,000

1976年　1978年　1980年　1982年　1984年　1986年　1988年　1990年　1992年　1994年　1996年　1998年　2000年　2002年　2004年　2006年　2008年　2010年　2012年　2014年　2016年

――― 機関紙誌の発行その他の　--- 機関紙誌の発行その他の
　　　事業による収入　　　　　　　事業費（支出）

出所：「政治資金収支報告書の要旨」『官報』より筆者作成

治資金収支報告書をみる限りでは、この年から収入が減少した要因を示すことは難しいが、少なくとも 2009 年以降、民主党が宣伝事業に関して赤字の縮小を目指さなくなったことは明らかであろう。

　自民、民主の二党とは異なり、公明党と共産党は、収支のバランスをコントロールしている。まず、公明党であるが、1976 年以降における収支の関係は図３に示されており、新進党に参加した 1994 年を除き、すべての期間で収入が支出を上回っている[4]。また、グラフの推移からわかるように、両者の動きは連動している。さらに、宣伝事業を通じた黒字分は、約 20 億円程度の水準が保たれている。公明党は、収入が支出を上回るようにコントロールしており、その資金規模についても一定の方針を定めているものと考えられる。

　近年は黒字分が徐々に縮小しているものの、依然として収入が多いことに変わりはなく、常に、支出は収入の 7 割ほどの金額にとどめられている。公明党本部の資金は、主に事業収入から成り立っており、1970 年代から 1990 年代中頃まで、事業収入が年間収入の 80％ほどを占めていた。政党助成法が成立し、交付金を受け取るようになってからも、60％程度の水準を維持している[5]。公明党が機関紙等の発行によって資

金を得ていることは広く知られているが、政党資金と宣伝活動のかかわりという点からみると、宣伝活動が党の方針や施策を知らせる機能と収入源としての役割とを兼ねている事実が明らかになる。

　一見すると、このような状況は政党が合理的な行動を採っているように思われる。しかしながら、他の見方をすると、宣伝活動が資金源の役割をも担うことにより、宣伝活動の硬直性を招く可能性がある。公明党は、収支の関係が一定の基準のままとなるように操作しており、これまでに保たれてきたバランスをもって、今日までの収入を維持している。言い換えると、このバランスが崩れることによって収入の減少が起きかねず、新たな宣伝手段を導入しにくくなると考えられる。SNS のように、基本的に低コストで実施することができる手段については積極的な採用がなされるとしても、テレビ CM を放映したりウェブ広告を掲載したりするには一定の資金が必要となるため、これらの手段の使用に踏み切りにくくなる可能性がある。

　類似した状況は、共産党にもみられる。公明党と共産党には資金規模に大きな違いがみられるものの、収入が支出を上回る点、収支の比率が一定に保たれている点、宣伝事業によって政党本部の年間収入が維持されている点は共通している。図 4 からわかるように、宣伝活動に関する費用は、1970 ～ 1990 年代にかけて収支ともに上昇し、その後、緩やかな減少に転じた。2000 年代以降の時期になると、上昇傾向がみられた1970 年代の水準に戻っている。共産党は、今なお、事業収入が年間の80％近くを占める。宣伝事業を資金源とし、その収入が近年では減少傾向にあることを踏まえると、公明党と同様に、新たな宣伝手段の積極的な採用がなされにくくなるのではないかと思われる。

　最後に、維新の会の動向に目を向ける。近年は、政党の離合集散が数多くみられ、次々に新たな政党が登場した。維新の会も、合同と分党を繰り返した政党であるが、党名をはじめ、組織の枠組みを維持してきた。これまでにみてきた政党と比べて、情報量にばらつきが生じるもの

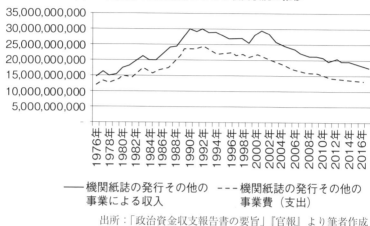

図4　共産党の宣伝活動における収支状況の推移

——機関紙誌の発行その他の　---機関紙誌の発行その他の
　事業による収入　　　　　　　事業費（支出）

出所：「政治資金収支報告書の要旨」『官報』より筆者作成

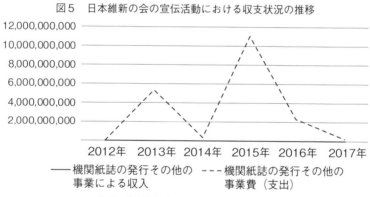

図5　日本維新の会の宣伝活動における収支状況の推移

——機関紙誌の発行その他の　---機関紙誌の発行その他の
　事業による収入　　　　　　　事業費（支出）

出所：「政治資金収支報告書の要旨」『官報』より筆者作成

　の、ここでは、維新の会を新党の事例として位置づけ、宣伝費用の増減
の推移をたどっていく。図5からは、支出が激しく変動する一方で収入
は0に近い値で横ばいになっている様子がみられる。収入自体はほとん
ど無いものに等しく、党の財政を支える資金としての性格はみられな

い。維新の会における宣伝事業は、宣伝活動そのものに特化しており、自民党、民主党と近い状況にあるといえる。党本部の収入は、交付金が最も大きな割合を占めており、この点も両党と類似する。自民、民主、維新の三党は、他の収入源を確保しているからこそ、収益を挙げることなく宣伝活動を展開することができるとみられる。

4．宣伝事業の支出構造

　続いて、各党の事業支出がどのような内訳になっているのかに注目する。本節では、前節で取り扱った「機関紙誌の発行その他の事業費」を構成する下位項目に目を向け、各党がどの事業に資金を投入しているのかを明らかにする。これまでに、宣伝活動に関する収支の状況をみていく中で、収入源としての役割を求める政党と宣伝の支出に特化する政党との違いが明確になった。ここでも、党ごとの特色が表れるのではないかと考えられる。

　自民党の宣伝事業は、1990年代中頃に転機を迎える。図6によると、1970 〜 1990年代前半にかけて、事業の中心は機関紙誌の発行であった。この期間には、宣伝事業への資金投入のない年が続いた。その後、機関紙発行にかかわる費用が減少し、宣伝事業費が大幅に増加した。1997年以降になると、収支状況の推移には支出の増減がみられるようになった。下位項目の推移をみると、事業費としての支出の増減は、機関紙の発行ではなく宣伝事業費の増減によるものであったことがわかる。自民党は、近年、機関紙の発行ではなく他の宣伝活動に資金を投入している。

　自民党が方針を転換した理由を特定することはできないが、以下の可能性を指摘できる。第一に、自民党は、機関紙の有効性が低下していると認識した可能性がある。機関紙が宣伝活動としての有効性を発揮するのは、もともと当該政党を支持している層の強化をはかろうとする場合

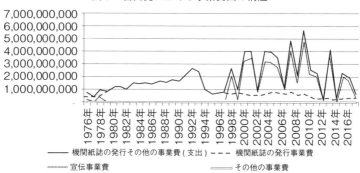

図6　自民党における事業支出の構造

出所：「政治資金収支報告書の要旨」『官報』より筆者作成

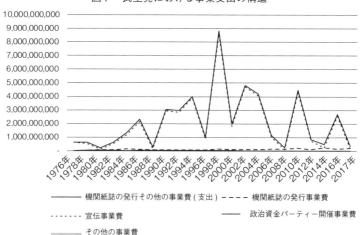

図7　民主党における事業支出の構造

出所：「政治資金収支報告書の要旨」『官報』より筆者作成

　であり、幅広い有権者への情報提供には適さない。自民党がこのような認識を持ったとすると、1990年代からみられるようになった無党派層の増加に直面し、彼らへの直接的な働きかけを行うため、機関紙の発行から他の宣伝活動に移行することは合理的な判断となる。

　宣伝活動にともなう収支の状況は、前節でみたように、1990 年代後半から赤字が増大していた。この時期は、自民党が宣伝手段を変更した時期と重なっている。すなわち、機関紙の発行からその他の宣伝手段に舵を切った後、赤字が増大し始めたといえる。このような対応を可能にした要因の一つとして、政党助成制度の導入が挙げられる。党費や献金のように、必ずしも収入額が安定しない場合、政党は宣伝を含むあらゆるコストを可能な限り圧縮しようとする。しかし、政党助成が導入され、一定の資金を恒常的に獲得できる状況が整備されたことにより、自民党は機関紙以外の宣伝活動に資金を投入できるようになった。政党助成の開始は、自民党が方針を転換するに至った理由を説明し得る要因の一つとなる。

　政党助成制度が導入された後、数多くの新党が結成され、そのほとんどがわずかな間に消滅した。そのうち、民主党は、党として最長の期間を生きながらえた政党である。興味深いことに、宣伝手段の転換を迎えた後の自民党と民主党は、宣伝事業への資金投入について類似した傾向を示している。図 7 は民主党における宣伝事業の下位項目の推移を示している。これによると、機関紙の発行に関する支出はほとんどみられない。民主党における事業支出は、事実上、宣伝活動費を意味するものとなっている。有権者が新党について豊富な情報を持つとは想定されないため、新党の側からすると、宣伝活動を通じて自らの政策を積極的にアピールしていく必要がある。民主党は、機関紙の発行よりも他の宣伝手段を選択し、結果的に、機関紙の有効性の低下、ならびに重要度が低下する事例となる。そのことから、自民党と民主党は、機関紙の発行が情報の浸透や支持層の獲得につながりにくいという認識を持っていたのではないかといえる。

　両党と異なる傾向を示すのが公明党と共産党である。「自民・民主」の二党と「公明・共産」の二党との間には、宣伝活動をめぐる戦略に違いがみられる。公明党は、事業支出の約 96 ％を機関紙誌の発行に充て

図8　公明党における事業支出の構造

出所：「政治資金収支報告書の要旨」『官報』より筆者作成

図9　共産党における事業支出の構造

出所：「政治資金収支報告書の要旨」『官報』より筆者作成

ており、他の宣伝事業に対して資金をほとんど投入していない。この傾向は、1970 〜 2017 年に至るまで維持されており、公明党本部が一貫した方針を示していることがわかる。公明党は、あらゆる選挙において安定的な得票を保っている。宣伝活動に結びつけて考えると、公明党は、

機関紙以外の宣伝活動に費用を投入しなくても、強固な支持基盤を維持しているといえる。逆に、安定した支持基盤を築いているからこそ、収入のための事業として、機関紙の発行に特化した活動を展開することが可能になっていると捉えることができる。しかしながら、この点は、他の宣伝活動への移行を困難なものにする可能性を秘めている。公明党は、毎年、2 〜 3 億円程度の資金を宣伝事業費に投入しており、他の宣伝活動にまったく資金がかけられていないわけではない。

　共産党にも同様の傾向がみられる。1976 年以降、年間事業支出の約95％が機関紙誌の発行に投入されており、2017 年時点でも割合の変化はみられない。宣伝事業費には残りの数％程度しか割り当てられていないが、共産党本部の資金規模は自民党に次ぐものとなっており、金額にすると約 5 億円となる。しかし、自民党や民主党が 20 〜 40 億円を投入して宣伝事業を展開することを踏まえると、機関紙以外の宣伝活動が小規模なものにとどまるであろうことは否めない。多額の資金を投入すればするほど有効性が上昇するのではないとしても、採用できる手段や頻度には限界がある。西田（2013）によると、インターネットを介した選挙運動の解禁に合わせて、各党はネットを駆使した宣伝を行い、共産党も SNS やウェブサイトを使用していたという（西田 2013）。志位和夫委員長や小池晃書記局長らは、Twitter のアカウントを開設しており、2019 年現在においても、折々につぶやきを発信している。しかし、テレビ CM や動画サイトの広告のように、有償の宣伝活動を次々と実施するには、相応の資金的な準備が求められる。

　また、西田（2013）は、公明党と共産党のインターネット使用について、支持層に向けた発信が行われていたと指摘している。彼のいうように、インターネットを用いた発信の対象が従来からの支持層であったとすると、無党派層の関心を惹くことよりも、もともと抱えていた支持基盤を強化することに主眼が置かれていたことになる。機関紙の発行先とインターネットを使用した宣伝の対象が重なっており、両者は相互補完

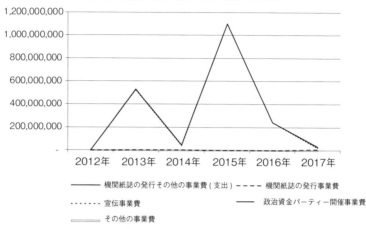

図 10　維新の会における事業支出の構造

出所：「政治資金収支報告書の要旨」『官報』より筆者作成

的な役割となっていた。そうであるならば、自民党や民主党のように、機関紙を発行せず、宣伝事業に特化している政党と、公明党や共産党のように、機関紙を中心として、宣伝事業を補助的に使用する政党とでは、発信する内容にも違いがみられることになる。言い換えると、自党の基盤を固める宣伝と、より広範な有権者にアプローチするための宣伝には質的な違いが存在すると考えられる。この点は本章の射程を超越しているが、さらなる研究課題として位置づけられる。

　維新の会は、2017 年の 73％を除き、2012 〜 2016 年の 4 年間に 99％を宣伝事業費に投入している。機関紙誌の発行には資金をほとんど充てておらず、前節でみた収支の状況と同様に、自民党、民主党と類似している。また、これら三党は、2012 年、2014 年、2017 年に宣伝事業費の支出が減少している点でも共通している。直感的には、総選挙の実施にともない、宣伝活動が活発化するようにも思われるが、これとは逆の実態が浮かび上がった。

　三党の間には、組織の規模や議席数に大きな違いがある一方で、宣伝

活動をめぐる資金状況にいくつかの共通点を見出すことができる。二党は党組織や議席数において大きく異なるものの、宣伝活動に目を向けると、機関紙誌を使用せず、ほかの手段に資金を投入することや、総選挙の年に宣伝資金の規模が縮小することで共通する。そのことから、宣伝活動をめぐる資金の収支は、政党組織の規模や議席数と結びついているのではないと考えられる。党組織の特徴や議席数によって宣伝活動をめぐる収支状況が変動するのであれば、三党の宣伝資金には大きな違いが観察されるはずであるが、重なりがみられるということは、宣伝活動に関する資金の増減を規定する要因がほかにあることを示唆する。

5．政党間のパターンと新たな課題

　本節では、これまでに得られた知見をまとめるとともに、宣伝活動に関する収支状況と主な事業の項目の関係を整理する。宣伝活動における収入と支出の関係については、資金的なマイナスを受けいれる政党と、常に黒字化を目指す政党の二つに分類することができた。自民党は1990年代後半以降、民主党と維新の会は結党以来、宣伝活動の費用がマイナスのまま推移していた。1990年代中頃よりも前の期間においては、収入が支出を上回る年もみられた。しかしながら、このような機会が一時的であった点や、黒字分が党本部収入を左右する規模ではなかった点から、自民党の戦略のうちに、宣伝活動を通じて資金を得ようとする意向はなかったものと考えられる。民主党と維新の会は、宣伝活動による収益を得ることはなく、毎年、赤字をだしていた。三党は、宣伝活動を資金源とせず、宣伝そのものの効果に期待をしていたと考えられる。

　それに対し、公明党と共産党は、宣伝活動を資金調達の手段として捉えている。収支状況がマイナスに転じることはなく、収入と支出の割合がほぼ一定となっている。両党の宣伝活動は、一定の資金が得られるようにコントロールされている。公明、共産の二党は、宣伝活動を通じて

広く情報を発信することよりも、安定的な資金獲得を目指していた。

　宣伝活動の手段についても、上記の区分に沿って、政党ごとの特徴が浮かび上がった。自民党は収支状況がマイナスになってから、民主党と維新の会は結党以降のすべての期間において、宣伝事業費の項目に大部分の資金を投入し、機関紙の発行にはわずかな資金を充てるのみであった。収支の状況とあわせて考えると、これらの三党は、資金的なマイナスが生じることを受けいれたうえで、機関紙以外の方法を積極的に採用している。自民党、民主党、維新の会は、宣伝活動の目的を達成するための方法として機関紙の発行がそぐわないという見解を持っていたと指摘できる。一方の公明党と共産党は、宣伝活動にかけるほとんどの資金を機関紙の発行に充てている。宣伝事業費として計上されている資金がゼロではないが、自民、民主の宣伝事業費とは数倍の開きがある。

　各党の傾向は、表2のようになる。宣伝活動と政党の資金の関係には、収支がプラスとなり機関紙誌の発行に力点を置くものと、収支がマイナスとなり他の宣伝事業を重視するものとの、二つのパターンが存在する。前者には、組織政党に分類される公明党と共産党が該当し、後者には幅広い有権者へのアプローチを試みる自民党、民主党、維新の会が当てはまる。政治資金収支報告書を提出したすべての政党を対象としているのではないため、日本の政党の特徴として断定することはできないが、対象とした5党の間には明確な区別が可能であり、他の政党にも類

表2　政党の宣伝活動をめぐる収支状況と主な事業項目による分類

		機関紙誌の発行その他の事業費	
		機関紙誌の発行事業費	宣伝事業費
宣伝活動にかかわる収支	プラス（黒字）	公明党　共産党	
	マイナス（赤字）		自民党　民主党　維新の会

出所：筆者作成

似した傾向があるのではないかと考えられる。

　反対に、本章の議論から観察されることがなかった空白の部分には、どのような可能性が残されるのか。これまでの議論をもとに、どのような宣伝活動を実施する政党が表 2 の空白に該当するのかを検討する。収支がマイナスとなり、機関紙誌の発行に重きを置く政党には、機関紙誌の発行による収入を得る必要がありながらも、十分な資金を得るに至らないものや、事業の軸足の移行に失敗したものが想定される。この場合、他の収入源が機能していないか、それだけでは必要な資金を獲得できず、機関紙誌の発行による収入に望みを託すという非効率的な戦略を採っている。あるいは、一定程度の支持基盤を抱えているため、機関紙誌の発行によって既存の支持層をつなぎとめつつも、新たな支持層を掘り起こすことができず、結果として収支がマイナスになるケースを挙げることができる。

　もう一つの空白、すなわち、収支がプラスとなり宣伝事業に資金を充てる政党は、何らかの宣伝手段を採用することによって資金の獲得に成功している。この手段とは、有権者に向けた情報の伝達としての有効性を満たし、資金を得ることができるものである。まさに合理的な方法であるとはいえ、そのような手段は存在しないか、少なくとも政党の宣伝活動として採用されていないために、該当する政党がみられない。ただし、技術革新や既存のコミュニケーションツールの応用によってこのような手段が開発されるならば、宣伝活動を行いながら資金を得る政党が登場する余地もある。

　最後に、宣伝活動と政党資金のかかわりから浮かび上がる二つの課題を示すこととする。第一に、宣伝活動にかかわる費用と得票率や支持率との間にはポジティブな関係がみられるのか否かについて検証を進める必要がある。これまでみてきたように、政党は、宣伝活動に一定の資金を投入し続けてきた。しかし、宣伝活動にカネをかけることがどの程度の有効性を発揮するのかについての知見はあまり蓄積されていない[6]。

この点は、宣伝効果の高い手段と低い手段にはどのようなものが該当するのかという視点からのアプローチも求められる。

　第二に、政党が使用する宣伝手段と資金力の関係をどのように捉えるかという問いが挙げられる。資金力の多寡によって宣伝の質と量が左右されるならば、財政状況が芳しくない政党は宣伝の機会が限定され、高い資金力を持つ政党は、宣伝の機会を拡大することができる。結果的に、政党の資金需要の高まりも課題になり得る。その際は、宣伝活動の支出額に上限を設定することでこの問題が解決されるのか否か、政党に新たな制約が課されるという意味で、政党の自由度を削ぐことにならないかといった規範的な立場からの議論が必要となる。政党が宣伝活動を行うことは当然のことであるが、これまでにとり上げられてこなかった論点は多岐にわたっている。

　［註］
1　公職選挙法では、衆議院においては少なくとも 12 日前に、参議院においては少なくとも 17 日前に選挙日を公示しなければならないと定められている（公職選挙法第三十一条および第三十二条）。
2　選挙運動期間に有償のバナー広告を打ち出すことができるのは政党および政党等に限定されている（公職選挙法第百四十二条の六）。また、電子メールの使用は、政党および政党等と候補者に認められている（公職選挙法第百四十二条の四）。逆にいうと、有権者は電子メールの使用が認められていない。これらの点を踏まえ、西田（2013）は、今日の選挙運動において、最も多くの選択肢が与えられているのは有権者ではなく政党であると指摘している（西田 2013:91）。
3　分類にあたって量的な差異への注目はせず、二つの次元において最大値を記録したもの、かつ、今日の状況に近い象限に各党を配置する。
4　公明党は、1994 年に分党や新党への合流を経験し、その他の年と異なる規模の収支が記録されている。
5　年間収入において、政党交付金が占める割合は 20％ほどで推移している。
6　川人（2004）によると、選挙運動費用の投入は、得票率の若干の上昇をも

たらすという。

[参考文献]

浅井直哉（2016）「日本の政党助成制度とカルテル政党の形成」『法学研究年報』第 44 号，175-207 頁

浅井直哉（2017）「政党助成制度の導入による収支構造の変容と政党交付金の実態」『法学研究年報』第 45 号，121-149 頁

浅井直哉（2018）「民主党における政党助成の役割」『法学研究年報』第 46 号，124-103 頁

岩井奉信（1990）『政治資金の研究―利益誘導の日本的政治風土』日本経済新聞社

岩崎正洋（1999）『政党システムの理論』東海大学出版会

上神貴佳・堤英敬編（2011）『民主党の組織と政策』東洋経済新報社

岡沢憲芙（1988）『〔現代政治学叢書　13〕政党』東京大学出版会

川人貞史（2004）『選挙制度と政党システム』木鐸社

佐々木毅（1999）「政治資金全国調査の語るもの―政治改革の射程を考える」

佐々木毅・谷口将紀・吉田慎一・山本修嗣編（1999）『代議士とカネ』朝日新聞社

西田亮介（2013）『ネット選挙とデジタル・デモクラシー』NHK 出版

広瀬道貞（1989）『政治とカネ』岩波新書

間柴泰治（2004）「『2000 年政党、選挙及び国民投票法』の制定とイギリスにおける政党助成制度」『レファレンス』第 643 号，70-79 頁

Alexander, Herbert E.（1989）*Comparative Political Finance in the 1980s*, Cambridge University Press.

Alexander, Herbert E. and Rei Shiratori（eds.）（1994）*Comparative Political Finance among the Democracies*, Westview Press. ハーバード・アレキサンダー・白鳥令編著／岩崎正洋他訳（1995）『民主主義のコスト―政治資金の国際比較』新評論

Carlson, Matthew（2007）*Money Politics in Japan: New Rules, Old Practices*, Lynne Rienner Pub.

Duverger, Maurice（1951）*Les Partis Politiques*, Librairie Armond Colin. モーリス・デュベェルジェ／岡野加穂留訳（1970）『政党社会学―現代政党の組

織と活動』潮出版社

Epstein, Leon D.（1967）*Political Parties in Western Democracy*, Praeger.

Hopkin, Jonathan（2004）"The Problem With Party Finance: Theoretical Perspectives on the Funding of *Party Politics*," *Party Politics* 10(6): 627-651.

Müller, Wolfgang C. and Kaare Strøm（1999）*Policy, Office, or Votes?: How Political Parties in Western Europe Make Hard Decisions*, Cambridge University Press.

Nassmacher, Karl-Heinz（2006）"Regulation of Party Finance," in Richard Katz and William Crotty（eds.）*Handbook of Party Politics*, SAGE, pp.446-455.

Katz, Richard S. and Peter Mair（1995）"Changing Models of Party Organization and Party Democracy," *Party Politics* 1(1): 5-28.

Kirchheimer, Otto（1966）"The Transformation of the Western European Party System," in Joseph LaPalombara and Myron Weiner（eds.）*Political Parties and Political Development*, Princeton University Press, pp. 177-200.

Koole, Ruud（1996）"Cadre, Catch-all or Cartel? A Comment on the Notion of the Cartel Party," *Party Politics* 2(4): 507-523.

Pierre, Jon, Lars Svåsand and Anders Widfeldt（2000）"State Subsidies to Political Parties: Confronting Rhetoric with Reality," *West European Politics* 23(3): 1-24.

Sartori, Giovanni（1976）*Parties and Party systems: A framework for analysis*, Cambridge University Press. ジョヴァンニ・サルトーリ／岡沢憲芙・川野秀之訳（2000）『現代政党学—政党システム論の分析枠組み【普及版】』早稲田大学出版部

Schumpeter, Joseph. A（1942）*Capitalism, Socialism and Democracy*, Harper & Brothers. ヨーゼフ・シュムペータ／中山伊知郎・東畑精一訳（1962）『資本主義・社会主義・民主主義〔第3版〕』東洋経済新報社

第6章

政治的会話に含まれる異質な情報への接触機会—横断的接触が政治知識に与える効果

横山智哉

1．問題と目的

(1)　政治的会話と政治知識の関係

　継続的な応答性を備えた民主主義が機能するためには、有権者が政策態度の形成に必要となる政治知識を保有していることが肝要となる（Dahl 1971）。一方で、現代社会における政策争点は複雑で専門性が高く（Delli Carpini and Williams 2001）、多様な情報を取得した上で理解することに時間および認知的コストが要求される。加えて、Downs（1957 古田訳 1980）が指摘するように、民主主義システムは市民が政治情報を取得する誘引を欠くため、これまで多くの先行研究が有権者の政治知識の不足を指摘してきた。

　一方で、近年そのような政治情報を取得するコストを低減させる有益なヒューリスティクスとして、日常生活で交わされる政治に関する会話（以下、政治的会話）が注目されている。具体的には、人々は対人的ネットワークに含まれる他者の政治知識量を正確に推測できるため（Huckfeldt 2001）、政治知識を多く保有する他者との会話を通じて政治

情報を低いコストで獲得することが可能になるという議論である（e.g. Huckfeldt, Ikeda and Pappi 2000）。実際に、政治的会話は政治知識を一貫して高めることが多くの先行研究によって明らかにされている（Benett, Flickinger and Rhine 2000; Conover, Searing and Crewe 2002; Eveland, Hayes, Shah and Kwak 2005; Scheufele 2000）。

　ただし、上記の先行研究は周囲の他者が政治情報源として機能するという前提に依拠することで、政治的会話が政治知識を増やすメカニズムを十分に検討していない。たとえば、政治的会話は幅広い政治的関連性を伴う話題を含むため（横山 印刷中）、必ずしも政治知識の増加に寄与する会話内容だけを交わしているとは限らない。そのため、政治的会話が政治知識を増やすという結果は得られているが、政治的会話のどのような要因が知識量の増加に寄与しているのか明らかにされていない。以上の議論に基づき、本章は政治的会話に含まれる多様な情報に対する接触機会という質的側面を考慮した上で、これまで十分に検討されてこなかった「なぜ政治的会話が政治知識を増やすのか」というリサーチクエスチョンを明らかにすることを試みる。

(2)　政治的会話が政治知識を増やすメカニズム

　既存の研究知見に基づけば、政治的会話を交わす相手は家族や友人といった親密他者が大半であり（Huckfeldt and Sprague 1995）、そのような会話は自己消費的動機という話すことそれ自体を楽しむ動機に基づき（Eveland, Morey and Hutchens 2011）、自宅において最も頻繁に交わされている（Conover et al. 2002）。つまり、人々が政治的会話を交わす主なコンテクストとは、見知らぬ他者ではなく互いに周知で慣れ親しみのある他者から構成される親密圏（intimate sphere; 田村 2010）だと考えられる。

　一方で、稲増・池田（2009）は他者との心理的親密度が高いほど、自身の既有知識にはない異質な情報接触を促進させる新規情報共有動機に

基づく話題選択が行われやすいことを明らかにした。この知見を政治的会話研究に援用すれば、政治的会話を交わす相手は心理的親密度が高い他者であるため、政治的会話には自身にとって異質な政治情報や意見に接触する機会が含まれている可能性がある。なお Mutz（2006）は、政治的会話を通じた異質な情報や意見への接触を横断的接触（cross-cutting exposure）として定義しており、本章では以後その用語を用いることとする。そして、他者の知識量が多いほど政治的会話の頻度が高まるため（e.g. 池田 2001）、政治的会話を通じた横断的接触は会話他者の知識量が多いほど生起しやすい可能性が考えられる。

　さらに Sperber and Wilson（1995）が提唱した関連性理論（relevance theory）に基づけば、会話の送り手は受け手が保有していないと認知する新規情報を伝達することで、受け手にとっての情報の有意味性を最大化させる動機を有すると考えられる。つまり、政治的会話を通じた横断的接触は、受け手が保有していない政治情報を低いコストで獲得することを可能にするという点で情報価が高い行為となりうる。したがって、日常的な会話状況において親密他者と交わす政治的会話に含まれる横断的接触は、受け手にとっての新規情報を伝達することで政治知識を増やす可能性が考えられる。

(3)　政治的会話に含まれる横断的接触の機会の測定

　本章は稲増・池田（2009）に依拠することで政治的会話は横断的接触が生じる機会を含むと想定しているが、実際にそのような機会がどの程度存在するかは十分に検討されていない。たとえば、先行研究は回答者と会話他者との支持政党や支持するリーダーなどの一致度を利用し（e.g. Huckfeldt and Sprague 1995; Liu, Dai and Wu 2013; McClurg 2006; Nir 2011）、それらが異なる場合に横断的接触が生起していると操作化している。

　一方で上記の操作化に関する問題点として、会話他者との政治態度に

関する同質性あるいは異質性が必ずしもその他者と交わす会話内容を予
測しないという点が挙げられる。たとえば、同じ政党を支持する2者間
の政治的会話に横断的接触の機会が一切含まれていないとは考えにく
い。すなわち、両者の政治態度の一致あるいは不一致に基づき、政治的
会話の内容を単純化して捉えることは横断的接触の機会について誤った
知見をもたらす恐れがある。そこで本章は、政治的会話に含まれる異質
な情報への接触機会を直接的に測定することで、政治的会話が政治知識
を増やすメカニズムをより厳密に検討する。

(4) 政治的会話を通じて他者に政治情報を教えることの影響

　日常的に交わされるコミュニケーションは、二者間で情報や知識を共
有するという目標を持つ（池田 2000）。そのため、政治的会話が政治知
識を増やす効果を検討する際には、自身が政治的会話の受け手となり政治
情報を教わるだけではなく、会話の送り手となり政治情報を教えると
いう2種類の情報フローの影響を区別する必要がある。そして、本章は
前者の政治的会話を通じた横断的接触の効果を検討することを目的とし
ているため、後者の会話の送り手となり政治情報を教えることの影響を
統制する必要がある。

　まず Tamir, Zaki and Mitchell（2015）は、実験室実験と機能的磁気
共鳴画像法（functional Magnetic Resonance Imaging; fMRI）を用いた
実験を通じて、人が他者に情報を教える際の動機を検討した。その結
果、他者に情報を教えることは側坐核（nucleus accumbens）および前
頭前野腹内側部（ventromedial prefrontal cortex）といった動機や報酬
に関連がある脳領域と関係していることが明らかとなった。すなわち、
他者に情報を教えるという行為は内発的な動機に基づく先有的な向社会
的行動としての役割を果たす可能性が考えられる。

　また既存の研究（e.g. Hirst and Echterhoff 2012; Pennebaker and
Banasik 1997）に基づけば、自身が送り手となり他者に情報を教えると

いう行為は伝達する情報を想起し、それを言語化するという一連の過程を経るため、最終的にはその情報が長期記憶に保持される可能性が高まるだろう。さらに Tamir et al.（2015）の知見を踏まえれば、政治的会話を通じて他者に情報を教えるという行為は向社会的行動としての役割を果たし、その会話過程では情報の想起を伴うため、最終的には政治情報が長期記憶に貯蔵されると考えられる。そして政治知識は長期記憶に貯蔵された政治に関する事実情報（Delli Carpini and Ketter 1996）として定義されるため、自身が送り手となる政治的会話を通じた会話内容への精緻化が政治知識を増やす可能性がある（e.g. Eveland 2004）。そこで本章は、自身が会話の送り手となり政治情報を伝達する行為および伝達過程における情報内容への精緻化の効果を統制した上で、政治知識を従属変数とした横断的接触の効果を検討する。

(5)　仮説

　本章は上述の議論に基づき、以下の仮説の検討を行う。

仮説 1: 会話他者の政治知識量は横断的接触の頻度を増やす

仮説 2: 横断的接触の頻度は政治知識を高める

2．方法

　2014 年 4 月 3 日から 5 月 7 日にかけて東京都墨田区で郵送調査を行った。具体的には東京都墨田区内の投票区から 25 地点を確率比例抽出で抽出し、選び出された各地点から 20 歳から 69 歳の 40 名ずつを選挙人名簿から系統抽出した。計画サンプルは 1,000 名で、督促状を一回郵送した結果、最終的な有効回答数は 311 であった。なお回答者の 49.52% が男性であり、平均年齢は 45.60 歳（$SD = 12.58$）である。

(1) 調査票の構成

調査題目は「都知事選挙に関する調査[1]」とした。その際には、東京都知事選挙における有権者の政治意識や投票行動の特徴を分析するという調査趣旨を明記し、アンケートへの回答を応諾する場合に限り回答済の調査票を返送するように依頼した。調査票では、ネームジェネレーターを用いて「普段よく話をする人で20歳以上の人」を3人想起させ、日常会話における9つの話題の会話頻度をそれぞれ測定した[2]。なお稲増・池田（2009）に基づき、調査回答者には会話他者を明確にイメージしてもらうためにイニシャルの記入を求めた。

(2) 従属変数

政治知識量を測定する際には「政治や政治家について、よく話題になることもあれば、あまり話題にならないこともまたあります。あなたは、次のことについてご存知ですか。この中から正解だと思うものを1つだけ選んでください」という教示文を用いた。また、上記の教示文には「ご存知でない場合は、あまり気にせず「わからない」を選択してください」という文章を続けた。そして正しい選択肢に回答した場合に1、「わからない」を含めてそれ以外の選択肢に回答した場合には0を付与した。

表1に知識項目の設問文および選択肢、かつ回答者の選択率を示した。具体的には「戦争放棄条項を含む日本国憲法」「三審制」「議院内閣制」「TPP担当国務大臣を務めた政治家の名前」「韓国の大統領の名前（調査当時）」「集団的自衛権」の6項目を尋ね、正答数を単純合算した（$M = 4.03, SD = 1.70, a = .69$）。

(3) 独立変数
(A) 横断的接触および他者に政治情報を教える頻度

Wyatt, Katz and Kim（2000）は、日常会話において交わされる話題

表 1　政治知識の質問項目および選択率

項目番号	項目
1.	日本国憲法で、戦争放棄条項を含むのは第何条でしょうか。 1. 第 1 条（0%）2. 第 9 条（75.97%）3. 第 17 条（1.30%） 4. 第 31 条（0%）5. わからない（22.73%）
2.	日本の司法制度では、判決に不服のある人は、上級の裁判所に改めて訴えを起こすことが認められています。現在、最大何回まで裁判が受けられるでしょうか。 1. 2 回（17.21%）2. 3 回（43.51%）3. 4 回（3.25%） 4. 5 回（0.97%）5. わからない（35.07%）
3.	内閣は行政について、誰に責任を負っていますか。 1. 国会（64.29%）2. 官僚（2.27%）3. 最高裁判所（2.27%） 4. 天皇（1.62%）5. わからない（29.54%）
4.	TPP 担当国務大臣を務めている政治家をご存知でしょうか。 1. 麻生太郎（5.52%）2. 茂木敏充（0.97%）3. 岸田文雄（2.60%） 4. 甘利明（67.21%）5. わからない（23.7%）
5.	現在の韓国の大統領をご存知でしょうか。 1. 李明博（0.65%）2. 朴槿恵（87.99%） 3. 盧武鉉（0%）　4. 盧泰愚（0.32%）5. わからない（11.03%）
6.	「他の国家が武力攻撃を受けた場合に、自国が直接攻撃されていないにもかかわらず、これと密接な関係にある国家が共同して、その国家の防衛に当たる」といった国際法上の権利をご存知でしょうか。 1. 国家安全保証（11.69%）2. 集団的自衛権（62.99%）3. 外交的保護権（2.27%）4. 国家緊急権（0%）　　5. わからない（23.05%）

を 9 つに集約し、その話題に対してファセット理論における最小空間分析を行った。その結果、回答者は「中央政府」「州・地方政府」「経済」「諸外国での出来事」という 4 つの話題を政治的な意味合いを伴う話題として捉えていることが明らかとなった。上記の知見に基づき、本章は

日常会話の中でも４つの話題（1.「国や政府に関する話題」2.「あなた
が住んでいる地域の自治体に関する話題」3.「経済に関する話題」4.「諸
外国での出来事に関する話題」）に注目した。次に、上記の４つの話題
に関して他者と最もよく話をする話題をそれぞれ選択させ[3]、その話題
に関して「自分とは異なる情報や意見に触れる」という項目に「まった
くあてはまらない」から「とてもあてはまる」の４件法で測定すること
で横断的接触の頻度とした（$M = 2.80, SD = .74$）。また「その話題に関
する情報を教える」「その話題に関して話すとき、前もって何を言うか
よく考えてから話すように心がけている」という各項目についても同様
の４件法で測定することで、それぞれ他者に政治情報を教える頻度と情
報内容への精緻化の程度とした（順に $M = 2.81, SD = .76; M = 2.13, SD = .85$）。なお上記の選択肢に加え「いずれの話題も話さない」という選
択肢も尋ねており、そのような回答は欠損値とした。

（B）　会話他者が保有する政治知識量

　また、日頃から会話を交わす他者の政治知識量については「その方
は、政治について詳しいと思いますか」の１項目について「そう思わな
い」から「そう思う」までの４件法で測定した（$M = 2.42, SD = .96$）。
なお上記の選択に加え「わからない」も併せて尋ねており、「わからな
い」と回答したものは欠損値とした。

（4）　統制変数

　本章は政治的会話に含まれる横断的接触が政治知識に与える効果の検
討を目的とするため、会話他者との間柄および先行研究で指摘されてき
た政治知識に影響を及ぼす先行要因となる変数を統制する。

（A）　回答者の会話他者との間柄

　本調査は９つの話題の会話頻度を測定する前に、回答者と会話他者と

の間柄について「配偶者」「配偶者以外の家族」「親戚」「同僚・仕事関係」「友人」「知人」「その他」の中から選択させている。そのため、上記の項目を「1. 配偶者（20.46%）」「2. 配偶者以外の家族・親戚（28.76%）」「3. 同僚・仕事関係（24.31%）」「4. 友人（20.82%）」「5. 知人・その他（5.66%）」という 5 種類のカテゴリに再分類し、回答者との間柄に関するダミー変数を作成した。

（B）　政治知識を予測する個人・環境的要因

　政治知識は「能力（ability）」、「機会（opportunity）」および「動機（motivation）」といった 3 要素と関連する（Delli Carpini and Keeter 1996）。また、政治知識を説明する個人的要因として教育程度や政治関心、環境的要因としてメディアの報道量がそれぞれ着目されている（e.g. Barabas, Jerit, Pollock and Rainey 2014）。そこで本章は、統制変数として学歴、政治関心および各種マスメディアを通じた政治情報接触頻度を用いた。

　回答者自身のデモグラフィック要因として、「学歴」のほかに「性別」「年齢」「世帯収入」を含む 4 項目を分析に用いた。まず世帯収入は「昨年度年間のお宅の収入はご家族全部合わせると、およそどのくらいになりますか」という項目に「200 万円未満」から「2000 万円以上」の 11 件法で測定した（$M = 3.95, SD = 1.99$）。なお上記の選択肢に加え「わからない」「答えない」という選択肢も併せて尋ねており、そのような回答は欠損値とした。次に学歴は「あなたが最後に卒業された学校はどちらですか」と尋ね、「1 ＝ 中学校、2 ＝ 高等学校、3 ＝ 短期大学（高等専門学校を含む）、4 ＝ 大学（大学院を含む）」の 4 件法で測定した（$M = 3.12, SD = .86$）。また、支持政党の有無に関しては、支持政党がある場合を 1、ない場合を 0 とした（支持あり ＝ 54.75%）。

　また、政治関心は「あなたは、ふだんから政治に関心を持っていますか」の 1 項目について「まったく関心がない」から「非常に関心があ

る」までの 10 件法で測定した（*M* = 5.73, *SD* = 2.31）。

　各種マスメディアを通じた政治情報接触頻度に関しては、まず新聞および雑誌を政治情報源としてどのくらいの頻度で利用しているかについて、「月に 1 回以下」から「ほぼ毎日」までの 7 件法で測定した（それぞれ *M* = 4.23, *SD* = 2.61; *M* = 2.15, *SD* = 1.55）。

　次にテレビの視聴頻度として、「NHK のニュース・報道番組」「民放のニュース・報道番組」「民放の情報番組・ワイドショー」の 3 項目を政治情報源としてどのくらいの頻度で利用しているかについて、「月に 1 回以下」から「ほぼ毎日」までの 7 件法で測定し、各項目を単純合算した尺度を用いた（*M* = 15.43, *SD* = 4.52, *α* = .59）。

　最後にインターネットの利用頻度として、「政党・候補者・政治家のホームページ」「新聞社やテレビ局のホームページ」「Yahoo ！のトピックスや Google ニュースなどのポータルサイト」「Twitter」「mixi や Facebook といった SNS」「個人や民間の政治関係のブログ、電子掲示板」の 6 項目を政治情報源としてどのくらいの頻度で利用しているかについて、「月に 1 回以下」から「ほぼ毎日」までの 7 件法で測定した。次に、全項目を合算した場合よりも「ポータルサイト」を除いて尺度を構成する方が *α* 係数の値が高まるため、本章は Yahoo! のトピックスや Google ニュースなどのポータルサイト利用以外の項目を合算した尺度（*M* = 7.62, *SD* = 4.78, *α* = .68）と、当該ポータルサイトの利用頻度を単独で用いることとする（*M* = 4.55, *SD* = 2.52）。

3．結果

　横断的接触の頻度を会話他者の知識量で予測する回帰モデルを検討した上で、回答者が保有する政治知識量を従属変数とした分析を行った。なお、本章はネームジェネレーターを通じて獲得したダイアドデータを分析するため、クラスター内での非独立性による分散のバイアスを考慮

に入れたクラスター・ロバスト標準誤差による回帰分析を用いた。

(1)　横断的接触の頻度

　政治的会話に含まれる横断的接触の頻度、特に会話他者との間柄における違いを図 1 に示す。具体的には横断的接触の頻度を従属変数、会話他者との間柄を独立変数とする回帰モデルを OLS で推定し、各間柄における予測値と 95% 信頼区間を図示した。その後、得られた予測値に対して Bonferroni 法による多重比較検定を行った。

　分析の結果、友人との横断的接触の頻度が配偶者以外の家族および親戚よりも有意に高いことが明らかとなった（友人 = 3.02 *vs.* 配偶者以外の家族・親戚 = 2.65, $p < .05$）。すなわち、日頃よく話をする親密他者の中でも特に友人とは横断的接触の頻度が高く、次に配偶者および仕事関係の人々との政治的会話には同程度そのような機会が含まれる一方で、配偶者以外の家族・親戚との横断的接触の頻度が相対的に低いこと

図 1　会話他者との間柄と横断的接触の頻度

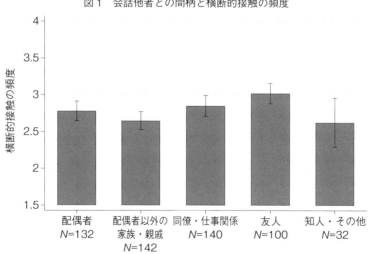

が明らかとなった。

(2)　横断的接触を予測する回帰モデル

　横断的接触の頻度を従属変数とし、主な独立変数として会話他者の知識量を投入した回帰モデルをOLSで推定した上で各変数の推定値と95%信頼区間を図2に示した。まず、図2の黒の小円は横断的接触に与える各独立変数の係数の推定値を示している。それが正の方向に位置していれば横断的接触の頻度を増大させ、一方で負の方向に位置していれば横断的接触の頻度を低減させる効果を示している。更にその点の左右に伸びている横線は各独立変数の推定値の95%信頼区間であり、これが垂直の破線で示されている0を跨いでいなければ、推定値が5%水準で統計的に有意であることを示している。

　分析の結果、他者の知識量が多いほど横断的接触の頻度が高まることが明らかとなり（$b = .14, p < .05$）、仮説1が支持された。つまり、保有する知識量が多い他者と政治的会話を交わす場合、異質な情報や意見

図2　横断的接触の頻度を予測する回帰モデル

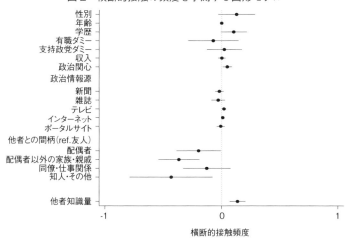

に接触する機会が増える可能性が示唆された。その他の変数では政治関心（$b = .05, p < .05$）および政治情報源としてのテレビ視聴頻度（$b = .02, p < .05$）が高いほど、横断的接触の頻度が高まることが明らかとなった。更に、会話他者との間柄として、友人と比較すると配偶者（$b = -.20, p < .05$）、配偶者以外の家族・親戚（$b = -.37, p < .001$）および知人・その他（$b = -.43, p < .05$）において横断的接触の頻度が低減することも明らかとなった。

(3)　政治知識量を予測する回帰モデル

　図2で示した分析では、会話他者の知識量が多いほど横断的接触の頻度が高まることが明らかとなった。次に政治知識を従属変数とし、主な独立変数として横断的接触の頻度を投入した回帰モデルを OLS で推定した上で各変数の推定値と 95% 信頼区間を図3に示した。

　分析の結果、横断的接触の頻度が高いほど政治知識が増加することが

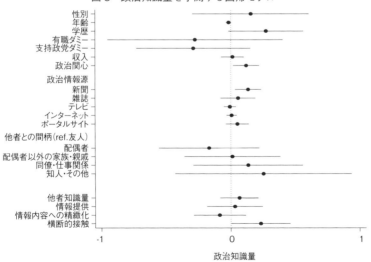

図3　政治知識量を予測する回帰モデル

明らかとなり（b = .23, p < .05)、仮説2が支持された。つまり、政治的会話を通じて自身の既有知識にはない異質な情報に接触することで政治知識が増える可能性が示唆された。また政治関心（b = .12, p < .05）および政治情報源としてのテレビ視聴頻度（b = .13, p < .05）が高いほど、政治知識量が増えることが明らかとなった。これらの結果は、既存の研究が指摘する政治知識の先行要因に関する知見と一貫している（e.g. Delli Carpini and Keeter 1996)。

　最後に、これまでの議論に基づけば会話他者の政治知識量と横断的接触の頻度の交互作用の影響を想定することが可能である。たとえば、会話他者の政治知識量が多い場合には横断的接触の頻度も高まるため政治知識量がより増加するというメカニズムである。一方で、他者が保有する知識量が少なければ横断的接触の頻度も減るため、結果として政治知識量に与える影響は小さいと想定される。そこで図3で示した変数群に会話他者の政治知識量と横断的接触の頻度の交互作用を新たに投入した回帰モデルを OLS で推定した。その結果、本章が着目する2種類の独立変数の交互作用が政治知識量に与える効果は非有意であった（b = .05, p = .43)。すなわち、横断的接触は政治知識量を増加させる一方で、その効果を会話他者の知識量の多寡は調整しないという結果が得られた。

4．考察

　本章は、政治的会話の質的側面である会話内容、特に自らとは異なる情報や意見への接触を意味する横断的接触への機会の多寡に着目することで、これまで十分に検討されてこなかった政治的会話が政治知識を増やすメカニズムを検討した。

　まず、日頃からよく話す親密他者の知識量が多いほど政治的会話を通じた横断的接触の頻度が高まることが明らかとなった。既存の研究に基

づけば、政治知識を多く保有する他者と交わす政治的会話は、政治情報を低コストで獲得できるヒューリスティクスとして機能する（e.g. Lazarsfeld, Berelson and Gaudet 1968）。また Eveland and Hively（2009）が指摘するように、政治的会話に含まれる情報や意見に関する異質性はゼロサムゲームではない。すなわち、人々は知識量が多い他者と交わす政治的会話をヒューリスティクスとして利用する機会が多く、結果的にその会話に含まれる異質な情報や意見への接触頻度が高まる可能性が示唆された。

　次に、政治知識を従属変数とした分析を行った結果、横断的接触の頻度が高いほど政治知識が高まることが明らかとなった。つまり、日頃からよく話す親密他者との政治的会話を通じて自身の既有知識にはない異質な情報に接触することで、政治知識量が増加するというメカニズムが示唆された。一方で、横断的接触と会話相手の知識量の交互作用が政治知識に及ぼす有意な影響は認められなかった。すなわち、横断的接触は政治知識量を増加させるが、その効果を会話他者の知識量は調整しないという結果が得られた。このような結果が得られた理由として、前述の Sperber and Wilson（1995）に基づけば、会話の送り手は受け手にとって情報価を最大化するための新規情報を伝達するという動機を有するため、知識量が少ない他者との政治的会話でも受け手の政治知識量が高まる可能性が考えられる。したがって、今後は受け手側の政治態度や政治知識量を考慮に入れた上で、更に厳密に分析する必要があるだろう。

　本章の理論的貢献として、日常生活で親密他者と交わす政治的会話は異質な情報や意見への接触機会を含む可能性を明らかにした点が挙げられる。冒頭で論じたように、政治知識は民主主義システムの円滑な運営に必要不可欠な役割を果たす（Dahl 1971）。したがって、横断的接触が政治知識を増やすならば、日常生活で「会話の通貨」（稲増 2015）となる政治的会話が民主主義を支える基盤として機能する可能性が高い。更に、政治的会話が横断的接触の機会を含むのであれば政治的寛容性の醸

成にも寄与すると考えられる。なお政治的寛容性とは、他者が自身とは異なる考えや利害を公的に表明することをどの程度許容できるかという概念として定義される（Sullivan, Piereson and Marcus 1982）。そして、既存の研究は政治的寛容性の主たる既定要因として異質な情報や他者との接触に注目している（e.g. Mutz 2002, 2006）。つまり、自らとは異なる意見に接触する場合でも対人的なコンフリクトが生起しにくい親密他者だからこそ、政治的会話を頻繁に交わすことで最終的には政治的寛容性が高まる可能性が考えられる。今後の研究では、政治的会話が政治的寛容性に与える影響について実証的に明らかにする必要があるだろう。

　本章の限界として、回答者が他者との横断的接触を通じてどのような情報や意見に接触しているのか、特に横断的接触に含まれる会話内容の異質性の程度を具体的に測定できていないという点が挙げられる。その方法論的問題を克服するためにも、今後の研究では経験サンプリング法（experience sampling; Hofmann and Patel 2014）を用いて、実際にどのような情報や意見に接触しているのかを詳細に測定する必要があるだろう。このような想起バイアスを最小限に抑える手法を用いて横断的接触に含まれる会話内容を厳密に測定することで、政治的会話が政治知識に与える影響のメカニズムに対する理解が深まると考えられる。

　また、本章が注目した変数の内生性に関する問題点を十分に検討できていないという研究上の限界も存在する。本章で得られた結果はこれまでの先行研究（e.g. Eveland et al. 2005; 横山 2014; 横山・稲葉 2016）と矛盾しない結果であった。しかし、政治知識量が多いほど横断的接触の頻度が高いという逆の因果関係も存在しうる。今後の研究では、実験室実験やサーベイ実験を用いてより厳密に本章が想定している因果関係の推論を行うことが望まれる。

[註]

† 　本章は、2017 年に一橋大学大学院社会学研究科に提出した博士論文の一部を大幅に加筆・修正したものである。

1 　2014 年 2 月 9 日に実施された都知事選挙を指す。

2 　回答者に会話他者を 3 名列挙するように依頼しているが、上限の 3 名まで記述していない回答者が 1.58% と存在していた。本章ではそのような回答者を除外して分析を行うこととする。

3 　各話題の選択率は「国や政府」が 14.42%、「地域の自治体」が 38.45%、「経済」が 31.05%、「諸外国」が 16.08% である。

[参考文献]

池田謙一（2000）『コミュニケーション』東京大学出版会

池田謙一（2001）「日常の中でフィルターされ，支えられる政治」池田謙一編『政治行動の社会心理学』北大路書房，12-25 頁

稲増一憲（2015）『政治を語るフレーム―乖離する有権者、政治家、メディア』東京大学出版会

稲増一憲・池田謙一（2009）「会話を行う両者の関係性が、新規情報共有・共有情報言及動機による話題選択に当たる効果の検討」『社会心理学研究』第 25 巻第 1 号，103-112 頁

田村哲樹（2010）「親密圏における熟議／対話の可能性」田村哲樹編『語る―熟議／対話の政治学』風行社，47-79 頁

横山智哉（2014）「政治的会話が政治的知識に及ぼす効果―JGSS2003 データを用いた検討」『日本版総合的社会調査共同研究拠点 研究論文集』第 14 巻，1-10 頁

横山智哉・稲葉哲郎（2016）「政治的会話の橋渡し効果―政治的会話が政治参加を促進するメカニズム」『社会心理学研究』第 36 巻第 2 号，92-103 頁

横山智哉（印刷中）「トピックモデルを用いた政治的会話の構造の推定」『理論と方法』第 66 巻

Barabas, Jason, Jennifer Jerit, William Pollock and Carlisle Rainey（2014）"The Question（s）of Political Knowledge," *American Political Science Review* 108（4）: 840-855.

Bennet, Stephen E., Richard S. Flickinger and Staci L. Rhine（2000）"Political

Talk Over Here, Over There, Over Time," *British Journal of Political Science* 30 (1): 99-119.

Conover, Pamela J., Donald D. Searing and Ivor M. Crewe (2002) "The Deliberative Potential of Political Discussion," *British Journal of Political Science* 32(1): 21-62.

Dahl, Robert A. (1971) *Polyarchy: Participation and Opposition.* New Haven, CT: Yale University Press.

Delli Carpini, Michael X. and Scott Keeter (1996) *What Americans Know about Politics and Why It Matters.* New Haven: Yale University Press.

Delli Carpini, Michael X. and Bruce A. Williams (2001) "Let Us Infotain You: Politics in the New Media Age," in W. Lance Bennett and Robert M. Entman (eds.) *Mediated Politics: Communication in the Future of Democracy.* Cambridge, UK; New York: Cambridge University Press. pp.160-181.

Downs, Anthony (1957) *Economic Theory of Democracy.* New York: Harper Collins. アンソニー・ダウンズ／古田精司訳 (1980) 『民主主義の経済理論』成文堂

Eveland, William P. (2004) "The Effect of Political Discussion in Producing Informed Citizens: The Roles of Information, Motivation, and Elaboration," *Political Communication* 21(2): 177-193.

Eveland, William P., Andrew F. Hayes, Dhavan V. Shah and Nojin Kwak (2005) "Understanding the Relationship Between Communication and Political Knowledge: A Model Comparison Approach Using Panel Data," *Journal of Communication* 22(4): 523-542.

Eveland, William P., and Myiah H. Hively (2009) "Political Discussion Frequency, Network Size, and "Heterogeneity" of Discussion as Predictors of Political Knowledge and Participation," *Journal of Communication* 59(2): 205-224.

Eveland, William P., Alyssa C. Morey and Myiah J. Hutchens (2011) "Beyond Deliberation: New Directions for the Study of Informal Political Conversation from a Communication Perspective," *Journal of Communication* 61(6): 1082-1103.

Hirst, William and Gerald Echterhoff (2012) "Remembering in Conversations:

The Social Sharing and Reshaping of Memories," *Annual Review of Psychology* 63: 55-79.

Hofmann, Wilhelm and Paresh V. Patel（2014）"SurveySignal: A Convenient Solution for Experience Sampling Research Using Participants' Own Smartphones," *Social Science Computer Review* 32(2): 1-19.

Huckfeldt, Robert R.（2001）"The Social Communication of Political Expertise," *American Journal of Political Science* 45(2): 425-438.

Huckfeldt, Robert R. and Sprague John（1995）*Citizens, Politics and Social Communication: Information and Influence in an Election Campaign*. New York, NY: Cambridge University Press.

Huckfeldt, Robert R., Ken'ichi Ikeda and Franz U. Pappi（2000）"Political Expertise, Interdependent Citizens, and the Value Added Problem in Democratic Politics," *Japanese Journal of Political Science* 1(1): 171-195.

Lazarsfeld, Paul F., Bernard Berelson and Hazel Gaudet（1968）*The People's Choice: How the Voter Makes Up His Mind in a Presidential Campaign*. New York: Columbia University Press.（Original work published 1944）

Liu, Tzu-Ping, Shin-chan Dai and Chung-li Wu（2013）"Cross-Cutting Networks and Political Participation: Lessons of the 2010 City Mayoral Elections in Taiwan," *East Asia* 30(2): 91-104.

McClurg, Scott D.（2006）"Political Disagreement in Context: The Conditional Effect of Neighborhood Context, Disagreement and Political Talk on Electoral Participation," *Political Behavior* 28(4): 349-366.

Mutz, Diana C.（2002）"Cross-Cutting Social Networks: Testing Democratic Theory in Practice," *American Political Science Review* 96(1): 111-126.

Mutz, Diana C.（2006）*Hearing the Other Side: Deliberative Versus Participatory Democracy*. Cambridge: Cambridge University Press.

Nir, Lilach（2011）"Disagreement and Opposition in Social Networks: Does Disagreement Discourage Turnout?," *Political Studies* 59(3): 674-692.

Pennebaker, James W. and Becky L. Banasik（1997）"On the Creation and Maintenance of Collective Memories: History as Social Psychology," in James W. Pennebaker, Dario Paez and Bernard Rimé,（eds.）*Collective Memory of Political Events: Social Psychological Perspectives*. Hillsdale, NJ, US: Lawrence Erlbaum Associates. pp.3-19.

Scheufele, Dietram A. (2000) "Talk or Conversation? Dimensions of Interpersonal Discussion and Their Implications for Participatory Democracy," *Journalism and Mass Communication Quarterly* 77(4): 727-743.

Sperber, Dan and Deirdre Wilson (1995) *Relevance: Communication and Cognition* (*2nd ed.*) Oxford: Blackwell.

Sullivan, John L., James Piereson and George E. Marcus (1982) *Political Tolerance and American Democracy*. Chicago: University of Chicago Press.

Tamir, Diana I., Zaki, Jamil and Jason P. Mitchell (2015) "Informing Others Is Associated With Behavioral and Neural Signatures of Value," *Journal of Experimental Psychology: General* 144(6): 1114-1123.

Wyatt, Robert O., Elihu Katz and Joohan Kim (2000) "Bridging the Spheres: Political and Personal Conversation in Public and Private Spaces," *Journal of Communication* 50(1): 71-92.

第7章

シティズンシップ教育
―市民像の日英比較―

細井優子

1. はじめに

　「善き政治社会」のためには「善き市民」が不可欠であり、「善き市民」は「善き政治社会」によって生み出される。西洋政治思想史において「政治と教育」の関係は重要なテーマであり、古代から多くの思想家たちが「善き政治社会」のあり方と「善き市民」の育成のあり方について論じてきた（川出・山岡 2012）。また現代政治理論においても、参加民主主義や熟議民主主義などといったラディカル・デモクラシー論では「理性的で能動的な市民」による民主主義の再興の必要性が盛んに論じられている。

　その一方で、政治理論が目指す市民社会とは裏腹に、現代社会には反知性主義的[1]空気が漂っていることも見逃すことができない事実である。政治学は民主主義を論じるにあたり「理性的で能動的な市民」を理論の前提としているが、そのような市民をどう育成するべきかについて語るものはあまり多くない。しかし、そうした市民をいかに育成するべきかということに目を向けずに民主主義を論じることは、ポピュリズムの台頭に象徴される民主主義の後退や劣化を導く危険性がある。

　そこで注目すべきは「善き市民」を涵養するための教育、つまりシ

ティズンシップ教育である。日本では 2015 年 6 月 17 日に選挙権年齢を 18 歳以上に引き下げる改正公職選挙法が成立し、2016 年 7 月に実施された参議院議員選挙から適用された。選挙権年齢が引き下げられたのは、1945 年 11 月に選挙権年齢は 20 歳以上に引き下げられて以来 70 年ぶりである。これに伴い、自民党、文科省、一部のメディアから主権者教育の必要性や重要性が主張されるようになった。こうした流れを受けて、文科省と総務省は、新たに有権者となる高校 3 年生向けに副読本として『私たちが拓く日本の未来―有権者として求められる力を身に付けるために』（以下『副読本』）を、教員の指導マニュアルとして同名の『活用のための指導資料』（以降、『指導資料』）を作成した。しかし、『副読本』に対しては現代民主制を担う市民を育てる教育として、いくつかの重要な問題が指摘されている[2]。

　本章の目的は、この『副読本』と『指導資料』を分析対象として、日本政府がその主権者教育により涵養しようとしている市民像というものがいかなるものかを焙り出し、その理念や市民像が民主主義の思想や理論と照らし合わせて「善き政治」や「善き市民」を涵養しうるものなのかを考察することである。その考察においては、日本が主権者教育を導入するにあたり多分に参考にされているイギリスのシティズンシップ教育[3]との比較分析を行う。

　なお、本章のテーマに関しては、論者により「シティズンシップ教育」や「主権者教育」など複数の用語が存在し定義は明確ではない。一般的に、両者はその根底に「未来の民主主義を担う子どもたちの現状に対する危機意識」を共通に持ち、その危機意識が個人の内面と外面のどちらにより方向づけられるかという点において異なる（水野 2019：58）。つまりシティズンシップ教育は、個人と社会の関係においてより個人的な資質に目を向けようとする。したがって価値判断や意思決定からコミュニケーション、情報収集といった幅広い技能の獲得が目指される。他方、主権者教育はより社会的な資質にも目を向けようとし、政策

形成・提案のための現状分析・立案・提案といった手続き的な技能の獲得が目指される。本章では便宜上、日本の事例については『副読本』と『指導資料』に準拠して「主権者教育」[4]、イギリスの事例については『クリック・レポート』[5]に準拠して「シティズンシップ教育（citizenship education）」[6]という用語を用いることとする。

2．日本で主権者教育が必要とされた背景
─18歳選挙権実現への経緯─

　日本においてシティズンシップ教育の必要性と重要性が認識されるようになった直接のきっかけは、2015年6月17日に選挙権年齢を18歳以上に引き下げる改正公職選挙法が成立し、2016年7月の参議院議員選挙から適用されることに伴い、急遽、新しく有権者となる高校生に「主権者教育」をする必要に迫られたことにある。1945年11月に選挙権年齢が20歳以上に引き下げられて以来、今回の18歳以上への引き下げが70年ぶりであったことからも明らかなように、日本では選挙制度のあり方に比べて選挙権年齢の引き下げには関心がもたれてこなかった。そこには日本社会の根底に「高校も卒業していない年端のいかないこどもになにがわかるのか」という本音が根強くあるという（新藤2016：12-13）。しかし、そうであるならば、なおさら初めて選挙権を行使し、これからの日本の民主主義を担っていく若い世代にシティズンシップ教育で何をどのように学んでもらうかが重要になるはずだ。

　そもそも、「18歳」という年齢はどこからくるのか。国連が1989年に採択し、日本政府も1994年に批准した「児童の権利に関する条約（子どもの権利条約）」には、18歳未満を子どもと定義し、その最善の権利を尊重することが謳われている。また、世界の多くは選挙権年齢を18歳と定めており[7]、必ずしも一致する必要はないが、成人年齢も18歳としている（法務省2002）。

　日本の国会で選挙年齢引き下げが議論されるようになったのは、2007年に可決された「日本国憲法の改正手続きに関する法律」（以降、国民投票法）においてである。憲法改正手続きは憲法96条に規定されているが、この手続きを具体化した法律がこの国民投票法である。国民投票法3条には、国民投票の投票者は満18歳以上の国民とされている。ただし、附則3条において、国は国民投票法が施行されるまでに、満18歳以上満20歳未満の国民が国政選挙に参加することができるように公職選挙法、民法等の法令について検討を加え、必要な法制上の措置を講ずるものとされ、それまでの間、投票権者は満20歳以上の国民とされた。

　この附則3条が盛り込まれるにあたっては、自民、公明両党による民主党への歩み寄りがあった。与党である自民、公明両党が当初衆議院に提出した法案では、投票権年齢を20歳以上としていたが、民主党案では18歳以上とされていた。自公両党は若年者の意見を国政に的確に反映するとともに若年者に責任も分担してもらう必要があるとの判断から、3条において投票年齢を18歳に引き下げるとともに、附則3条を盛り込んだという経緯があった（宮下 2011:54-55）。この点に関しては、憲法改正を目指す自民党が民主党案に歩み寄ったという見方もされる[8]。すでに述べた通り、その後、国民投票法は2014年6月に改正され、これに基づき2015年6月に公職選挙法が改正されたことにより、選挙権年齢が18歳に引き下げされた。

　このように憲法改正が直接的な引き金になって実現した18歳選挙権と、それに備えて作成されたシティズンシップ教育のための『副読本』であった。そうした成り立ちを考えれば、新しく有権者となる若い世代にとってシティズンシップ教育が「憲法とはなにか」、「立憲主義とはなにか」といったことを考える機会になることを期待したいところである。

3．日本の主権者教育とその問題点─政治学的視点から─

(1)　問題点

　しかし、そのような期待を持って『副読本』に目を通すと肩透かしを食らうことになる。『副読本』は解説編（有権者になるということ、選挙の実際、政治の仕組み、年代別投票率と政策、憲法改正国民投票）、実践編（討論方法、模擬選挙、模擬請願、模擬議会の方法）、参考編（選挙運動や政治的中立に関する QA）で構成されているが、その大半を実践編が占めている。そして政治学的には、主権者が理解すべき最も重要な要素について全く触れられていない。

　「はじめに」において、「政治」を「私たちが国家や社会について重要と考えるものを、国家や社会としてどのような状態であることが良いのか、優先順位をつけて決定すること」であり、具体的には、「選挙を通じて私たち有権者に訴えられた候補者や政党の考え方や公約を議会の議論を通じて意見集約していく、つまり、機会で決定される法律・条令や予算などを決めていくということ」だと定義づけている。さらに「このようなプロセスにより、国家・社会の秩序を維持」出来るのだとして、このプロセスに関与する方法が「選挙」なのだという（総務省，文科省・副読本 2015:4）。

　この点に関して、選挙を通じて法律・予算などの規律をつくり、国家・社会の秩序を維持することが「政治」であると定義すると、共産党一党支配の社会主義国家や戦前の日本にも該当してしまうとの指摘もある（新藤 2016:12-13）。つまり、主権者教育が前提としているのは立憲民主主義の日本であるはずなのに、その根底にある権力と自由の関係に全く触れないことが問題視されているのだ。

　現代民主制における権力と自由の関係は、「権力からの自由」と「権力への自由」に区別される。「権力からの自由」は、憲法によって国家

権力を制限し個人の自由を保障することを意味し、個人が自由に行動しうる政治空間が侵害されたときには国家権力に抵抗する権利（抵抗権）が留保されていることも含んでいる。このような「権力からの自由」を前提として、「権力への自由」つまり参政権行使の保障があるのである。したがって、参政権（選挙権）が国民に与えられていても、市民的自治が憲法によって保障されていなければ健全な民主制とはいえない。こうした現代民主制の基本が全く教えられないまま、選挙に関する法制度の教育や模擬選挙をおこなっても、有権者であることの意義を学んだことにはならない（新藤 2016:13-14）。

　解説編には「有権者になること」は「政治について重要な役割を持つ選挙等に参加する権利を持つこと」と定義されている。さらに政治の大きな役割は「国家や社会のルールを作ること、社会の秩序を維持し統合を図ること」とされ、間接民主主義による法律や予算の決定が重視されている。有権者になるということは選挙を通じてこのような政治過程に参加する権利を得たということであるが、「政治に参加しても必ずしも自分の意見が通るわけではありませんが、国民や地域の住民の意思に基づき選ばれた議員が皆の意見を議論し合意された決定に対しては、構成員の一人として従うという義務が生じることとなるのです」としている。この点に関しても、選挙権を与えられ行使したら代表者の決定に従わなければならないという単純な権利−義務関係が強調されるのみで、現代民主制における権力と自由の緊張関係が全く説かれていないとの批判がある（新藤 2016:14）。選挙というのは権力が個人の自由を抑圧するような決定を行った場合、その決定を行った代表者を退場させる手段でもあるはずである。

　議会内外の実態や決定過程を考察せずに「政治の決定＝権力の決定に従わなければならない」と教えることは、異議申し立てをすることのない「従順」な人間をつくる教育に陥るリスクを持ち（新藤 2016:15）、そうした人間は「主権者教育」が目指す主権者像と全く異なるものであ

る。つまり、社会関係の意味を問うことのない「従順」な人間像は、政
治学において健全な民主主義あるいは民主政治が論じられる際に前提と
される能動的で自律的な市民像とは正反対である。

(2)　分析

　日本政府がその主権者教育を通じて、意図的に若い世代の人々を権力
に「従順」な人間に育てようとしているかは定かではない。しかし、主
権者教育にせよシティズンシップ教育にせよ、それが国家的に展開され
る場合には、公的な教育制度を通じて特定の目標を追求する動員型教育
につながる危険性がある（大村 2019:8）ことは認識するべきであろ
う。主権者教育あるいはシティズンシップ教育が国家プロジェクトとし
て政策的に展開されるということは、その時々の社会や政治の状況の影
響を受けることは不可避である。

　たとえば、『副読本』の解説編で権力と自由のような民主政治の本質
を説くことではなく、選挙制度や投票の仕方というような実践的な内容
になっているのは、作成当時の政治状況が大きく影響している。『副読
本』作成の構想が始まったのは 2015 年 1 月である[9]。第 1 節で既述のよ
うに、選挙権年齢の引き下げの議論は憲法改正国民投票法が直接の引き
金になっている。この当時の日本は、2014 年 12 月の総選挙で安倍首相
率いる自民党が圧勝したことで、憲法改正への動きが加速することが予
想され、公職選挙法改正案が 2015 年の通常国会に提出される可能性が
一気に高まった時期である。もし公職選挙法が改正されれば、18 歳有
権者の初めての選挙は約 1 年半後に迎える 2016 年 7 月の参議院議員選
挙ということになる。このような、作成側にも教育現場にも非常に厳し
い日程で 18 歳選挙に備えようとしたことにより、選挙制度と投票方法
に最も多くの紙幅を割き、その後唐突に憲法改正国民投票の解説が続く
という『副読本』の構成になったのではないかと推察される。

　ただし、『副読本』の作成にあたっては、省庁側も動員型教育となり

うる危険性やそれに対する批判というものは認識していた（大村
2019:9）ことが推察される。作成チームには長年現場で主権者教育に携
わる専門家たちが招かれているが、その中には「下からのシティズン
シップ教育」の重要性を主張する杉浦真理や政治的中立性を理由に政府
が学校教育現場を統制する動きを批判する林大介も含まれている[10]。こ
うした構成メンバーにより、『副読本』は知識の教え込みを避け、様々
なアクティブ・ラーニングの手法を取り入れた討論や模擬選挙等の実践
方法がその中心となっている。高校３年生を対象とした主権者教育の
『副読本』で、ここまで懇切丁寧に討論の技法自体を扱っていることに
は賛否両論があるだろう。これは従来の日本の学校教育に主体的な学び
が欠如していたことの裏返しであり、主権者教育が討論を中心としたア
クティブ・ラーニングの手法で実施されること自体は評価されるべきで
ある。

４．イギリスのシティズンシップ教育との比較

　前節までに『副読本』から見えてくる日本の主権者教育の課題とし
て、健全な民主政治のエッセンスともいえる「権力からの自由」や立憲
民主主義という概念に全く触れられていないこと、その教育から涵養さ
れるのは能動的で自律的な市民ではなく「従順」な人間になる危険性が
あるということを確認した。そして、いかなる主権者教育であれ国家プ
ロジェクトによる政策である限り、動員型教育の性格を帯びてしまうこ
とも指摘した。この節では、日本も多分に参考にしてきたイギリスのシ
ティズンシップ教育との比較から、これらの日本の主権者教育の課題に
ついて考察したい。

（1）　イギリスのシティズンシップ教育導入の概略
　イギリスでは『クリック・レポート』に基づき、2002 年より中等教

育においてシティズンシップ教育が必修化された[11]。このことで日本で
もイギリスのシティズンシップ教育が教育学や政治学、学校教育の現場
などで広く注目を集めている。

　イギリスでシティズンシップ教育の必要性が認識されたのは、選挙権
年齢が 18 歳に引き下げられたり、義務教育が 16 歳まで引き上げられた
りしたことを契機に、10 代の政治への無関心が浮き彫りとなった 1970
年代であった。

　この頃から、バーナード・クリックはデレック・ヒーターとともに
「政治協会（Political Association）」を結成して、シティズンシップ教育
を普及させるための取り組みを始めていた（Beck 2012:5-6）。1974 年に
は「政治リテラシー」[12] を中心概念とした政治教育のための全国プログ
ラムを推進するとともに、教員が教室で実際の政治争点を扱うためのガ
イドラインも発表した。しかし、1970 年代から 1980 年代のイギリスの
教育現場では、現実の政治問題を学校で扱うことは教員個人の価値観の
教え込みになるという懸念から、クリックたちの考えは受け入れられな
かった（Beck 2012:5-6）。

　1980 年代、サッチャー保守党政権によって導入されたナショナル・
カリキュラムに教科横断的なシティズンシップ教育が導入されたが、必
修科目ではなかった。同政権は競争原理を導入し全国学力試験での結果
で学校を競わせたため、その対象とならないシティズンシップ教育への
取組は消極的にならざるを得なかった（大村 2019:107-108；Beck
2012:7；北山 2017：49-50）[13]。こうした状況は日本の事情にも類似して
おり、独立運動を経験し伝統的にシティズンシップ教育に熱心なフラン
スやアメリカの事例よりも参考になるところがあるといえる。

　クリックのシティズンシップ教育の考え方が受け入れられたのは
1990 年代、ブレア労働党政権においてであった。それはなぜか。シ
ティズンシップ教育導入の背景には、投票率の低下や若者の政治的無関
心の増大があったことはよく知られている[14]。ブレア労働党は 1997 年

の総選挙で圧勝し政権交代を果たした。しかし、この選挙における 18 歳から 24 歳までの投票率はこの時点で 1964 年以降最低を記録している（UK Parliament 2017）。この事態を大きな危機ととらえたブランケット教育雇用相が、シティズンシップ教育を強化する方策を立てた。そこでロンドン大学でブランケットの恩師であったクリックを議長とする諮問委員会を 1997 年 9 月に発足させ、その翌年に提出された報告書が通称『クリック・レポート』であった（佐貫 2007:170-171）。

　低投票率や若者の政治的無関心という問題は 1970 年代にすでに認識されていたことであるが、その当時はクリックたちが提唱するシティズンシップ教育は受け入れられなかった。なぜブレア政権ではクリックたちのシティズンシップ教育が受け入れられたのか。それにはブレア政権の政策の柱である「第三の道」[15] が大きく影響していた（大村 2019:108）。「第三の道」の政治に課せられた最も重要な課題は能動的な市民社会を再生することである（ギデンズ 1999）。そのためにはシティズンシップの尊重と市民に公的空間へ参加する権利を保障する必要がある（ギデンズ 1999:173-174）。そして、あらゆる階層の人々の社会参加を可能にする政策によって、社会的排除を乗り越え、包摂の実現を目指している。このように、政権の基本となる政策方針と能動的な市民を涵養するクリックたちのシティズンシップ教育は、非常に親和性が高いということがわかる。その背景には、知識人やシンクタンクがブレア労働党と連携しており、政策面に一定の影響を与えていたということがある（Kisby 2012）。

(2) 日本の主権者教育における課題とイギリスのシティズンシップ教育との比較

　それではイギリスの場合、シティズンシップ教育が国の政策になることで動員型教育に容易に転じてしまう点についてどのように考えられているのだろうか。クリックは「政治リテラシー」を重視することが、シ

ティズンシップ教育が動員型教育に陥ることの回避策として有効である
と考えている（小玉 2010 :41-46）。

　さらに、このことは日本でしばしば議論になる学校教育の「政治的中
立性」にも関連してくる。日本では政治家も教育現場も教室で実際の政
治問題に触れることに神経質になっている。他方、イギリスのシティズ
ンシップ教育では現実に生じている政治的対立を教材にして、政治体制
との関係や対立の背後にある政治理念や政治信条を学ぶことで、他者の
立場を理解しつつ価値形成を促す（奥野 2019:67-68）。なぜならクリッ
クは、すでに政治に対して懐疑的になっている若者には、政治というも
のを様々な理想や利害の活気に満ちた対立として捉え、臨場感ある参加
したくなるものとして教えることを推奨しているからだ（クリック
2011：29-30）。

　クリックはその著書の中で、シティズンシップ教育の目標として次の
３つを挙げている（クリック 2004:197）。（a）現在の政治体制の機能状
況に関する知識、および政治体制の一部とみなされている信条について
の知識の水準を十分適切に保つこと、（b）能動的シティズンシップに
必要な知識・態度・技能を、自由社会や参加型社会にふさわしい水準に
まで育成すること、（c）以上の２つの水準を超えて、現実に論争されて
いる問題領域に踏み込み、統治方法や体制を変革する可能性を考察する
こと、である。

　ただし（c）は（a）と（b）にも配慮する場合にのみ極端な偏向のな
い教育が可能になるという。（b）まででは、せいぜい価値が対立しう
るものだとみなす習慣が身につくだけで、すでに生徒が持っている信念
との関わりでしか物事を理解できないままである。（c）の目標を目指し
た教育では、生徒は現実世界でやがて出合う党派的に偏った情報源を批
判的に利用する習慣を身に付けることができる。これこそがシティズン
シップ教育を正当化する根拠であるという（クリック　2004：88）。

　また、シティズンシップ教育を考える際には学校制度とその営み自体

196

を考える必要もある（渡辺 2019：10）。現代社会においては、教育がもっぱら学校によって担われ、普遍的に価値があるとされるものは学校を含む公的諸制度を通じて生み出され、そこに権力が働くのである（渡辺 2019：10）。健全な民主政治を担うべき能動的で自律的な市民は、そのような権力関係自体を認識し、その上で自らの置かれた状況を判断するべきである。したがって、政治の領域に関連したシティズンシップ教育には、権力関係あるいは権力作用を認識する能力と権力に対して批判的な視点をもつという意識が必要である。そのような能力こそが、クリックのいう「政治リテラシー」であり、この政治リテラシーは能動的で自律的な市民が備えるべき本質的に重要な能力である。

5．政治リテラシーの重要性

　『クリック・レポート』では、シティズンシップを構成する３つの要素を「社会的道徳責任」、「共同体への参加」、「政治リテラシー」としている。第１と第２の要素は共同体に奉仕する保守的な市民像に傾斜しており、当時の政府与党内の中央集権化と厳しい統制を求める人々の意向を汲んだ結果である。クリック自身は、第３の要素を最も重視し、そこに焦点化したシティズンシップを目指していた[16]。

　なぜクリックはシティズンシップ教育において「政治リテラシー」をそれほどまでに重視するのだろうか。それを理解するためには、クリックの政治観を理解する必要がある。彼によれば、政治とは「妥協を目的とする、あるいは妥協をともなう、対立調停を旨とする公共的活動（クリック 2004：171）」であり、「市民社会において異なった価値観がいかにして共存し、互いに刺激して修正していくことができるかの方法論である」（クリック 1997：66）という。多様で異なる利害や理念の対立があるところにしか民主主義は発生しないのであり、皆が同じ意見や利害であることが前提とされるのは全体主義である。

　クリックは民主主義を擁護するために、「政治文化の変革を担う積極的な市民（アクティブ・シティズン）」の育成が必要とし、シティズンシップ教育の中核に政治リテラシー（政治的判断力や批判能力）を位置付けているのである（小玉 2016：168）。通常、そのような教育は日本では大学の政治学系の教育の中で初めて行われることが多いのが現状である。しかし、クリックは、中等教育における政治に関する教育を大学への準備教育としてだけではなく、完成した市民を世の中に送り出すための教育とみなしている。このクリックの思想を日本の文脈に置き換えるとすれば、高校での主権者教育を政治リテラシー養成の場として位置づけ、生徒たちを高校卒業の段階で「政治文化の変革を担う積極的な市民（アクティブ・シティズン）」として世の中に送り出すという課題を引き出すことができる（小玉　2016：170）。

６．おわりに

　日本の主権者教育は、憲法改正が直接的な引き金になって実現した18歳選挙権に備えて、高校３年生の生徒たちを対象に実施されることになった。大学で「政治学入門」のような講義を担当していると、どこの大学でも１～２年の学生から必ず受ける質問や相談が「投票先をどのように決めるべきかわからない」、「投票に行ったが、自分の投票先の決め方が良かったのか自信がない」というものである。政治学の講義を受けるような大学生でも投票には大きな戸惑いがあるのだから、初めて選挙権を手にする高校３年生の戸惑いは、同様あるいはさらに大きいものと想像できる。したがって、導入の経緯はどうであれ、主権者教育の導入と迅速な対応自体は、歓迎・評価されるべきことである。

　しかし、そのようにして準備・導入された主権者教育の指針となりうる『副読本』および『指導資料』は急ごしらえされた感が否めない。差し迫った参院選への参加を促進することと公職選挙法に触れないように

することを優先するあまり、民主政治を健全なものとして機能させるために市民はいかなる能力を備えるべきかということが置き去りにされているように見える。市民が権力を監視し必要があればその権力を選挙によって退けるという「権力からの自由」という視点が欠如していることは、特に深刻であることは指摘した。社会関係の意味を問うことなく「政治の決定＝権力の決定に従わなければならない」と教えることは、異議申し立てをすることのない「従順」な人間をつくり、そのような人間が民主政治を健全に機能させることは出来ないからだ。

　それに対して、イギリスのシティズンシップ教育とその根底にあるクリックの政治観では、「政治リテラシー」を備えた市民の育成が重視されていた。専制政治や全体主義の政治では必要とされず、民主政治においてのみ必要とされるのは、異なった価値観が共存する市民社会で、市民が互いに刺激し合いながら意見を修正し妥協していくスキルである。民主政治を健全に機能させるためには、そのようなスキルをもつ「積極的な市民（アクティブ・シティズン）」の育成が必要であり、イギリスのシティズンシップ教育の中核に政治リテラシーが位置づけられていた。

　日本の主権者教育は、はたして民主主義を擁護するための政治文化の変革を担うような積極的な市民を育成しうる内容になっているであろうか。日本の主権者教育は始まったばかりであり、これが完成形ではないであろう。高校３年生たちを投票へと導くための急場しのぎ的な内容に終始することなく、これからの日本の民主主義を擁護する方向へと教育内容を充実させていくことが期待される。

　［註］
　1　ホフスタッターは「知能」と「知性」を区別する。「知能」がものごとを処理し適応する頭脳の優秀さであるのに対し、「知性」は頭脳の批判的、創造的、思索的側面を指す。つまり「知性」は「吟味し、熟考し、疑い、理論化し、批判し、想像」する力であるという。反知性主義とは「知的な生き方お

よびそれを代表するひとびとに対する憤りと疑惑である。そしてそのような
生き方の価値をつねに極小化しようとする傾向」をいう（ホフスタッター
2003）。

2　たとえば、行政学者の新藤宗幸はこの『副読本』から読み取れる「主権
者」（市民）像は、権力の決定とそれに基づく政治の営みに異議申し立てをす
ることのない「従順」な人間であると鋭く批判している（新藤 2016：13-
15）。

3　正確にはイングランドのシティズンシップ教育を指す。「クリック・レポー
ト」等で「イギリスのシティズンシップ教育」として日本で知られているも
のはイングランドで実施されているシティズンシップ教育であるため、本章
では便宜上それを「イギリスのシティズンシップ教育」と表記している。

4　『指導資料』の冒頭に総務省と文科省それぞれによる挨拶が掲載されてお
り、その中で総務省は「主権者教育」という用語を使用し、文科省は「政治
的教養を育む教育」と表現している。したがって、本章では日本の取組みを
「主権者教育」と表記し、その内容を「政治的教養を育む教育」と定義するこ
ととする。（総務省，文科省・指導資料 2015：2-3）。

5　1998 年に公表されたイギリスのシティズンシップ諮問委員会の最終報告書
『シティズンシップ教育と学校における民主主義の教授』のこと。イギリスを
代表する政治学者で、委員会の議長を務めたバーナード・クリックにちなん
で、「クリック・レポート」と呼ばれている。この報告書を受けて、2002 年
からイギリスでは 12 〜 16 歳までの中等教育において「シティズンシップ」
という教科が必修化された。

6　クリック・レポートでは、シティズンシップを構成する 3 要素として「社
会的および道徳的責任」、「共同体への参加」、「政治リテラシー」を挙げ、こ
れらを兼ね備えた市民を育成することがシティズンシップ教育であるとされ
る（Qualifications and Curriculum Authority 1998:11）。

7　国立国会図書館調査及び立法考査局による選挙権年齢に関する調査によれ
ば、世界の 199 国・地域のうち約 9 割にあたる 176 の国・地域が選挙権を 18
歳までに認めている（那須 2015 :147）。

8　たとえば、前出の行政学者である新藤は選挙権年齢を 18 歳以上に引き下げ
る改正公職選挙法を、集団的自衛権の行使を可能とした安全保障法制の審議
で揺れる国会において成立させたことに言及し、暗に自民党の憲法改正を急
いで進めようとする姿勢を指摘している。またシティズンシップ教育に詳し

く『副読本』の作成にも携わった林は、憲法改正を党是とする自民党が国民
投票法を制定しなくては前進できないため、民主党案の18歳引き下げに合意
したと明示的に指摘している（新藤 2016:2；林 2016:44）。

9　完成予定は2015年の夏であったという（林 2016:56-57）。

10　その他のメンバーについては林の著書に紹介されている（林 2016:59）。

11　2007年版と2013年版のナショナル・カリキュラムを比較してシティズン
シップ教育に関する既述が激減していることから、イギリスの学校教育にお
いてシティズンシップ教育の地位が低下しているとの研究もある（水山
2019:44,61; QCA　2007; DFE　2013）。

12　政治リテラシーは、「政治に関する基本的な知識」と「政治に関与する際
の基本的な技能」、そして「それらの知識や技能を積極的に用いる意欲や態
度」を意味する。「政治リテラシー」という用語自体は、読み書き能力を意
味するリテラシーになぞらえた造語であり、クリックとヒーターの共著にお
いて最初に確認されている（関口 2019:15; Crick, and Heater 1977:178-187）。

13　サッチャー保守党政権とブレア労働党政権のシティズンシップ教育で目指
された市民像の違いについては、拙稿（細井 2015）で論述している。

14　クリックは、こうした状況が将来的に「健全で能動的な市民へと青年を育
てなければ民主主義にとって災いになる」という懸念が、政権に報告書を受
け入れさせたと分析している（クリック　2011：24-25）

15　ブレア政権のブレーンであった社会学者のアンソニー・ギデンズが古い社
会民主主義と新自由主義をともに乗り越えるものとして理論化したもの。

16　政府与党内には「参加の実践」を推進する人と、中央集権化と厳しい統制
を求める人との対立があったことをクリック自身が後に語っている（小玉
2016：166-167）。

[参考文献]

大村和正（2019）「イギリスにおけるシティズンシップ教育の政治―政治教育
と若者の政治参加をめぐる問題」石田徹・高橋進・渡名家博明編『「18歳選
挙権」時代のシティズンシップ教育』第6章，法律文化社，104-123頁

奥野恒久（2019）「教育と民主主義―シティズンシップ教育の試みに触れつ
つ」石田徹・高橋進・渡辺博明編『「18歳選挙権」時代のシティズンシップ
教育』第4章，法律文化社，64-83頁

川出良枝・山岡龍一（2012）『西洋政治思想史　視座と論点』岩波書店

北山夕華（2014）『英国のシティズンシップ教育―社会的包摂の試み』早稲田大学出版部

クリック、バーナード（1997）「思想家、丸山眞男」「みすず」編集部編『丸山眞男の世界』みすず書房，65-70 頁

小玉重夫（2010）「いま求められる政治教育と学校のあり方―シティズンシップ教育の観点から」全国民主主義教育研究会編『民主主義教育 21　別冊政権交代とシティズンシップ』同時代社，41-60 頁

小玉重夫（2016）『教育政治学を拓く―18 歳選挙権の時代を見すえて』勁草書房。

佐貫浩（2007）『イギリスの教育改革と日本』高文研

新藤宗幸（2016）『「主権者教育」を問う』岩波書店

関口正司編（2019）『政治リテラシーを考える―市民教育の政治思想』風行社

総務省、文部科学省（2015）『私たちが拓く日本の未来　有権者として求められる力を身に付けるために』<http://www.soumu.go.jp/main_content/000378558.pdf>（最終閲覧日 2019 年 8 月 13 日）

総務省、文部科学省（2015）『私たちが拓く日本の未来　有権者として求められる力を身に付けるために（活用のための指導資料）』<http://www.soumu.go.jp/main_content/000378818.pdf>（最終閲覧日 2019 年 8 月 13 日）

那須俊貴（2015）「諸外国の選挙権年齢及び被選挙権年齢」国立国会図書館調査及び立法考査局『レファレンス』平成 27 年 12 月号，145-153 頁

林大介（2016）『「18 歳選挙権」で社会はどう変わるか』集英社

法務省（2002）「諸外国における成年年齢等の調査結果」<http://www.moj.go.jp/content/000012471.pdf>（最終閲覧日 2019 年 8 月 16 日）

細井優子（2015）「シティズンシップ教育にみる市民像―イギリスのシティズンシップ教育を事例に」『政策と調査』第 8 号，31-44 頁

水山光春（2019）「学校を中心とした日本のシティズンシップ教育の現状と課題―主権者教育との関わりをふまえて」石田徹・高橋進・渡名家博明編『「18 歳選挙権」時代のシティズンシップ教育』第 3 章，法律文化社，43-63 頁

宮下茂（2011）「憲法改正国民投票の投票権年齢 18 歳以上と選挙年齢等―検討するにあたっての視点」参議院事務局企画調査室『立法と調査』No.323，54-66 頁

渡辺博明（2019）「『18 歳選挙権』時代のシティズンシップ教育の意義と課題―大学における主権者教育の可能性を考える」石田徹・高橋進・渡名家博明編『「18 歳選挙権」時代のシティズンシップ教育』第 3 章，法律文化社，

2-20 頁

渡辺博明編（2019）『「18 歳選挙権」時代のシティズンシップ教育』法律文化社

Beck, John（2012）"A Brief History of Citizenship Education in England and Wales," in Arther, James and Hilary Cremin（eds.）*Debates in Citizenship Education*, Routledge, pp.3-16.

Crick, Bernard and Heater Derek（1977）*Essays on Political Education*, Routledge.

Crick, Bernard（2000）*Essays on Citizenship*, Continuum Intl Pub Group. バーナード・クリック／関口正司監訳（2011）『シティズンシップ教育論　政治哲学と市民』法政大学出版局。

Crick, Bernard（2003）*Democracy: A Very Short Introduction*, Oxford Univ Press. バーナード・クリック／添谷育志・金田耕一訳（2004）『デモクラシー』岩波書店

Department for Education（2013）The National Curriculum in England.

Giddens, Anthony（1998）*The Third Way: The Renewal of Social Democracy*, PolityPress. アンソニー・ギデンズ／佐和隆光訳（1999）『第三の道―効率と公正の新たな同盟』日本経済新聞社

Hofstadter, Richard（1966）*Anti-Intellectualism in American Life*, Vintage. リチャード・ホフスタッター／田村哲夫訳（2003）『アメリカの反知性主義』みすず書房

Kisby, Ben（2012）*The Labour Party and Citizenship Education: Policy Networks and the Introduction of Citizenship lessons in Schools*, Manchester University press.

Qualifications and Curriculum Authority（1998）"Education for citizenship and the teaching of democracy in schools," Final report of the Advisory Group on Citizenship, 22 September 1998.

Qualifications and Curriculum Authority（2007）The National Curriculum for England; Citizenship Programme for Study.

UK Parliament "Turnout at elections" July 27, 2017. <https://researchbriefings. parliament.uk/ResearchBriefing/Summary/CBP-8060%23fullreport> [Accessed:20 August 2019].

第8章

欧州議会―EUガバナンスにおける欧州議会の役割と存在意義

細井優子

1. はじめに

　欧州議会は欧州連合（EU）主要機関で唯一その構成員が市民による選挙で選ばれる機関である。しかし、欧州議会はEU主要機関の中でも最も理解されにくく、その投票率は長らく右肩下がりにあり、その民主的正統性が疑問視されるような状況であった。そのような中、2019年の欧州議会選挙は、近年まれに見るような注目を浴び、実際に投票率も大幅に伸びた。EUガバナンスの民主的正統性を担保すべき存在である欧州議会にとって、高い注目を集めた要因が反EU勢力の躍進やイギリスのEU離脱問題への関心であったことは皮肉である。しかし、2019年の欧州議会の選挙結果から、若年層を中心に、EU市民はEUへの期待や欧州議会選挙に参加することに意義を見出している傾向が見受けられる。そこで本章は、必ずしもEUを専門としない読者を対象として、EUガバナンスにおける欧州議会の役割への理解を促すとともに、国家でも国際機構でもないEUの民主的正統性のあり方と欧州議会が持つ存在意義を考察することを目的としている。

２．EU の超国家性

（1） 欧州統合と主権の共有

　EU は、28 の加盟国が条約を締結し、その主権の一部を共通の機構に譲るという、世界でも類を見ない共同体である。そのような性質をもって EU は「超国家的」と形容され、他の国際機構とは異なる。EU の民主的正統性のあり方や欧州議会の存在意義を考えるためには、EU の超国家性つまり主権共有というコンセプトを理解する必要がある。

　現在の欧州統合の起源は、欧州石炭鉄鋼共同体（ECSC）の設立に遡る。フランス企画院長官だったジャン・モネは、独仏国境地帯のアルザス・ロレーヌとルールの地下に眠る石炭と鉄鋼を共同管理することを発案した。それをロベール・シューマン仏外務大臣が 1950 年 5 月 9 日にシューマン宣言（シューマン・プラン）として発表した[1]。このプランに賛同した西ドイツ、イタリア、ベネルクス 3 国の間で合意が成立し、1952 年 7 月 23 日、欧州石炭鉄鋼共同体（ECSC）が設立された。この背景には、独仏国境地帯のアルザス、ロレーヌ、ザール、ルールには豊富な石炭と鉄鋼石が埋蔵されており、その領土的帰属をめぐって両国はたびたび戦争を起こしてきた歴史がある。そのため、モネは両国の戦争の原因を取り除き、戦争を物理的に不可能にする方策として、石炭と鉄鋼を共同の機関の管理下に置くことを考案したのだった（庄司 2019:2-4）[2]。

　さらに、国際連盟の事務次長を務めたことのあるモネは、国際連盟が第二次世界大戦の勃発を防ぐことが出来なかったという経験から、永続的な平和を確立するためには国際条約だけでは不十分であり、欧州諸国が成員となる共通機関を設立し、参加国が権限を委譲し個別にその権限を行使できないような仕組みが必須であると考えた。つまり主権の共有である。

　主権共有は、2 つの世界大戦の要因となった狂暴で歯止めのきかない
ナショナリズムを抑制するという目的から着想を得ている（庄司
2019:2-4）。さらに、その目的のためには、関税障壁のない広大な欧州市
場を創設する必要があると考えられたのである。したがって、欧州統合
は、加盟国の主権を共同体に一部委譲するというかたちで主権を共有し
ながら、単一市場の完成を目指して進められてきた。当然ながら、主権
が共有されるためには、EU で決定される共通ルールが各加盟国のルー
ルよりも優先されることが求められ、これを「EU 法の優越性」とい
う。特に EU の経済的繁栄の基盤となる単一市場においては、この EU
法の優越性が不可欠となっている。

(2)　欧州統合を支える仕組み

　このように欧州統合は欧州市民の平和、繁栄、自由の保障などの実現
を目指して始まった。その目的と仕組みを維持・運営するために、EU
は欧州委員会、欧州理事会、EU 理事会、欧州議会といった主要機関を
備えている。欧州委員会は、EU の行政執行機関で「EU の政府、内閣」
ともいえ、欧州全体の利益を追求することが使命である。欧州理事会
は、各加盟国首脳と同理事会議長、欧州委員会委員長で構成され、「EU
首脳会議」とも呼ばれる。EU 全体の針路や優先課題を決める最高意思
決定機関である。EU 理事会は、議題ごとに各加盟国の担当閣僚が出席
するため「閣僚理事会」あるいは単に「理事会」とも呼ばれ、加盟国の
声を代表することが使命である。そして欧州議会は、EU 市民による直
接選挙で選ばれる議員で構成され、EU 市民の声を代表することが使命
である。

　欧州議会は一院制で、現在の 28 カ国体制での定数は 751 議席となっ
ている。2019 年の第 9 回欧州議会選挙では、イギリス議会は 5 月 22 日
までに離脱協定を批准することができずに、欧州議会への参加を余儀な
くされた。イギリスが離脱した場合、同国に配分されている 73 議席が

空席になるが、そのうちの 27 議席を残して定数を削減し、その 27 議席は人口比補正により他の加盟国に再配分されることになっている[3]。本会議では、議員は出身国ごとではなく政治会派ごとに分かれている。会派を組むためには、全加盟国のうち少なくとも 4 分の 1 の国から 25 人以上の議員が必要となる。欧州議会選挙が初めて実施された 1979 年以来、社会民主党系の「社会民主進歩同盟（S&D）」と中道右派でキリスト教民主党系の「欧州人民党（EPP）」が 2 大会派を形成してきた。しかし、2019 年の欧州議会選挙では両会派の合計が初めて過半数を割る結果となった[4]。

　欧州議会は「議会」と名乗ってはいるが、「欧州議会 = EU の立法府」という単純な図式は成立しない。EU の立法過程は、基本的に欧州委員会が提出した法案を、理事会と欧州議会が共同で採択をする。つまり、欧州議会は立法権を理事会と共同で行使しており、EU の立法府は理事会と欧州議会ということになる。このように EU が独特で複雑な立法過程をもつに至った背景には、欧州統合が主権を共にしながらその深化を遂げてきた歴史がある。

３．EU 立法過程における欧州議会の権限拡大の歴史

（1）　欧州議会の権限拡大

　欧州議会の歴史は欧州統合の歴史とともにある。1952 年の欧州石炭鉄鋼共同体（ECSC）の創設時、その組織内に共同総会として設置されたのが始まりだ（辰巳 2012:40-42）。しかし、共同総会はあくまでも諮問機関であった。その後、欧州統合が進展して共同体の活動がより広く市民生活にかかわる政策分野に広がると、総会の議員たちは立法機能を持つ議会となることを強く要求するようになり、1962 年に欧州議会と名乗ることを決議した。その後 1976 年に欧州議会選挙法が制定され、1979 年に初めて直接選挙が実施された。以降、5 年ごとに選挙が実施

されている。現在、欧州議会は市民によって直接構成員が選ばれる唯一の EU 機関である。

　EU は半世紀以上の歴史の中で、欧州議会の権限を徐々に強化してきた。特にマーストリヒト条約（1993 年発効）により、欧州議会は理事会と対等な立場で EU 立法に参加する権利を獲得した。さらに、リスボン条約（2009 年発効）では、「通常立法手続き」が適用される政策分野が増えた。その適用範囲は、農業、エネルギー安全保障、移民、司法・内務、健康、構造基金など多岐にわたるようになった。

　現在、EU の立法には、「通常立法手続き」と「特別立法手続き（諮問手続きと同意手続き）」がある[5]。前者は欧州議会の共同決定を必要とし、後者は欧州議会が修正案や賛否表明を出すものの影響力は限られている。現在では EU 立法の大半は「通常立法手続き」が用いられている。

　通常立法手続き（図 1）では、欧州委員会が法案を提出した後、理事会と欧州議会が法案をめぐってやり取りする。欧州議会は、第一読会で法案を審議し、理事会に修正案を提出する。理事会が賛否を決定し、法案に修正をした場合は第二読会が開かれる。第二読会でも欧州議会と理事会が合意できない場合は、調停委員会（第三読会）が開催される。ただし、実際には第一読会で、理事会・欧州議会・欧州委員会の各代表による「三者対話」が非公式に行われ、この段階で立法成立件数は約 8 割を超えている（庄司 2016：91）。

　また、欧州議会は、EU の総予算についても共同立法機関として理事会と対等の立場で関わるほか、欧州議会は、第三国との自由貿易協定（FTA）など国際協定に関する承認権を持つ。例えば、日欧間の貿易や投資を自由化する日・EU 経済連携協定（EPA）も、欧州議会の承認と理事会の決定を経て、2019 年 2 月 1 日に発効した。日本など EU 域外諸国にとっても、欧州議会はより重要な存在になっている。

図1　EU 通常立法手続きのイメージ

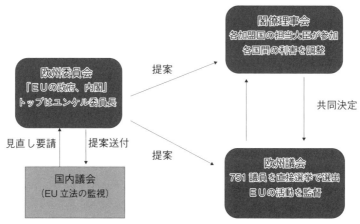

出所：庄司克宏『新 EU 法　基礎篇』岩波書店、2016 年、pp.89-91 より筆者
　　　作成

(2)　欧州議会選挙の低投票率

　2019 年の第 9 回欧州議会選挙では、親 EU 勢力と急伸する反 EU 勢
力の対決構図が EU 市民の関心を集めて投票率を上昇させた。しかし、
こうした欧州議会の重要性にもかかわらず第 1 回以降、欧州議会選挙の
投票率は長らく右肩下がりだった（図 2）。国の指導者を決めるという
目的が明確な国政選挙と比べて、EU 市民の欧州議会選挙への関心は低
くなりがちであり「二流選挙」などと揶揄されてきた。リスボン改革後
の第 8 回欧州議会選挙では投票率の回復が期待されたが、投票率の低下
に歯止めはかからなかった。一連の改革にもかからわず欧州議会選挙へ
の関心が低い理由のひとつに、EU 市民による「自分たちから遠く離れ
たブリュッセル（EU 本部の所在地）で知らないうちに自分たちに関わ
る問題が決定されている」という感覚が払拭されずにいることがある。
このことは EU ガバナンスの民主的正統性の問題と深く関連している。

図 2　欧州議会選挙投票率

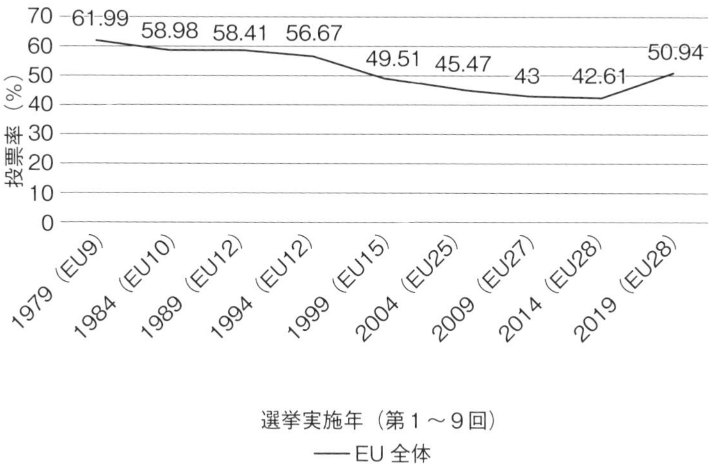

選挙実施年（第 1 〜 9 回）
—— EU 全体

出所：European Parliament, Results of the 2014 European elections より筆
　　者作成

　この状況をてこ入れすべく、リスボン条約では重要な改革が行われ
た。欧州理事会が欧州委員会委員長候補を指名する際に、その直近の欧
州議会選挙の結果を考慮し、また、その候補は欧州議会の承認を得なけ
ればならないと定められたのだ。このため、欧州議会の各会派は自身の
欧州委員会委員長候補を擁立して選挙に臨むようになった（田中
2014）。これは EU 市民が EU の将来を誰に託すかについて意思を表明
する重要な機会を提供しているといえる（辰巳 2012：47）。つまり欧州
議会は、5 年に 1 度の欧州委員会委員長の任命に大きな影響力を持つよ
うになったのだ。実際、2019 年の選挙は反 EU 政党が躍進したことに
より、従来の二大会派が維持してきたバランスが崩れ、次期欧州委員会
委員長の選出が難航した[6]。

4．EU ガバナンスの民主的正統性

(1)　ＥＵの民主的正統性の考え方

　国家の場合、その民主的正統性は議会を中心とした民主的手続きに由来し、市民の参加や合意が重視される（インプット正統性）(Scharpf 1999:6)。国際機構の場合は、その正統性は与えられた目的と権限の範囲で、任務を効率的に遂行することにあり、テクノクラート的な効率性に基づく正統性といえる（アウトプット正統性）(Scharpf 1999:11)。国際機構の民主的正統性は、国際機構それ自体ではなく加盟国の民主主義に依存するとされる。それでは、この「特異な」政体である EU における民主的正統性は、どのように考えられるべきなのか。

　EU の正統性は当初、「スプラナショナル・コンプロマイズ（Wallace 1995:139）」に基づいており、欧州統合の最優先課題である市場統合という限定的な領域でのみ国家は共同体に主権の委譲を行うとされていた（庄司 2005：7）。この枠組みでは、民主的正統性は加盟国が民主的であるということから調達され、EU は統合による経済的利益をもたらすことにより市民からの支持を確保する。つまり、この時点では EU も基本的には一般の国際機関と同様といえる。

　しかし、EU の正統性ともいえる市場統合という目的をほぼ達成した現在、市民の参加や合意に基づく民主的正統性よりもテクノクラート的な効率性に基づく正統性を優先することは受け入れられなくなっていった。1990 年代、EU では「民主主義の赤字」問題が議論されるようになった。そのきっかけとなったのが、1992 年 6 月 2 日にデンマークで実施されたマーストリヒト条約（EU 条約）に関する国民投票でその批准が否決された「デンマーク・ショック」である。この背景には、共同体の扱う政策領域が拡大し市民の生活に影響するようになったにもかかわらず、欧州統合が各加盟国政府主導で進められていることに対しての国民

による強い不信や不満があった。これ以降、EU の政策決定に市民がいかに関与し、統制をするかが重要となったのである（吉武 2005：88）。

(2)　EU における「民主主義の赤字」問題

EU ガバナンスの民主的正統性には、「民主主義の赤字」（"democratic deficit"）という問題がつきまとう。この問題は、加盟国が主権の一部を EU に委譲することにより国内議会が失った立法権限を、各国行政府が理事会において共同行使しているという批判に起因している（Zürn 2000:183-221, 136）。さらに、民主的選挙によらず任命される欧州委員会が法案提出権を独占しており、EU レベルの行政においても各国官僚・専門家とともに主要な役割を果たしている。これらの状況に対して、加盟国議会も欧州議会も十分な民主的統制を実施できていない、市民の意思が政策に反映されないと批判する議論が「民主主義の赤字」問題である。

EU における「民主主義の赤字」問題は、インプット正統性という側面から見ると大きく 2 つの要因がある。ひとつは、各加盟国議会の地位の低下という要因であり、もうひとつは、EU ガバナンスにおける欧州議会の権限が弱いという要因である（吉武 2005:90-91）。

第一の各加盟国議会の地位の低下は、加盟国の様々な政策が EU レベルの共通政策に移行することによって生じる。EU の政策決定は従来、各加盟国の担当閣僚が出席する閣僚理事会において特定多数決または全会一致で決定されてきた。特に、EU 規則の決定では、閣僚理事会の決定が加盟国に直接適用されることになり、各加盟国議会は最終決定権を行使できないだけでなく、各加盟国内では行政権を担う政府が EU レベルでは立法権を行使するということが起きるのである（吉武 2005:90）。

この問題の解消法としては、各加盟国議会が自国政府に対して民主的統制を強化する方法がある[7]。閣僚理事会での法案審議、投票において加盟国議会が自国代表に拘束をかけるというものであるが、それが奏功

するのは全会一致事項である場合に限られる。近年では特定多数決事項が増えつつあるが、依然として加盟国にとって死活的に重要な事項の決定には全会一致が採用されている。そのため、全会一致事項では国内議会による自国代表への拘束が拒否権として機能するが、特定多数決事項では表決で敗れた場合は国内議会の意思は反映されることはない（庄司2005:10）。

　しかし、リスボン条約は、各加盟国内議会に対して新たに「補完性監視」権限を付与した。このことにより、欧州委員会が法案を欧州議会及び閣僚理事会に提出する際、同時に各加盟国議会にも同時に送付されるようになった。各加盟国議会は法案の送付を受け、それが補完性原則（the principle of subsidiarity）[8] に適合しているか否かを判断する。もし適合していないと判断する場合には、送付から8週間以内に異議申し立てを行う権限を有するようになった。

　第二のEUにおいて欧州議会の権限が弱いという点は、第2節で述べたように、欧州石炭鉄鋼共同体の諮問機関として設置され、その後も「議会」と名乗りながらもその役割は諮問的なものに限定されていたことを指す。加盟国議会がその権限を失う一方で、EU諸機関の中で唯一直接選挙により選ばれ、市民の声を直接EUに届けることができる欧州議会の権限がEU立法過程において制限されてる状況がある。

　「民主主義の赤字」問題への解消方法に関しては、様々な議論が存在するが[9]、代表的なものとして欧州議会の権限を強化するという議論がある。実際にEUはマーストリヒト条約（1993年発効）により共同決定手続きを導入し、欧州議会は閣僚理事会と対等な立場となった。アムステルダム条約（1999年発効）やニース条約（2003年発効）では共同決定手続きの適用分野をさらに拡大させるなど、EU立法過程における欧州議会の権限を強化する改革を行ってきた。さらにリスボン条約では、EU立法における欧州議会と加盟国議会の協力を組織化し、加盟国議会が一定の影響力を行使できるようになった。当初、欧州議会に想定

された役割は、独立性を付与された欧州委員会に対して政治的な統制をすること、加盟国政府代表によって構成される理事会に対して勧告を行うという諮問的なものであった。しかし現在では、欧州議会は理事会との共同決定権など広範な立法参加権と予算権限を獲得しており、議会と理事会が立法権を共同で行使するまでになった。

とはいえ国家における代表制民主主義をそのまま EU や欧州議会に当てはめることには問題もある。つまり、欧州議会による民主的統制だけで EU の「民主主義の赤字」問題は解消されるものではないということである。このことは EU という政体の将来像とも関係しており、欧州議会の権限を強化することにより EU ガバナンスの民主主義を確立しようとすることは、欧州統合によって EU がひとつの主権国家（連邦制）になることを前提としていることになる（吉武　2005：92）。2019 年の欧州議会選挙や近年の加盟国国内選挙において、反 EU あるいは欧州懐疑派の勢力が伸長したことを見ても明らかなように、現在の EU がその最終統合形態として連邦制を目指すことは現実的ではない。

さらに、EU や欧州議会に国家の代表制民主主義を適用することが現実的ではないことを説明するものとして、「デモス」不在論（the No Demos Thesis）という議論がある（Grimm 1995:292-297; Decker 2000:260-265）。あたかも EU がひとつの主権国家であるかのように、欧州議会で政策決定をするということは、そこでの多数決の結果を受け入れるということであり、それはすべての EU 加盟国の国民が欧州人としてのひとつのアイデンティティを共有しなければ成立しない。民族的あるいは文化的に同質的な「国民」も、真の意味での有権者や政党も欧州規模では存在せず[10]、欧州議会の意思は必ずしも EU 市民の意思を反映しているとは言えないという批判がある。

5．EU ガバナンスにおける欧州議会の存在意義

(1) 「民主主義の赤字」必要論

これまでの議論では、「民主主義の赤字」は解消すべきものであるとの認識が前提にあった。それに対して、「民主主義の赤字」は必要であるという議論も存在する（庄司 2005：10-11）。この議論では、EU の正統性を、社会保障など再配分政策と市場規制撤廃など効率性指向政策とに分けて考える。前者では多数決に基づく民主主義が正統性の基盤となる。それに対して、後者では、説明責任を担保すれば、独立の機関に権限を委任してテクノクラート的なアウトプットによる正統性で十分であるとされる。さらに、ここで言う独立の機関とは欧州委員会や欧州中央銀行などが該当するが[11]、その独立機関自体には民主的正統性は必要がなく、むしろ「民主主義の赤字」は望ましいという。なぜなら、選挙で選ばれる政治家は自己の再選のために短期的な利害計算に基づき行動するリスクがあるため、むしろ選挙によって選ばれず、そうした利害計算とは無縁なテクノクラートの方が目標を効率的に達成することができるため、アウトプットによる正統性を担保できるというわけである。この考え方は、「スプラナショナル・コンプロマイズ」の現代版ということができるかもしれない。

それでは、欧州議会の存在意義とはなにか。EU の正統性の考え方は基本的には一般の国際機構と同様だ。ただし、EU の正統性ともいえる市場統合という目的をほぼ達成した現在、市民の参加や合意に基づく民主的正統性（インプット正統性）よりもテクノクラート的な効率性に基づく正統性（アウトプット正統性）を優先することは受け入れられなくなっている。EU が一般の国際機構と異なるのは、一部主権を各加盟国が共有する超国家的機構であることである。その超国家的権限の行使に対して、EU 市民の参加と合意に基づく欧州議会が民主的統制を加え

る。これが EU 特有のスタイルであり、この点にこそ欧州議会の存在意義があるといえる。現代版「スプラナショナル・コンプロマイズ」という考え方のもとでは、欧州議会の役割は、独立の機関に対して説明責任を追及することに求められる（庄司　2005：11）。

(2)　2019 年欧州議会選挙で市民が EU に届けた声

　今回の欧州議会選挙では、二大会派の合計議席数が初めて過半数を割ったのに対し、移民問題の解決を求める声を反映する形で、「国家と自由の欧州（ENF）」や「自由と直接民主主義の欧州（EFDD）」など反 EU 勢力が一定の躍進を見せた。その一方で、「緑の党・欧州自由連合緑グループ・欧州自由連合（Greens/EFA」やリベラル派の「欧州自由民主同盟（ALDE）」のような二大会派とは異なる親 EU の選択肢も台頭した。この欧州議会選挙で市民が EU に届けた声は「現状の否定」だった。今回の選挙で議席数を伸ばした反 EU 派も親 EU 派も共通して訴えることは「EU 改革」だ。反 EU 派は EU を EU たらしめている主権の共有を必要最小限にまで縮小し、各加盟国に主権を戻すことを目指している。それとは対照的に、親 EU 派、特に欧州各国の環境政党「緑の党」などでつくる環境会派「緑の党・欧州自由連合」は、欧州統合をより進展させることで問題の解決を図ろうとしている。

　この選挙では反 EU 勢力あるいは移民排斥を訴える右翼ポピュリズム勢力がどこまで議席を伸ばすかが注目されたが、二大会派と ALDE、Greens/EFA の 4 会派を合わせると親 EU 派が定数 751 議席の 3 分の 2 を占めるという結果になった。環境会派「緑の党・欧州自由連合」はその躍進によって、反 EU 勢力から EU を守る「防波堤」の役割を果たしたといえる[12]。その背景には、EU 市民による気候変動への危機感とその対策における EU への期待があった。欧州議会選挙に参加した動機として「市民の義務」と「自分の 1 票で何かを変えられる」というものが前回の選挙と比較して大きく伸びている（図 3）。つまり、EU 市民と

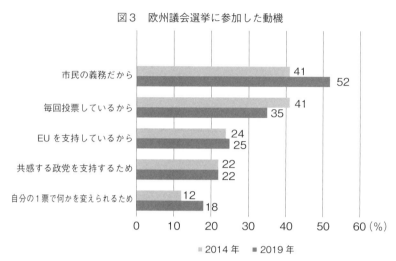

図3　欧州議会選挙に参加した動機

■2014年　■2019年

出所：The 2019 elections A pro-European-and young electorate with clear expectations, European Parliament より筆者作成

しての自覚と欧州議会選挙を通じて自分の声をEUに届けられるという意識が前回よりも高まっていたと言える。

　さらに、投票行動を決定した要因では、最も大きいのが「経済成長」で「気候変動への対策と環境保護」がそれに続いているのが特徴的である（図4）。実際に、「緑の党」系会派の政党は西欧や北欧の加盟国で得票を伸ばしたが、地球温暖化対策を求めて各地にひろがった若者たちによる抗議活動が「緑の波」をもたらしたと指摘されている[13]。環境問題は補完性原則に照らしてもEUが行動することが理にかなった政策分野である。つまり、気候変動のような地球規模の環境問題は、各加盟国だけで取り組むよりもEUとともに取り組む方がより効果的な政策分野である。したがって、気候変動に危機感を抱く有権者が自らの声をEUに届けるべく、欧州議会選挙に参加し、「緑の党」系会派に投票したという見方ができる。

図4　欧州議会選挙投票行動に影響を与えた要因

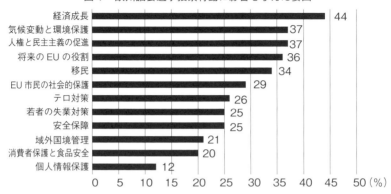

出所：The 2019 elections A pro-European-and young electorate with clear
　　　expectations, European Parliament より筆者作成

　また、今回の選挙では若者の投票率が大きく上昇したことが、「緑の
党」系会派にとって有利にはたらいた。選挙に参加した有権者を年代別
に見ると前回の選挙と比較して 16/18 ～ 24 歳が 14 ポイント上昇で最も
伸びており、次に 25 ～ 39 歳が 12 ポイント上昇している（表1）。これ
ら若い有権者は従来の選挙では他の相対的に高い年齢層と比較して投票
率が低かったが、今回の選挙には参加した有権者が多くいたことがわか
る。欧州議会選挙期間の 5 月 24 日には、「グレタ現象」とも言われるよ
うに、若者たちが学校を休んで気候変動の危機を訴えるデモが世界各地
で一斉に実施された。彼らは、それぞれの国の政府や大企業に対して気
候変動対策の転換を求め、日本を含む世界 125 カ国 2350 都市で学生以
外も含めて約 180 万人が参加したという [14]。
　「緑の党」系会派は、もともと左派であり環境問題というシングルイ
シューだけでなく、移民や社会的少数者の権利保護なども一貫して訴え
てきた。そうしたことも、同会派が、反 EU 勢力や右翼ポピュリズム勢
力による排外主義の広がりに危機感を持っている西欧都市部の親 EU 派

表1　欧州議会選挙に参加した市民の年齢層と社会的属性

年齢層	2014 年選挙	2019 年選挙	差
16/18 〜 24 歳 *	28	42	+14
25 〜 30 歳	35	47	+12
40 〜 54 歳	45	52	+7
55 歳以上	51	54	+3

社会的属性	2014 年選挙	2019 年選挙	差
自営業	52	55	+3
管理職	53	61	+8
事務職	44	53	+9
作業員	35	42	+7
主婦／主夫	36	47	+11
失業者	31	37	+6
退職者	50	55	+5
学生	37	51	+14

出所：The 2019 elections A pro-European-and young electorate with clear expectations, European Parliament より筆者作成

の新たな受け皿になったといえる。

　欧州選挙後、親 EU 派も反 EU 派も、各国政党によって欧州規模の新会派を設立している。反 EU 派は、欧州議会選挙でフランスの第 1 党となった「国民連合（RN）」、イタリアの第 1 党「同盟」、「ドイツのための選択肢（AfD）」など 9 カ国の政党で構成する新会派「アイデンティティと民主主義（ID）」を設立した。新会派 ID は、「移民・難民の流入を大幅に制限するための制度変更や国境管理の強化」や「EU の権限縮小による各加盟国の主権回復」を主張している[15]。この会派の前身は「国家と自由の欧州」で、今回の選挙で獲得した議席数は 36 議席であったが、新会派を構成することにより 73 議席となった。イギリスが EU を離脱すると、この会派には 3 議席が配分されて 76 議席になり、環境系会派を抜いて第 4 会派に躍り出ることになる（表 2）。

表 2　2019-2024 年欧州議会

会派	議席数	議席占有率
「欧州人民党（EPP）」 （キリスト教民主主義） 中道右派＜親 EU 派＞	182	24.23%
「社会民主進歩同盟（Ｓ＆Ｄ） 中道左派＜親 EU ＞	154	20.51%
「欧州刷新（RE）」 （ALDE より改称） 中道リベラル派＜親 EU 派＞	108	14.38%
「緑の党・欧州自由連合（Greens/EFA）」 環境派	74	9.85%
「アイデンティティと民主主義（ID）」 （ENF より改称） 極右・保守・国家主義＜欧州懐疑派＞	73	9.72%
「欧州保守改革グループ（ECR）」 保守・反連邦主義＜欧州懐疑派＞	62	8.26%
「欧州統一左派・北欧緑左派同盟」 （Nordic Green Left GUE/NGL） 社会主義・共産主義＜欧州懐疑派＞	41	5.46%
無所属	57	7.59%

出所：2019 European election result, European Parliament より筆者作成

　親 EU 派でリベラル会派の ALDE も、マクロン仏大統領らが所属する政党が正式に合流して会派名を「欧州刷新（Renew Europe）」に変更した。親 EU 派の４会派は定数の３分の２を占めるとはいえ、環境政策や通商政策など各会派との意見の調整が難しい分野も存在し、協議に時間を要する可能性がある。親 EU 派が一枚岩になれない場合は、ID など反 EU 派に付け入る隙を与え、EU の政策決定に影響を及ぼす可能性もある。

6．おわりに

　本章は、必ずしも EU を専門としない大学生あるいは一般の読者を想定して、EU において欧州議会がいかなる役割を果たしているのか、またその存在意義とはどのように考えられるのかを論じた。もともと複雑でわかりにくいと言われる EU であるが、他の EU 諸機関と比較して欧州議会の存在や役割についてはほとんど一般に知られていない。実際に、欧州議会選挙が EU 加盟国だけでなく EU 域外においてまでも、これほど注目を集めたことはなかった。それは、本章でも述べたように、EU のガバナンスにおける欧州議会の役割や権限は最初から大きなものではなく、現在でも組織的に見れば閣僚理事会とともに立法機関の一翼を担うに過ぎない。1990 年代に「民主主義の赤字」問題が認識され議論が活発化する中で欧州議会の権限は拡大されつつあるが、EU という政体が連邦制を目指さない以上、欧州議会が国家の民主主義モデルのように EU の唯一の立法府かつ最高意思決定機関となることはない。

　しかし、EU が各加盟国や他の国際機関では十分に成し遂げられないような課題に対して行動する超国家機関であり、その政体の正統性を現代版「スプラナショナル・コンプロマイズ」に求めるとき、欧州議会が EU の唯一の立法府かつ最高意思決定機関ではないことは EU ガバナンスの民主的正統性を損なう要因とはいえない。そこでは、EU のアウトプット正統性を担うテクノクラートから構成される専門機関に対して、欧州議会が EU 市民の代表として説明責任を追及することで EU ガバナンスのインプット正統性を補うという役割を果たす。

　2019 年の欧州議会選挙の投票率が前回選挙を大幅に上回った理由として、イギリスの EU 離脱問題、移民・難民に対する排外主義、および気候変動への危機感などにより EU の将来に注目が集まったことが挙げられる。投票率以上に注目したいのは、EU 市民が欧州議会選挙に参加

した動機の変化である。欧州議会選挙で自らが投じた 1 票で EU を変えることが出来るという有効感が特に若い EU 市民の中で前回までよりも高まっていることがわかった。これまでは、EU ガバナンスにおける欧州議会の役割や権限拡大をいくら議論しても、投票率の低さによってその民主的正統性を減じられてしまうところがあった。2019 年の欧州議会選挙では、欧州議会の役割や存在がこれまでよりも EU 市民に認識され、そのことによって欧州議会も EU ガバナンスのインプット正統性を補うという役割をより果たすことが出来るようになったといえるのではないか。

［註］
1　European Union, "The Schuman Declaration – 9 May 1950"
　 EU はシューマン宣言が発表された 5 月 9 日を平和と統合を祝う「ヨーロッパの日」と定めている。
2　シューマン・プランでは、ヨーロッパはひとつのプランで一挙に統合されるわけではなく、具体的な成果を積み重ねながら連帯を生み出す必要があるとされている。石炭と鉄鋼から始まった理由は、当時は石炭が重要なエネルギー源であり、鉄鋼は製造業や軍事産業の中核をなしていたからである。
3　27 議席の再配分の内訳は、フランスに 5 議席、スペインに 5 議席、イタリアに 3 議席、オランダに 3 議席、アイルランドに 2 議席、スウェーデンに 1 議席、オーストリアに 1 議席、デンマークに 1 議席、フィンランドに 1 議席。スロヴァキアに 1 議席、クロアチアに 1 議席、エストニアに 1 議席、ポーランドに 1 議席、ルーマニアに 1 議席である。議席を減らす加盟国はない。European Parliament, "How Many MEPs?"
4　European Parliament, "2019 European election results"
5　EU の立法については、（庄司 2016）が詳しい。
6　2014 年の第 8 回欧州議会選挙を受けて、最大会派となった EPP の筆頭候補であるジャン＝クロード・ユンケルがその次の欧州委員会委員長（2014 年 11 月 – 2019 年 10 月）に選出された。しかし、第 9 回選挙結果、同会派は依然として最大会派ではあるものの 217 から 189 に議席を減らしたため、同会派筆頭候補であったマンフレート・ウェーバーには厳しい評価がなされた。

難航の末、臨時欧州理事会 2019 年 7 月 2 日、全会一致で次期欧州委員長にド
イツのウルズラ・フォン・デア・ライエン国防相を指名し、欧州議会に提案
することを決定した。欧州議会は 16 日、賛成 383 票でウルズラ・フォン・デ
ア・ライエン氏を、女性として初の欧州委員会委員長に選出した。しかし、
欧州議会選挙で各勢力が掲げた筆頭候補以外からの選出で、一部に「透明性
に欠ける」との批判も出ている。BBC News「欧州委員長候補めぐり仏独が
対立　EU 主要人事」2019 年 5 月 29 日。東京新聞「欧州委員長に独国防相
中銀総裁はラガルド氏　選出難航で透明性に批判も」2019 年 7 月 4 日。駐日
欧州連合代表部、プレスリリース「欧州議会、ウルズラ・フォン・デア・ラ
イエンを女性初の欧州委員会委員長に選出」2019 年 7 月 16 日。

7　デンマークは国内議会を通じて EU 政策に対する民主的統制を最も円滑に
　行っている点を踏まえて、吉武は「民主主義の赤字」の議論において EU レ
　ベルの機関に注目が集まりすぎて各加盟国の国内議会の存在が過小評価され
　ていると指摘している（吉武 2005：88-89）。

8　補完性原則は EU ガバナンスの原則で、意思決定は可能な限り市民に近い
　レベルで行われるべきであり、地域レベルや加盟国レベルの政府では十分に
　目標が達成できない場合にのみ EU が行動するというものである。

9　たとえば、「民主主義の赤字」を否定あるいは EU の民主的正統性を擁護す
　る 立 場 と し て は、(Majone　2005；Moravcsik　2012:54-68；Moravcsik
　2002:603-624) などがある。

10　欧州議会の選挙区は加盟国を単位としている。25 議席の別枠で EU を単
　一の選挙区とする超国家的名簿に基づくパン・ヨーロッパ的議員の創設案が
　過去に出たこともあるが、この連邦主義的改革案は過激過ぎるとの反対があ
　り実現していない。また、政党も（本章では欧州会派と表記）各加盟国から
　出ている国家の政党により構成されている（辰巳 2012:48, 49, 104）。

11　たとえば、欧州委員会は出身国の利益ではなく欧州全体の利益のために行
　動することを前提とした専門家集団であり、その独立性は正当化される。競
　争政策や物価の安定を託された欧州中央銀行の独立性も同様である。

12　「緑の波　環境政党『グレタ効果』で躍進」『毎日新聞』2019 年 6 月 16 日。

13　スウェーデンの高校生で環境活動家グレタ・トゥーンベリが、2015 年か
　ら気候変動の危機を訴えて学校ストライキを起こしスウェーデン議会の前に
　座り込みを始め、欧州各国の政治家たちの前でも危機を訴え続けている。彼
　女のメッセージや行動は欧州各地の若者に広がり、今回の欧州議会選挙での

若者の投票にもつながった。

"European elections: 'Greta Thunberg effect' brings out young vote", THE TIMES, 28 May 2019.

"Forget Brexit and focus on climate change, Greta Thunberg tells EU", The Guardian, 16 April 2019.

14　「温暖化に危機感、世界各地でデモ　125 カ国の 180 万人参加」『毎日新聞』2019 年 5 月 25 日。

15　「欧州議会 EU 懐疑派の各国政党が新会派設立」『日本経済新聞』2019 年 6 月 14 日。

[参考文献]

庄司克宏（2005）「国際経済統合における正統性と民主主義に関する法制度的考察——WTO と EU」『法学研究』第 78 巻第 6 号，1-33 頁

庄司克宏（2016）『新 EU 法　基礎篇』岩波書店

庄司克宏（2019）『ブレクジット・パラドクス——欧州統合のゆくえ』岩波書店。

須網隆夫（2002）「超国家機関における民主主義——EC における『民主主義の赤字』をめぐって」『法律時報』第 74 巻第 4 号，29-36 頁

竹内康雄「欧州議会 EU 懐疑派の各国政党が新会派設立」『日本経済新聞』2019 年 6 月 14 日 <https://www.nikkei.com/article/DGXMZO46114030U9A610C1FF8000/>（最終閲覧日：2019 年 9 月 13 日）

竹田佳彦「欧州委員長に独国防相　中銀総裁はラガルド氏　選出難航で透明性に批判も」『東京新聞』2019 年 7 月 4 日 <https://www.tokyo-np.co.jp/article/world/list/201907/CK2019070402000151.html>（最終閲覧日：2019 年 9 月 1 日）

辰巳浅嗣（2012）『EU——欧州統合の現在［第 3 版］』創元社

田中俊郎「欧州議会選挙について教えてください」、『EU　MUG』Vol.27、2014 年 4 月号

駐日欧州連合代表部、プレスリリース「欧州議会、ウルズラ・フォン・デア・ライエンを女性初の欧州委員会委員長に選出」2019 年 7 月 16 日 <https://eeas.europa.eu/delegations/japan_ja/65513/>（最終閲覧日：2019 年 9 月 1 日）

八田浩輔「温暖化に危機感、世界各地でデモ　125 カ国の 180 万人参加」『毎日新聞』2019 年 5 月 25 日 <https://mainichi.jp/articles/20190525/k00/00m/030/173000c>（最終閲覧日：2019 年 9 月 13 日）

八田浩輔「緑の波　環境政党『グレタ効果』で躍進」『毎日新聞』2019 年 6 月
16 日 <https://mainichi.jp/articles/20190616/ddm/007/030/097000c> （最終
閲覧日：2019 年 9 月 12 日）

BBC ニュース「欧州委員長候補めぐり仏独が対立　EU 主要人事」2019 年 5
月 29<https://www.bbc.com/japanese/48441534> （最終閲覧日：2019 年 9
月 1 日）

吉武信彦『国民投票と欧州統合―デンマーク・EU 関係史』勁草書房、2005 年

Bremner, Charles "European elections: 'Greta Thunberg effect' brings out
young vote", THE TIMES,28 May 2019 <https://www.thetimes.co.uk/
article/european-elections-greta-thunberg-effect-brings-out-young-vote-
9szz5gkww> [Accessed: 12 September 2019].

Decker, Frank (2000) "Governance beyond the Nation-State: Reflections on
the Democratic Deficit of the European Union," *Journal of European Public
Policy* 9(2): 256-272.

European Parliament "How Many MEPs?" <http://www.europarl.europa.eu/
news/en/faq/12/how-many-meps> [Accessed:31 August 2019].

European Parliament "Results of the 2014 European elections" <http://www.
europarl.europa.eu/elections2014-results/en/turnout.html> [Accessed:31
August 2019].

European Parliament "2019 European election results" <https://election-
results.eu> [Accessed:31 August 2019].

European Parliament "The 2019 elections, A pro-European-and young
electorate with clear expectations" <https://www.europarl.europa.eu/
news/en/press-room/20190710IPR56721/2019-eu-elections-a-pro-european-
and-young-electorate-with-clear-expectations> [Accessed:31 August 2019].

European Union "The Schuman Declaration – 9 May 1950" <https://europa.
eu/european-union/about-eu/symbols/europe-day/schuman-declaration_
en> [Accessed:29 August 2019].

Grimm, Dieter (1995) "Does Europe Need a Constitution?," *European Law
Journal* 1(3): 282-302.

Majone, Giandomenico (2005) *Dilemmas of European Integration*, Oxford
University Press.

Moravcsik, Andrew (2012) "Europe After the Crisis," *Foreign Affairs* 91(3): 54-68.

Moravcsik, Andrew (2002) "In Defense of the 'Democratic Deficit': Reassessing Legitimacy in the European Union," *Journal of Common Market Studies* 40(4): 603-624.

Rankin, Jennifer "Forget Brexit and focus on climate change, Greta Thunberg tells EU", The Guardian, 16 April 2019, <https://www.theguardian.com/environment/2019/apr/16/greta-thunberg-urges-eu-leaders-wake-up-climate-change-school-strike-movement> [Accessed: 12 September 2019].

Scharpf, Fritz W. (1999) *Governing in Europe: Effective and Democratic?*, Oxford University Press.

Wallace, William and Smith, Julie (1995) "Democracy or Technocracy? European Integration and the Problem of Popular Consent," *West European Politics* 18(3): 137-157.

Zürn, Michael (2000) "Democratic governance beyond the nation-state: The EU and other international institutions," *European Journal of International Relations* 6(2): 183-221.

第9章

英国の EU 離脱をめぐる国民投票への道—政治制度の変容と議題の設定

福井英次郎

1．はじめに

　2019 年 11 月、ジョン・バーコウは英国の下院である庶民院の議長職を辞した。2009 年 6 月に議長に就任したバーコウは約 10 年の間に、ゴードン・ブラウン、デビッド・キャメロン、テリーザ・メイ、そしてボリス・ジョンソンという 4 人の首相を迎えたことになる。庶民院議長は単なる名誉職ではなく、議事運営などで権限は大きい。そのため庶民院議長は公平で中立であることが要求され、目立つということは一般的ではない。しかし 2010 年代後半、バーコウは庶民院の「顔」としてメディアにも多く登場することになった。

　バーコウを有名にしたのは、「静粛に」という意味の「オーダー（order）」という言葉である。一般的に述べると、議会では活発に議論される方が良い。しかし議場を落ち着かせるために、議長が「オーダー」を連発しなければいけないほどに、2016 年以降の庶民院は混乱していた。原因は、英国の EU 離脱（Brexit、ブレグジット）をめぐる政治の迷走だった。2016 年 6 月に英国の EU 離脱をめぐる国民投票（以下、2016 年国民投票）が実施され、わずかの差で離脱派が多数となった。しかしその後、ブレグジットは速やかには達成されなかった。むし

ろ 2016 年国民投票は英国の政治的混乱の開演の合図となった。

　ブレグジットをめぐる政治の混乱を議論するには、多くの視点がある（近藤 2017; 高安 2018; 庄司 2018; 庄司 2019; 中村 2016; 細谷 2016; 山本 2019）。例えば英国と欧州連合（European Union、以下 EU）の対立ととらえることができる。また、ヒト・モノ・カネ・サービスが国境を越えて移動するグローバリズムに対する国民国家の反応として分析することもできる。真偽の疑わしい「フェイクニュース」や大衆迎合的なポピュリズムといった現在の社会の特徴に焦点をあてることもできる。このようにブレグジットに関する議論は多岐にわたる。

　本章では、ブレグジットをめぐる英国政治の混乱に焦点をあてる。一般的には、ブレグジットをめぐる混乱を検討するためには、2016 年 6 月の国民投票とその後に焦点を当てることが多い。しかし本章では、2016 年国民投票後の混乱ではなく、2016 年国民投票までの過程に注目したい。なぜならば、ブレグジットをめぐる混乱は、特定の政治家や団体を「犯人」として問題視するだけでは十分に理解できないからである。ブレグジットをめぐる混乱を演劇の演目として考えた場合、2016 年国民投票とその結果は、物語の展開上、重要な転換点だった。しかしブレグジットをめぐる悲劇は物語の舞台設定にこそあったともいえる。そして 2016 年国民投票前に、すでに舞台設定に組み込まれてしまっていたのである。

　本章では、なぜ舞台設定に組み込まれてしまったのかについて議論していく。まず、2016 年国民投票の問題を明らかにする。次に、国民投票以前の英国と欧州統合との関係に着目し、英国内で EU に対する反感が積み重なっていく過程を明らかにする。そして、2016 年国民投票に至る過程を検討する。

２．2016 年の EU 離脱をめぐる国民投票の問題

　すでに組み込まれていた舞台設定とは何だろうか。それは第 1 に、首相の解散権の制限である。後に詳述するが、英国では原則として、2011年に首相の解散権を制限し、庶民院の任期を 5 年とすることになった。この解散権の制限は、ブレグジットに関係して導入されたものではなかった。しかしブレグジットをめぐる混乱に対して、首相がリーダーシップを発揮することを阻害する原因となった。実際に、2019 年 10 月、新たに就任したボリス・ジョンソン首相が同年 10 月末までの英国のEU 離脱を達成するために、庶民院の解散と総選挙実施を企てた。このときは解散の条件を満たすことができず、ジョンソン首相は庶民院を解散することができなかったのである。このように、政治制度の変更によって政治的混乱がもたらされたが、政治制度を変更した時点では、その変更が今後の政治に深刻な影響を与えるとみなされていなかった。そして悲劇的にも、その問題が最初に顕在化したのは、英国外交における大きな分岐点となるブレグジットだった。

　第 2 に、ブレグジットをめぐる国民投票への甘さである。この甘さは、ブレグジットに関する甘さと国民投票に関する甘さの 2 点が伴っていた。まずブレグジットに関する甘さとは、ブレグジットとは簡単にできるものと考えていたことである。これは政治家を含む英国国民の多くが EU 離脱の難しさをわかっていなかっただけでなく、さらに EU は何をしているのかを分かっていなかったことに起因する。極端な例でいえば、メイ首相が提示した離脱案に反対する理由を質問されたある庶民院議員は、「これまでのように欧州議会に議席を維持できない」点を不満であるとした。欧州議会は EU の議会であり、EU 加盟国国民のための制度である。そのため仮に英国が EU を離脱するのであれば、欧州議会に議席を持つことはできない。このような奇妙な発言が、その議員の不

勉強として厳しく批判されない程度に、英国国民の間では、EUに対する理解が十分でなかった。

次に国民投票に関する甘さとは、その投票方法に対する検討が十分になされていないという甘さである。国民投票や住民投票といった直接民主制は、議会制などの間接民主制とは異なり、単一の争点で投票することが可能である。例えば、日本では市町村合併における住民投票が相当する。一方で、間接民主制の場合には、選挙を実施し議員や首長を選出するが、１つの争点に限定されずその他の争点も考慮して総合的に投票することになる。そのため１つの争点をめぐる決定に関しては、直接民主制の方がわかりやすくてよいようにも見える。図１は2016年国民投票のときの投票用紙である。「残留（remain）」か「離脱（leave）」のどちらかを選ぶ形で投票することになっていた。投票の結果、「離脱」が多数を占めたのである。

図１　2016年国民投票の投票用紙

Referendum on the United Kingdom' s membership of the European Union	
Vote only once by putting a cross X in the box next to your choice	
Should the United Kingdom remain a member of the European Union or leave the European Union?	
Remain a member of the European Union	
Leave the European Union	

出所：Wikipedia Commons "File:2016 EU Referendum Ballot Paper.jpg"

　それではなぜ国民投票から3年が過ぎた2019年になっても、ブレグジットは実行されなかったのだろうか。理由の1つは、国民投票の方法が良くなかったからである。「残留」と「離脱」は一見すると、2つの選択肢の中で1つを選ぶ方法である。しかし実際には、それほど単純ではないことがわかる。2つの選択肢の中で、「残留」は現状維持であり、その内容は具体的で明確である。一方の「離脱」はそうでなく、幅広い選択肢を含んでいることがわかる。これまでと大きくは変わらないようなEUと密接な関係を維持するような離脱から、EUとは完全に袂を分かつ離脱まで、すべてが「離脱」に含まれうるのである。その結果として、「どのような離脱案なのか」という離脱の中身をめぐって紛糾が続くことになった。

　国民投票を実施する段階で、このような問題は危惧されなかったのだろうか。本章の内容を先取りして述べると、重要だったのは「国民投票を実施すること」であり、実際に離脱派が多数を占めた場合に「どのような離脱をするのか」ということには焦点があたらなかったのである。

　このように、舞台設定自体に大きな問題が埋め込まれており、その舞台上で演じる限り、ブレグジットをめぐる混乱は避けがたいものだった。なぜそのような問題が埋め込まれてしまったのだろうか。この問いに答えるために、まず英国と欧州統合との関係について概観してみることにする。

3．2016年の国民投票以前の英国と欧州統合

（1）　サッチャーとEC

　ここではEU離脱をめぐる国民投票が実際の政治議題となる以前の状況を確認していく。現在のEUに連なる欧州統合に対して、英国は一定の距離を置いていた。1951年に設立された欧州石炭鉄鋼共同体には参加せず（細谷2009b）、1973年にようやく欧州諸共同体（European

Communities、以下 EC）加盟するに至った。このように、英国は「憶病」で「遅れてきた」メンバーだった。しかし英国は欧州統合に懐疑的であったとしても、EC に真っ向から反対していたわけではなかった（細谷 2009a）。

　1979 年にマーガレット・サッチャーが英国首相に就任すると、英国と EC との対立は先鋭化していく（遠藤 2009）。1980 年代前半には、英国から EC への拠出金が不当に多いとして、「私たちのお金を返して」と欧州理事会で主張し、最終的には還付金を受け取ることに成功した。1980 年代後半には、サッチャーはジャック・ドロールに率いられた欧州委員会と激しく対立した。この時期の欧州統合は域内市場完成に向けて欧州統合が進展していた時期であり、ドロールは多くの権限が国家レベルから欧州レベルに移行していくと主張していた。これに対して、サッチャーは 1988 年のブリュージュでの演説で、欧州連邦につながる動きに対する強い反対意見を表明した。このように、サッチャー政権期には、英国と EC は要所で対立することになった。ただサッチャーが英国国内で進めた競争重視の市場経済と、ドロールが EC で目指していた域内市場との間には共通点も多かった。この時期の英国は、EC への反発がありながらも、EC からの脱退を現実的に主張することはなかった。

　しかしながら、このようなサッチャーの EC への強硬な姿勢は、保守党内の一部に強い影響を与えた（力久 2009）。この影響を受けた党員は後に、EU 離脱の強硬派の中核となり、保守党内で無視できない勢力となっていった。それまでは EC 賛成派が主流であった保守党は、こうして内部に EC 反対派を抱えていくことになった。

(2)　2010 年の英国総選挙とその影響

　たしかにサッチャーの影響により、保守党は EC や EU への反対派を抱えていくことになった。ただ 2000 年代には、EU からの離脱が現実性のある政治議題として、真剣に語られていたわけではなかった。例え

ば英国外交研究の細谷雄一は、現実性のないものとして、英国の EU か
らの離脱を述べていた（細谷 2009a）。

　英国の EU 離脱が現実的になっていくきっかけは 2010 年の英国総選
挙である。この選挙後から、EU 離脱に関する国民投票の実施が現実化
していくことになった。

　2010 年 5 月 6 日に実施された英国総選挙は、EU 離脱に関する混乱に
関して、大きな意味を持った。最初に結果をみていこう（表 1）。第 1
党となった保守党は、1997 年 5 月に労働党に奪われた政権の座を奪い
返すことに成功した。

　ただ、英国の一般的な政権交代の様相とは異なっていた。保守党は
306 議席で第 1 党、労働党は 258 議席で第 2 党、自由民主党は 57 議席
で第 3 党となった。現在の庶民院の議員定数は 650、過半数は 326 であ
る。保守党は第 1 党となったものの、過半数の議席には届かなかった。
このように、第 1 党が過半数の議席を獲得できないという、いわゆるハ
ング・パーラメント（宙づり議会）が生じることになった。

表 1　2010 年の英国総選挙の結果

党名	地域性	議席数
保守党	全国区	306
労働党	全国区	258
自由民主党	全国区	57
民主統一党	北アイルランド	8
スコットランド国民党	スコットランド	6
シンフェイン党	北アイルランド	5
プライド・カムリ（ウェールズ党）	ウェールズ	3
社会民主労働党	北アイルランド	3
その他	——	4
合計	——	650
過半数	——	326

出所：UK Parliament "2010 Party Election Results"

　庶民院では、第 1 党が過半数の議席を獲得することが一般的である。第二次世界大戦後では 2 回目となるハング・パーラメントの結果、保守党は第 3 党である自由民主党と連立して政権を運営することになった。あとから振り返ると、自由民主党との連立こそが、英国政治の制度を大きく変更させるとともに、保守党内の EU 離脱派の動きを活発化させることになった。

　第 1 に、制度の変更についてみていこう。保守党と自由民主党は連立政権を樹立するにあたり、5 月 20 日に、『政策合意（The Coalition: Our Programme for Government）』（Cabinet Office 2010）文書を発表した。この中で、任期を 5 年とし、次の総選挙は 2015 年 5 月の木曜日に実施するとした（Cabinet Office 2010 26-27）。さらに 2010 年 7 月 20 日には、庶民院の議員の任期を固定する法案が提出された。この法案は、2011 年 9 月 15 日に、「2011 年 議 会 任 期 固 定 法（Fixed-term Parliaments Act 2011）」として成立した（河島 2012）。議会任期固定法では、内閣の解散権が制限され、議員の任期は 5 年と定められた。ただし内閣不信任案が可決された場合や庶民院議員の 3 分の 2 以上の多数で解散が可決された場合には解散できるとされた。つまり首相はそれまでもっていた庶民院の解散権を失ったことになった。

　このような根本的な政治制度の変更は、これまでの積み重ねられてきた政策決定過程を大きく変更させ、新しい政治過程が出現する可能性がある（小松 2012）。これまで首相は議会の反対にあった場合、伝家の宝刀として解散権を行使できた。これは野党勢力だけでなく、与党内に対しても影響を持ちうる権力である。これを制限してしまうことがどのような結果につながるのか、それほど大きな変化がないのか、首相の選択に大きな影響を与えるのか。このような問いに答えるには、新しい政治制度をしばらく運用して、調整していく過程が必要である。制度設計時には想定していなかった深刻な問題が生じた場合には、その問題を解決できるように修正していくことになる。

　2011 年議会任期固定法もまた、本来ならばこの調整過程を経て、現実に即すように修正され、また政治過程の参加者も制度の変更に合わせて行動を徐々に変化させていくことが望まれるはずだった。しかしこの法案に対する最初の試練は、半世紀におよぶ英国外交の連続性を断ち切る局面という最大の危機に遭遇してしまうことになった。そしてその後の保守党の首相たちに、総選挙で民意を問うためには、野党勢力とともに保守党内の反対派からの支持を得ないと解散できないという状況を作り出すことになったのである。こうして首相のリーダーシップが大きく制約される状況が現われることになった。

　第 2 に、保守党と自由民主党の連立の影響である。庶民院の総選挙では、第 1 党が議席の過半数を獲得し、政権を担うことが一般的である。第二次世界大戦後の英国の総選挙では、例外は一度しかない。このことから、英国の政策決定過程では、与党は野党との間で政策調整をすることは一般的ではなかった。2010 年の総選挙で単独過半数を確保できなかった以上、保守党は自由民主党に配慮しつつ政権を維持していくしかなかった。先に述べたように、保守党党首であったキャメロンは、自由民主党との間で、『政策合意』文書を作成し、それに沿って政治を行うことになった。

　対 EU 関係での保守党と自由民主党との立場は同一ではなかった。保守党内の意見は非常に多岐にわたっていた（梅津 2016）。さらなる欧州統合を求める議員から、EU メンバーであることは反対しないものの現状維持でよいと考える議員、さらにすぐにでも脱退するべきだと考える議員まで存在していた。一方、自由民主党は EU を重視する姿勢で一貫していた。ただし、自由民主党は、英国国益を第一とし、それに有益である限りにおいて、EU を重視するという考えだった。保守党内で EU に対して反発するグループは、基本的立場が異なる自由民主党との連立に警戒感を強めることになった。

　保守党が自由民主党と連立して政権を担ったとはいっても、対 EU 関

係で、保守党は譲歩したわけではなかった。『政策合意』文書では、自由民主党に配慮して EU に対する積極姿勢が強く主張されることはなく、自由民主党の影響は見受けられなかった。人事の面でも保守党は外相職に座った。キャメロン政権の外務大臣は政権発足時から 2014 年 7 月まではウィリアム・ヘイグ、それ以降はフィリップ・ハモンドが担った。実際の政策レベルでは、保守党が自由民主党に譲歩したとは言い難いものの、保守党内には不満が増大していくことになった。

　対 EU 関係で、保守党が譲歩していないにもかかわらず、保守党内で不満が生じたのには、2 つの理由が指摘できる。第 1 に、自由民主党は親 EU 姿勢を主張し続けるからである。1997 年に失って以来の政権を奪取し、EU との距離を取りたい保守党議員にとって、政策レベルでは影響がないにせよ、自由民主党の主張は耳障りであった。第 2 に、連立政権になったことで、自由民主党議員も政権に参加することから、保守党議員は予定されているよりも政府に参加することができなかった。その結果として、自由民主党議員に対する不満は積み重なっていくことになった。

　このような構造の上で、キャメロン政権は運営されていくことになるが、不満は解消に向かうのではなく蓄積していくことになった。政権成立してしばらくの間は、キャメロンは自由民主党党首ニック・クレッグ副首相と頻繁に意見を交わし、政権を運営していった。このような対応は、連立政権であるから当然である。仮に自由民主党が連立から離脱すると、保守党は少数内閣に陥り、政権は崩壊してしまうため、自由民主党への配慮は必要であった。しかし保守党議員、特に政府に参加していない議員にとっては、自身の保守党よりも連立パートナーの自由民主党に配慮していると見なされた。その結果として、自由民主党への反感は解消されず、むしろ自由民主党の親 EU 姿勢、さらにはキャメロン周辺に対する不信感すらも強化されていくことになった。

4．2016年国民投票への道

(1)　ブルームバーグ演説

　1997年ぶりに政権に就いた保守党だったが、親EU姿勢を維持するキャメロン首相と、それに反感を持つ議員とを内包する状況であった。その対立は徐々に表れ、そして修復が不可能なまでに至った。

　英国では「2011年欧州連合法（European Union Act 2011)」の採択が進められていた。同法は、今後は主権をEUに譲渡するときには、英国議会の関与や国民投票の実施などの手続きを経ること、またこれまで譲渡してきた主権も回復することを目指すことが示された（Craig 2011)。

　2000年代末には、EUは経済危機に襲われていた。金融の自由化を軸としたグローバリゼーションは世界経済の拡大を進める一方で、カジノ資本主義と称されるなど、ほころびも目立つようになっていた。特に欧州では、リーマンショック以降に問題が深刻化していた。EUは財政政策や金融政策で国家と同等の統治能力を持っておらず、そのことが問題を深刻化・長期化させたとの批判が生じていた。そのために、銀行同盟の結成などを視野に入れて、さらなる統合が模索されていた。

　目の前に深刻な問題がある中で、英国は欧州の問題解決のためにさらに統合を進めるのか、それとも主権のために現状維持でよいのか、それともEUから離脱して完全に主権を回復するのか。EUに対する英国の基本姿勢に関して、キャメロンは難しい判断を求められていくことになった。

　保守党の強硬派は、2011年欧州連合法に対してすら手ぬるいとして、議会内で政府に反発する動きが起きていた。さらに2012年6月には、100人を超す保守党議員が署名したEU離脱の是非を問う国民投票の実施を問う要望書が提出された（力久2015)。この流れに、ジョージ・オ

ズボーン財相を含む閣僚の一部も同調し始めることになった。保守党内からの突き上げが激しくなり、キャメロンは自由民主党との調整もできなくなった。

　2013 年 1 月 23 日、キャメロンはブルームバーグ通信社で、国民投票を実施する内容の演説をした（Cameron 2013）。このブルームバーグ演説では、現状の EU の諸問題を指摘するとともに、次の選挙で自身が再選されることを条件に、EU 離脱の国民投票を実施することを宣言した。このブルームバーグ演説によって、EU 離脱をめぐる国民投票は、保守党内の問題としてだけでなく、英国全体で、現実の政治議題として見なされるようになっていった。

(2)　2014 年の欧州議会選挙とその影響

　演説で何かを主張したからといって、必ずしもその内容が実行されるわけではない。国内外の状況の変化によって中止に追い込まれることもあるし、当事者の熱が冷めて、立ち消えになることもありえる。キャメロンのブルームバーグ演説は、EU 離脱に関する国民投票実施へと向かう流れを作ることになった。そして、2014 年の欧州議会選挙の結果を受けて、保守党内の強硬派は、国民投票を強く求め、キャメロンもそれに抗することができなくなっていくのである。

　欧州議会選挙とは EU の議会である欧州議会の議員を選出する選挙であり、5 年に 1 度実施される。欧州議会選挙の英国での投票日は、2014年 5 月 22 日だった。投票結果は表 2 である。英国独立党（UKIP）が大躍進し、第 1 党に躍り出た。注意しなければいけないのは英国の結果に関しては、2009 年時点で、すでに保守党と労働党という二大政党ではなくなっていたことである。2009 年の結果を見ると、保守党（27.7%）、英国独立党（16.5%）、労働党（15.7%）、自由民主党（13.7%）であり、労働党はすでに 3 位に沈んでいた。

　2014 年の欧州議会選挙の結果は、二大政党でなくなったという点に

238

ついては、新規性はなかった。加えて、事前のいくつかの調査結果は、英国独立党が大幅に議席を増やしそうな情勢であること、さらに第1党になる可能性があることを示していた。しかし、事前にある程度予想されていたとはいっても、実際に投票結果が出ると、英国政治には大きな衝撃を与えることになった。二大政党でなくなっただけでなく、第1党が英国独立党であったからである（表2）。

英国独立党だけでなく労働党にも抜かれた保守党内では、大きなパニックに陥った。英国の庶民院の選挙が翌年に迫っている中で、右派勢力である英国独立党の党勢拡大は、保守党にこそ大打撃となるからである。こうして英国独立党に対抗するために、EU離脱の国民投票を実施することが保守党のマニフェストに記載されることになったのである。

表2　2009年と2014年の欧州議会選挙の結果

党名	2009		2014	
	議席数	議席率（%）	議席数	議席率（%）
保守党	25	27.7	19	23.9
労働党	13	15.7	20	25.4
英国独立党	13	16.5	24	27.5
自由民主党	11	13.7	1	6.9
緑の党	2	8.6	3	7.9
スコットランド国民党	2	2.1	2	2.5
英国国民党	2	6.2	0	1.1
プライド・カムリ	1	0.8	1	0.7
その他	0	8.7	0	4.1
合計	69	100	70	100

出所：European Parliament "Results of the 2014 European Elections, Result by Country, 2009" and "Results of the 2014 European Elections, Result by Country, 2014"

(3)　2015 年の英国総選挙とその影響

　当初の予定通りに、英国の総選挙は 2015 年 5 月 7 日に実施された。この選挙は、事前の世論調査では、保守党は英国独立党の影響を受けて、苦戦が伝えられていた。労働党も同様であり、スコットランド国民党に議席を奪われ議席を大幅に減らすと伝えられていた。事前の予想では、欧州議会選挙の英国の結果と同様に、庶民院選挙でも二大政党から多党化していくものとされた。

　しかし結果は事前の予想を覆すものとなった。表 3 は開票結果である。2014 年の欧州議会選挙の勢いそのままに躍進が予想された英国独立党は、わずかに 1 議席を占めただけであった。英国独立党が議席を奪えなかったことは、そのまま保守党の議席が増加することにつながり、過半数 326 議席をわずかに上回る 330 議席を獲得するに至った。その一方で、スコットランド国民党は事前の予想通り 56 議席と躍進した。もともとスコットランドは労働党の牙城であった。スコットランド国民党の躍進はそのまま労働党の退潮となり、労働党は 232 議席にとどまった。また保守党と連立を組んでいた自由民主党は惨敗し、前回選挙の57 議席から 8 議席と大幅に議席を減らした。この結果、前回選挙から続いていた保守党と自由民主党の連立政権は解消され、保守党の単独内閣が誕生した。また労働党党首エド・ミリバンド、自由民主党党首クレッグは選挙後に辞任した。

　この結果は、EU 離脱の国民投票をめぐる状況に影響を与えた。保守党は過半数を超える議席を獲得したことで、保守党単独政権となった。しかし過半数 326 議席をわずかに 4 議席だけ上回ったに過ぎなかった。これが示すのは、保守党内でわずかの造反が出れば、政権が行き詰まる可能性があるということである。党内をコントロールするための 1 つの手法である庶民院の解散権を失った初の英国首相キャメロンは強硬派を抑えることはできず、EU 離脱の国民投票を実施するしかないことになった（表 3）。

表3　2015年の英国総選挙の結果

党名	地域性	議席数
保守党	全国区	330
労働党	全国区	232
スコットランド国民党	スコットランド	56
自由民主党	全国区	8
民主統一党	北アイルランド	8
シンフェイン党	北アイルランド	4
プライド・カムリ（ウェールズ党）	ウェールズ	3
社会民主労働党	北アイルランド	3
アルスター統一党	北アイルランド	2
英国独立党	全国区	1
その他	——	3
合計	——	650
過半数	——	326

出所：UK Parliament "2015 Party Election Results"

　ところで、なぜキャメロンはマニフェストに記載したのだろうか。党内が反対していたとしても、強引に拒絶することはできなかったのだろうか。これについては、キャメロンは国民投票が実現するとは考えていなかったという報道もなされている。BBC は『欧州の内側——10年の混乱（Inside Europe: Ten Years of Turmoil）』という番組の第1部として、『我々は離脱する（We Quit）』を2019年1月29日に放送した（BBC 2019）。このドキュメンタリーによると、ドナルド・トゥスク欧州理事会常任議長はキャメロンに対して、国民投票の実施を避けるように促した。しかしキャメロンは、国民投票が実施されるリスクはないと判断していた。なぜならば連立政権の自由民主党が阻止するからだという。キャメロンは保守党が過半数の議席をとれないと判断し、自由民主党との連立政権が続くと考えていたことになる。保守党の単独政権が仇となったといえる。

5．2016 年の EU 離脱の国民投票

　総選挙後の 2015 年 5 月 27 日、女王演説（Queens' Speech）の中で、今後の EU 離脱の国民投票に関して言及がなされた（Cabinet Office 2015）。EU 離脱の国民投票は 2017 年末までのしかるべき時期に実施されることが宣言された。

　キャメロンの狙いは、英国国内で EU の問題と見なされていることに取り組み、その実績を引っ提げて国民投票に打って出ることであった。キャメロン自身が EU 改革に取り組み、その改革された EU に残留することが英国の利益になるとうったえる戦略だった。

　2015 年 11 月、キャメロンは欧州理事会常任議長であるトゥスクに書簡を送り、2016 年 2 月の欧州理事会での英国の要請を提示した。それは①経済ガバナンス、②競争力、③主権、④移民に関するものだった。これに対するトゥスクの回答は改善を目指すけれども、具体的に承認されることはなかった。こうして EU 加盟各国首脳の会議である欧州理事会が始まった。

　欧州理事会では、英国の主張が全面的に受け入れられることはなかった。2009 年のリスボン条約の発効以降、EU は EU 条約の改正をできるだけ避けることになっていた。英国の主張は条約改正を必要とするものだったために、各国首脳からは受け入れられなかった。ただし、英国の求めには最大限応じることになった。これらはこれまでの権利を明文化したに過ぎないという批判もあったけれども、英国が求めていた①域内移民への福祉制限、②非ユーロ加盟国の権利保護について、英国の主張を大幅に認めることになった。

　EU 改革のめどをつけたキャメロンは 2 月 20 日に、6 月 23 日に EU 離脱の国民投票を実施することを発表した。これを受けて、事実上の選挙戦が始まった。キャメロンは、英国内で問題視されていた英国と EU

242

との間の問題の解決策に道筋をつけたことで、離脱を回避できると考えていた。つまりキャメロンは、具体的な成果があれば、EU 離脱派も残留に傾くと考えていた。しかしながら、対 EU 交渉の結果を受けて、世論が大きく変化することはなかった。

　一方で、強硬派のマイケル・ゴーブ司法相（当時）は、「キャメロンと EU との取り決めは、条約改正を伴うような EU 改革ではなく、単なる約束であり、しかも実行されない可能性もある」と批判し、離脱派として選挙キャンペーンを率いることになった。ゴーブらにとっては、EU からの離脱それ自体が重要なのであった。だからこそ離脱する対象の EU がどのように改革されようとも、関心がないのであった。

　2016 年 6 月 23 日に、国民投票は実施された。結果は離脱が 52.1％、残留が 47.9％ となった（表 4）。地域別には、イングランドとウェールズでは離脱が多数を占め、スコットランドと北アイルランドでは残留が多数を占めることになった。投票数の 86.9％ を占めるイングランドの離脱支持が大きな影響力を持った。こうして英国は EU 離脱へと動き出していくことになった。

　投票の結果を受けてキャメロンは首相を辞任し、代わってテリーザ・メイが首相に就任した。しかしメイ政権ですぐに顕在化したのは、EU からの離脱が簡単ではないこと、さらに離脱には多様性があることだっ

表4　2016 年の EU 離脱をめぐる国民投票

	離脱		残留		合計
	投票数	得票率（%）	投票数	得票率（%）	
イングランド	15,188,406	53.4	13,266,996	46.6	28,455,402
ウェールズ	854,572	52.5	772,347	47.5	1,626,919
スコットランド	1,018,322	38.0	1,661,191	62.0	2,679,513
北アイルランド	349,442	44.2	440,437	55.8	789,879
合計	17,061,300	52.1	15,700,534	47.9	32,761,834

出所：BBC "EU Referendum Results"

た。これまで見てきたように、EU 離脱をめぐる国民投票の実施は政治の議題となり、実際に実施された。しかし EU 離脱の具体的な方法と離脱後の EU との関係については、政治の議題となっていなかったのである。そして 2016 年国民投票後に、EU 離脱が現実的な選択となって以降、保守党内、さらに英国は混乱を深めていった。そして、それを解決するため首相の政治的リーダーシップが望まれたが、大きな権限の 1 つである庶民院の解散権は封じられていたのであった。

6．まとめ

　これまで見てきたように、キャメロン政権では対 EU 関係が重要な政策であり続けた。当初は穏便に済ます予定であったキャメロンは、離脱の強硬派の突き上げにあい、これに対応するために、国民投票の実施を受け入れた。そして英国を EU に残留させるために、EU との交渉によって、英国が求める内容を EU に受け入れさせることに成功した。満を持して、キャメロンは自身の政治生命をかけて国民投票を実施するが、わずかではあるが離脱派が勝利し、キャメロンは辞任することになった。後任のメイ首相も EU 離脱を達成することなく、2019 年 7 月に首相を辞任し、ボリス・ジョンソン首相が誕生した。

　EU 離脱の国民投票が実施されるまで、国民投票を実施するかどうかが重要な政治の議題だった。離脱が多数となって初めて、離脱の具体的な方法と離脱後の EU との関係が議論されることになった。またそのような混乱に対処するための首相のリーダーシップである庶民院の解散権は自由に行使できなかった。2016 年国民投票以降に英国政治は混乱していくが、その舞台設定自体に混乱を生み出す要因があったのである。

　首相の解散権については新たな動きもあった。2019 年 10 月 29 日、ジョンソン政権はわずか 2 行の特例法案「2019 年 12 月 12 日に庶民院の総選挙を実施するための規定を設ける法案（An Act to make provision for a parliamentary general election to be held on 12 December 2019)」を庶民院に提出したが、野党の賛成もあり即日可決された。これにより、庶民院は解散し、12月に総選挙を実施することになった。総選挙を実施するために立法措置をとるというのは極めて異例ではあり、首相の解散権が事実上、復活する可能性もある。これらは今後の動向を観察していく必要がある。

　その後の経過をみてみよう。2019年12月12日に英国総選挙が実施された。この選挙では、ジョンソン首相率いる保守党は、2020年1月末までにEUから離脱することを主張して選挙戦を戦った。開票結果は、保守党が改選前から47議席を増やし365議席を獲得する一方で、ジェレミー・コービン党首率いる労働党は改選前から59議席を失い203議席となった。この結果は保守党の歴史的勝利であるとともに、労働党の歴史的敗北となった。この結果を受けて、2020年1月31日に英国はEUから離脱した。本章の視点で述べると、これまでの混乱を解決するには、舞台設定を変更する必要があったといえよう。

　最後に、国民投票を日常的に活用していない国にとって、国民投票を実施するかということ自体が政治となりうる。しかし重要なことは、国民投票で何を問うのかということである。日本でも憲法改正をめぐる国民投票の実施が主張されている。英国の経験から学べることがあるとするならば、国民投票の実施以前に、憲法改正案を作成しておき、現状維持と改正案の2つで国民投票を実施することであろう。

［参考文献］
梅津實（2016）「キャメロンとEUレファレンダム─混迷のイギリス2010～2015年」『阪南論集社会科学編』第51巻第3号，45-59頁
遠藤乾（2009）「サッチャーとドロール─1979－90年」細谷雄一編『イギリスとヨーロッパ─孤立と統合の二百年』勁草書房，236-269頁
河島太朗（2012）「イギリスの2011年議会任期固定法」『外国の立法』第254

号，4-34 頁

小松浩（2012）「イギリス政権と解散権制限立法の成立」『立命館法学』第 341
　　号，1-19 頁

近藤康史（2017）『分解するイギリス―民主主義モデルの漂流』ちくま新書

庄司克宏（2018）『欧州ポピュリズム―EU 分断は避けられるか』ちくま新書

庄司克宏（2019）『ブレグジット・パラドクス―欧州統合のゆくえ』岩波書店

高安健将（2018）『議院内閣制―変貌する英国モデル』中公新書

鶴岡路人（2020）『EU 離脱―イギリスとヨーロッパの地殻変動』ちくま書房

中村民雄（2016）「EU 脱退の法的諸問題―Brexit を素材として」福田耕治編
　　『EU の連帯とリスクガバナンス』成文堂，103-122 頁

細谷雄一（2009a）「歴史のなかのイギリスとヨーロッパ」細谷雄一編『イギリ
　　スとヨーロッパ―孤立と統合の二百年』勁草書房，1-16 頁

細谷雄一（2009b）「『新しいヨーロッパ協調』からシューマン・プランへ―
　　1919 - 50 年」細谷雄一編『イギリスとヨーロッパ―孤立と統合の二百年』
　　勁草書房，54-91 頁

細谷雄一（2016）『迷走するイギリス―EU 離脱と欧州の危機』慶應義塾大学
　　出版会

山本健（2019）「試練の中の欧州連合―二〇一〇年代とブレグジット」益田
　　実・山本健編『欧州統合史―二つの世界大戦からブレグジットまで』ミネル
　　ヴァ書房，303-340 頁

力久昌幸（2009）「メージャーとマーストリヒト条約―1990 - 97 年」細谷雄
　　一編『イギリスとヨーロッパ―孤立と統合の二百年』勁草書房，270-298 頁
　　力久昌幸（2015）「イギリス政治の分岐点―EU 国民投票とスコットランド
　　独立問題」『海外事情』12 月号，59-75 頁

BBC "EU Referendum Results", <https://www.bbc.com/news/politics/eu_
　　referendum/results>［Accessed: 9 November 2019］.

BBC（2019）"Brexit: David Cameron Warned by Donald Tusk over 'Stupid
　　Referendum', <https://www.bbc.com/news/uk-politics-46951942>
　　［Accessed: 9 November 2019］.

Cabinet Office（2010）"The Coalition: Our Programme for Government", 20
　　May 2010, <https://assets.publishing.service.gov.uk/government/uploads/
　　system/uploads/attachment_data/file/83820/coalition_programme_for_

government.pdf> [Accessed: 9 November 2019].

Cabinet Office (2015) "Queen's Speech 2015", 27 May 2015 <https://www.gov.uk/government/speeches/queens-speech-2015> [Accessed: 9 November 2019].

Cameron, David (2013) "EU speech at Bloomberg", 23 January 2013 <https://www.gov.uk/government/speeches/eu-speech-at-bloomberg> [Accessed: 9 November 2019].

Craig, Paul (2011) "The European Union Act 2011: Locks, Limits and Legality," *Common Market Law Review* 48(6): 1881-1910.

European Parliament "Results of the 2014 European Elections, Result by Country, 2009" <http://www.europarl.europa.eu/elections2014-results/en/country-results-uk-2014.html> [Accessed: 9 November 2019].

European Parliament "Results of the 2014 European Elections, Result by Country, 2014" <http://www.europarl.europa.eu/elections2014-results/en/country-results-uk-2009.html> [Accessed: 9 November 2019].

UK Parliament "2010 Party Election Results" <https://electionresults.parliament.uk/election/2010-05-06/Results/PartyIndex> [Accessed: 9 November 2019].

UK Parliament "2015 Party Election Results" <https://electionresults.parliament.uk/election/2015-05-07/Results/PartyIndex> [Accessed: 9 November 2019].

Wikipedia Commons "File:2016 EU Referendum Ballot Paper.jpg" <https://commons.wikimedia.org/wiki/File:2016_EU_Referendum_Ballot_Paper.jpg> [Accessed: 9 November 2019].

第 10 章

韓国におけるネット選挙の「光」と「影」
―若年層の政治参加の拡大と選挙違反の変化

梅田晧士

1. はじめに

(1) 問題の所在

　日本では、2013 年の公職選挙法の改正によってインターネットを用いた選挙活動 [1]（以下、「ネット選挙」と略記）が解禁され、各候補者、あるいは、各政党が選挙戦略、あるいは選挙運動にインターネットを積極的に取り入れるようになった。そして、本章執筆時点で直近の国政選挙である第 25 回参議院選挙においては、れいわ新選組が比例代表において 2 議席を獲得した背景としてネット選挙の有効活用があったとの見方もある。

　他方、詳細は後述するものの、韓国では日本に先駆けてネット選挙が導入され、2004 年の公職選挙法の改正によって、インターネットを主流とした選挙運動がはじまった。韓国におけるネット選挙は選挙活動の範囲にとどまらず、選挙以外の政党、あるいは政治家の政治活動においても積極的に用いられている。そして、インターネット空間（オンライン）における選挙活動、政治活動が実際の政治（オフライン）を動かすこともある。この代表的な例としてあげられるのが 2002 年 12 月に実施された第 16 代大統領において盧武鉉が当選したことである。この選挙では当初、盧武鉉が劣勢とされてきたものの、最終的に当選した。この

当選の原動力となったのが、インターネット上で結成された「ノサモ」[2]の動きである。このことから、ニューヨークタイムスは第16代大統領を「世界最初のインターネット選挙」、「盧武鉉をインターネット大統領」と称し、これ以降、既述の公職選挙法の改正によって、ネット選挙が本格化した。

　また、韓国におけるネット選挙は選挙運動においてインターネットを上手く活用していることにとどまらず、他の効果も示した。その効果とは政治参加の拡大、とりわけ、若年層の政治参加の拡大である。韓国では「政治離れ」が指摘される日本とは異なり、若年層が積極的に政治的なイシューに対して声を上げる傾向がある。例えば、記憶に新しいことでは、「崔順実事件」[3]による朴槿恵大統領の大統領職の罷免が挙げられる。国会が朴槿恵に対して弾劾決議案を可決させる過程でソウルの中心部である光化門広場において毎週土曜日にデモが行われ、与党内の弾劾決議案に対する賛成への動きを作り上げた。このデモもネット上での呼びかけが多くあり、ネット上において拡散し、現実の世界へも拡大し、若年層も多くこのデモに参加したのである。他にも、2008年に発生した米国産牛肉の輸入再開に反対した「牛肉デモ」は参加者が現場でデモの様子を撮影し、それを当時拡大していたWi-Fiを用いてネット上にアップロードすることでデモへの参加を呼びかける共に、デモの様子を拡散させ、関心を高めることで人数を増やし、デモの規模を拡大させた。

　本章における議論は、このような若年層の政治参加の拡大の背景の一つとしてネット選挙によって若年層と政治空間が近づいたことがあるとの見方が背景にある。

　しかしながら、韓国におけるネット選挙はこのような「光」の側面だけではなく、「影」も多く存在する。その代表的な例がネット上の世論操作である。具体例としては、「ドルキング事件」が挙げられる。「ドルキング事件」[4]とは、2017年に実施された第19代大統領選挙では文在寅が当選したものの、この選挙においてネット上で世論操作が行われ、

それに関与したとして、文在寅の側近である金慶洙慶尚南道知事が現職の知事でありながら逮捕、起訴され、一審で有罪判決が下された事件である。

このように、ネット選挙は「光」が存在する一方で、「影」も多く存在するのである。そこで本章では、韓国におけるネット選挙の拡大とネットを用いた政治参加、中でも若年層の政治参加の拡大という韓国におけるネット選挙の「光」を示すと共に、ネット上の世論操作という「影」についても指摘することを試みる。

(2)　先行研究の検討

韓国のインターネットと政治参加を検討したものとしては様々なものがあるが、金（2009）は参加型ネットワークが投票を促すのかと言う点を検討し、ブログ、掲示板、SNS（ソーシャル・ネットワーキング・サービス）を個々の市民が政治的意見を自由に発表し、公表できる場として捉え、これらを「参加型ネットワーク」と規定した。その上で、「参加型ネットワーク」の閲覧等は政治参加を促す効果があると結論づけ、併せて、韓国の場合、政治関連の情報源として接触するのは、インターネット、テレビ、新聞、友人・知人の意見との順であることも指摘し、韓国ではインターネットが政治参加を促進すると指摘した（金 2009：84）。

他には、高（2005）は第 16 代大統領選挙、第 17 代大統領選挙を事例として、大統領選挙におけるオンライン上のファンクラブの違いを検討した。高選圭は第 16 代大統領における盧武鉉のファンクラブであった「ノサモ」は 1980 年代に韓国の民主化運動を主導、参加した経験を持つ人びとが中心であったために明確な政治的目的を有していたがために、有効に選挙運動を行ったのに対して、第 17 代大統領選挙においてオンライン上に存在した李明博のファンクラブは純粋なファンクラブであったことを指摘し、前者の選挙運動が有効に機能したのに対して、後者の

選挙運動が有効に機能しなかったと指摘した（高 2005：53）。

　さらに、第 17 代大統領選挙が第 16 代大統領選挙よりもネット選挙の比重が高まったにも関わらず、ネット選挙が効果的でなかったことについては、第 16 代大統領における「ノサモ」が行ったネット選挙の影響力を認めた保守派も同様の手法を用いたために、オンライン空間において保守と革新の力が拮抗したためであると指摘した（高 2010：47）。その上で、韓国では、情報をテレビ、新聞からよりもポータルサイトをはじめとするネットから得る割合が高いために、今後、世論形成においてポータルサイトをはじめとするインターネットの役割が重要になることを指摘した（高 2010：52）。

　また、朴（2006）はインターネットによる政治参加について、インターネット上の議論と民主主義の関係について検討した。そして、インターネット上、特にポータルサイトにおいて政治的な争点が議論されることで新たな討議の場所が形成されたと指摘した。そして、この討議を通じて民主主義が発展する可能性があると指摘し、このようなネット上の議論の空間を「電子的な公論の場」と位置づけた（朴 2006：57-58）。また、「電子的な公論の場」における議論を通じた政治参加は新たな多様なイシューが明らかになる効果があるとも指摘し、これによって、従来、マスメディアなどをはじめとする支配階層によって独占されていた議題設定効果も有しており、「電子的な公論の場」はマスコミの権力を次第に弱化させる効果があるとも指摘した（朴 2006：58-59）。

　以上で示したものをはじめとする先行研究においては、主に、ネット選挙による政治参加の促進、また、ネット選挙の効果を中心として議論していることが分かる。

（3）　本章の目的

　上記で示した問題の所在、先行研究の検討を踏まえて、本章では、韓国においてネット選挙が若年層と政治を近づけたという「光」が存在し

た一方で、ネット上の言論の影響が拡大したことによって選挙運動においてネット上で世論操作が行われるようになったという「影」も顕在化したことを指摘することを目的とする。

　先行研究においては、ネット選挙の「光」に目が向きがちである。そこで本章では、「光」がある一方で、「影」もあることを指摘しながら、その「影」の質的な検討を試みる。

（4）　本章の構成

　上記のような問題意識、先行研究の検討、目的を踏まえながら，本章では，以下の通り、議論を展開する。

　まず、韓国におけるネット選挙拡大の過程を法律的視点、実践的視点の二つの視点から整理することによって、韓国においてネット選挙がどのように始まり、それがネットを通じた政治参加とどのような関係があるかを示す。

　そして、韓国におけるネット選挙拡大による「光」であるインターネットによる政治参加の拡大を第16代大統領における「ノサモ」、及び、政党の大統領候補選出過程へのネット選挙の導入を事例として取り上げ、二つの事案から示唆されることを導き出す。また、ネット選挙拡大による「影」については、「国家情報院世論操作事件」、「ドルキング事件」と取り上げ、「光」と同様に、二つの事案から示唆されることを導き出す。

　そして最後に、それまでの議論を踏まえながら、韓国におけるネット選挙の拡大は「光」と「影」の両面が存在していることを指摘し、その「光」と「影」の質的な特徴を示すことを試みる。

２．韓国におけるネット選挙とネット言論

　本節では、前節を踏まえながら、韓国においてネット選挙が拡大する

過程を概観するとともに、ネット選挙がネット言論に拡大する過程を整理する。

（1） ネット選挙の始まりと拡大

　韓国において法律上、本格的にネット選挙が導入されたのは 2004 年の公職選挙法の改正からである。この法改正では、「既存の選挙運動にインターネットを取り入れる」から「インターネット等のメディアを利用した選挙運動を主流とする」ための法改正が行われた。そして、2005 年にもさらに改正されている。しかしながら、この公職選挙法以前にも既にネット選挙は行われていた。1994 年 8 月に実施された国会議員補欠選挙においてはじめてネット選挙が行われた。この動きによって、中央選挙管理委員会において、ネット選挙が公職選挙法上、認められるかを検討した結果、パソコン通信を利用した選挙運動は可能との判断を下した。これは当時の公職選挙法で通信を用いた選挙運動を禁止していた一方で同じ条文に「直筆の信書、個人用コンピューター、または電話による場合はこの限りではない」との但し書きがあったため、このような判断が下された。

　この後、ネット選挙が広まりを見せたことで 1997 年に公職選挙法の改正を行い、「通信を利用して掲示板、資料室等に選挙運動のための内容を掲示することができる」、「通信を利用し、チャットルームや討論室を通じた選挙運動を行うことができる」とネット選挙が法律上に明記された。他方で、この改正では、ネット上でも候補者や候補者の親族に関する虚偽事実の流布を禁止することも明記し、違反した場合の罰則も明記した。

　この後、韓国では日本に先駆けて高速通信網が整備され、インターネット環境が拡大したことで、さらにネット選挙が政党や候補者から注目されるようになった。そのため、次々と新しいネット選挙の方法が考えられ、そのたびに公職選挙法との関係が議論されるようになった。特

に、第 16 代大統領選挙では新千年民主党の予備選挙において盧武鉉がインターネット新聞主催のインターネット番組に出演しようとしたものの、中央選挙管理委員会が違法であると意見を出すこともあった。これは、公職選挙法において、候補者の対談や討論については、登録したマスコミ、法律で許可した報道機関のみが対象とされており、インターネット新聞はこれに含まれないことから、インターネット新聞による番組への出演は違法な事前運動に該当するとされた。

　これ以外にもネット選挙の実態と公職選挙法の乖離が大きく、公職選挙法が時代に即していないとの指摘が多くあったこともあった。そのため、前述の 2004 年の公職選挙法の全面解禁に至ったのである。

　このように、韓国におけるネット選挙と公職選挙法の関係は、まず、政党や候補者によって、ネット選挙が行われ、行われた後に、それが適法か違法かを中央選挙管理委員会が検討するという構造になっていた。そして、多くの場合、その時には違法とされた手法も後に法改正によって、認められるようになっている。

(2)　ネット選挙からネット言論への広がり

　このような経緯で拡大した韓国におけるネット選挙であるが、注目すべきは、政党、あるいは、候補者によるネット選挙だけではない。韓国では、ネット選挙の拡大と同時に、ネット言論も拡大しているのである。

　ネット言論はネット選挙を明確に区分することは困難である。しかしながら、ネット言論はネット選挙とは異なり、必ずしも特定の政党、候補者の当選のために行われるものではなく。しかしながら、このようなことを目的としたネット言論も存在している。本章が用いているネット言論とは、「個人、あるいは団体のネット上において政治的なイシューについて自らの意見を表明、あるいは、他者と議論を行うこと」である。そのため、ネット選挙が政党、候補者が中心であるのに対して、ネット言論は個人が中心となりやすい。

　韓国では、ネット言論が拡大しており、時には、現実の政治を揺さぶることもある。当然のことながら、ネット言論は日常的なものであるが、選挙の際には取り上げられているイシューをめぐって個人がネット上で自らの意見を表明することが多く見られる。他方で、選挙関連では、個人だけではなく市民団体による意見表明が多い。

　これが顕著に表れたのが2000年に実施された第16代国会議員選挙である。この選挙の際、500近い市民団体の連合体である「2000年総選挙市民連」（市民連帯）[5] がネット上で特定候補の落選運動の展開したのである。市民連帯は、独自に各党の候補者や予備候補を調査し、選挙法違反、不正腐敗などの基準を用いてポイントが低いと判断した候補者や予備候補をリスト化し、「不適格候補者リスト」としてネット上に公表し、当選させないように呼びかけたのである。この運動は二段階で行われた。一段階目は各政党にリストに掲載されている予備候補を公認しないように呼びかけるものであり、二段階目は有権者に向けてリストに掲載されている候補を落選させるように呼びかけるものであった。結果的にこの落選運動では59人を落選させた。他方で、選挙後、市民連帯による落選運動が公職選挙法に抵触するとして、この運動を主導した人物に有罪判決が下された。

　しかしながら、ネット言論は落選運動のように市民団体が中心になるものだけではなく、個人によるものもある。例えば、選挙との関係では、2010年に行われた第5回統一地方選挙と2011年のソウル市長補欠選挙において「認証ショット」が拡大した。「認証ショット」とは、投票の際、投票先の候補の氏名の上に押すスタンプを自身の手にも押し、それを写真に撮り、SNSへ投稿し、投票したことを宣言するものである。これは自身の投票したことの宣言以外よりも他者への投票への呼びかけの効果を期待して行われたことである。そして、「認証ショット」の中心は若年層であった。

　他方で、先の落選運動と同様、「認証ショット」についても中央選挙

管理委員会が公職選挙で禁止されている選挙当日の選挙運動の禁止に該当すると解釈したことで違法と判断された。しかしながら、2012 年 4 月と 12 月予定されていた第 19 代国会議員選挙、第 18 代大統領選挙を前にこの「認証ショット」も認められた[6]。

　ここで注目すべきは、「認証ショット」が若年層を中心に拡大したことである。日本では、若年層が政治的無関心と言われるようになって久しい。他方で、韓国ではネット言論を中心として、若年層が政治に関わろうとする姿勢を示しているのである[7]。また、選挙のみならず、韓国では、朝鮮日報、中央日報、東亜日報という三大新聞社が保守的な報道をする傾向が強い[8]。革新性が強い若年層がネット上で情報の収集、意見交換、議論を行う傾向が強いことも若年層を中心としてネット言論が拡大していることの背景にある。

　また、選挙への参加を見ても 2008 年に第 18 代国会議員選挙では、20 代が 28.1％、30 代が 35.5％であった投票率が 2012 年の第 19 代国会議員選挙では 20 代が 45.5％、30 代が 41.8％と、「認証ショット」の容認などよりネット選挙が拡大した選挙で若年層の得票率が上がっているとの見方もある。

３．ネット選挙の「光」—若年層の政治参加の拡大—

　ここまで、インターネットと政治参加の関係を示した上で、韓国においてネット選挙、ネット言論が拡大する過程を示した。これまでの議論を踏まえながら、本節では韓国におけるネット選挙の拡大による「光」である若年層の政治参加の拡大の事例を示す。

（1）　第 16 代大統領における「ノサモ」と政治参加の拡大

　韓国においてネット選挙が注目されたのが、第 16 代大統領における盧武鉉が当選した過程である。既述の通り、この選挙では盧武鉉陣営が

ネット上手く利用したことなどによって盧武鉉が当選し、盧武鉉は「世界最初のインターネット選挙」、「盧武鉉をインターネット大統領」と称された。この選挙においてネット選挙の中心となったのが盧武鉉のファンクラブである「ノサモ」である。「ノサモ」はこの選挙以前の 2000 年 4 月に行われた第 16 代国会議員選挙において盧武鉉が釜山で落選したことを受けて支援者がネットの上の掲示板で盧武鉉のファンクラブ結成を呼びかけたことで同年 6 月に結成された組織である（明 2003：74-75）。「ノサモ」がこの選挙において注目されたのは、「ノサモ」が行ったネット選挙に当時、ネットを最も活用していた層である若年層を盧武鉉支持へと結びつけたことである。特に注目された動きが「希望の豚の貯金箱」である。この運動は「ノサモ」が盧武鉉をイメージしたとする豚の形をした貯金箱を配布し、盧武鉉へのカンパを呼びかける運動である。そして、このようなオンライン上での運動が次第にオフライン上に拡大し、街頭などにおける選挙運動に拡大したとされている。

　そして、この選挙において盧武鉉が「ノサモ」を中心としたネット選挙の力によって当選したことは大統領就任後の政策決定スタイルにも影響を与えたのである。盧武鉉は政策決定過程において国民が各段階で参加、介入する「参与民主主義」を探り、その実現のために政権引き継ぎ委員会は「国民参与センター」を設置し、国民からの政策アイディアを募った（西野 2010：198-199）。また、盧武鉉は自らの政権を「参与政府」[9] と称し、国民の政治への参加を求める姿勢を示した。盧武鉉政権の動きは、文在寅政権にも受け継がれている。文在寅は大統領就任後、大統領府のホームページに「国民請願掲示板」を作成し、この掲示板に何らかの請願がなされ、それに賛同する意見が 30 日以内に 20 万人を越えたら、大統領府は何らかの見解を表明するとしている。この掲示板も国民の政治、あるいは政策決定過程への参加を促すものであり、政権がインターネットを用いて国民に政治参加を促している[10]。

　他方で、この選挙において「ノサモ」は選挙違反に問われた。これは

「希望の豚の貯金箱」が大統領候補者を象徴する人形やマスコットを制作・販売することを禁じた公職選挙法に違反すると判断されたためである。これによって、「ノサモ」の会員 50 名程度が書類送検された[11]。

　このように、この選挙においてネット選挙の有効性が示されたこと、あるいは、若年層の支持が高い革新勢力にとって有利であると見られたことで、先に示した盧武鉉政権において 2004 年の公職選挙法の改正につながったのである。

（2）　大統領候補選出過程へのネット選挙の導入

　「ノサモ」が個人などを中心としてネット上で集まることによって、現実の政治を動かした事例であるのに対して、政党がネットを活用することで政治参加を促す事例もある。その一つとして挙げられるのが「ノサモ」と同じ 2002 年に実施された第 16 代大統領における新千年民主党の大統領候補選出のための予備選挙である。

　これ以前の大統領選挙では有力政党の候補者は有力な政治指導者自身、あるいは代議員によって決められていた。しかしながら、この新千年民主党は従来の候補者選出方法を大きく変更し、代議員、党員の他も国民選挙人団にも投票権を与えるとした。代議員、党員は従来と同じであるものの、新しく加えた国民選挙人団は満 20 歳以上の国民であれば、誰でもすることができるものであった。さらに、予備選挙に参加できる有権者の合計を約 70,000 名とし、その内訳は、代議員が約 14,000 名、一般党員が約 21,000 名、国民選挙人団が約 35,000 名とし、国民選挙人団の割合を半数として最も多くしたのである（山本 2003：31）。そして、この国民選挙人団の募集の方法として、直接申し込み、電話、郵便以外にインターネットによる申し込みも加えた。

　さらに、この予備選挙では、国民選挙人団の 1,750 名分を電子投票としたのである。これは国民選挙人団の抽選に外れた場合でも予備選挙へ参加できるようにするためのシステムであり、電子投票の結果を 1,750

名として計算し、その結果を投票へ反映させるというものであった。

このように、第16代大統領選挙における新千年民主党の予備選挙は、ネットを駆使して国民への政治参加を拡大させたと言える。実際、国民選挙人団の応募者は、最終的に160万人を超え、定数の約50倍に達した（山本2003：33）。このように、予備選挙にネットを取り入れることで政治参加を促していると指摘することができる。

(3) 二つの事例から見る「光」

この二つの事例からは、ネットを活用した政治参加が行われるようになっていることである。「ノサモ」の動きは個人がネット上に集まり、それが拡大した事案である。また、予備選挙におけるネットの導入は政党の選挙戦略とも関係があるものの、政党がネットを用いて国民の政治参加を促そうとする姿勢が見受けられる。特に、これ以前の政党の大統領候補は有力な政治指導者や党員などによって決められていた。それを非党員の国民も含む層によって選び、それをネットを通じて行うことは容易にこのプロセスに参加することができる手法であると言える。

韓国におけるネット選挙の「光」はネットを用いることで、これまで政治に関わることが少なかった層に対して訴求し、政治参加を促すきっかけとすることができる。

4．ネット選挙の「影」―ネット世論操作の拡大―

前節において韓国におけるネット選挙の「光」を示した。「光」では、選挙、政治活動において、ネットの有効性が示され、ネットを通じて国民の政治参加が拡大したことを指摘した。他方で、ネットの有効性が示されたことで生じた負の側面、すなわち、「影」も存在する。本節では、ネット選挙の拡大の「影」を示すことを試みる。

(1)　「国家情報院世論操作事件」

　「国家情報院世論操作事件」は、2012 年に実施された第 18 代大統領
選挙において情報機関である国家情報院が当時、国家情報院長であった
元世勲の指示の下、心理情報局を動員して組織的に行ったネット上の世
論操作である。これは組織的に行われたこともあり、選挙運動開始前か
ら掲示板、あるいは Twitter へのコメントなどは、計 29 万 8,974 件と
され、30 万件近くに達したとされている。また、コメントを作成する
アカウントは 391 個あったとされている [12]。具体的には、心理情報局員
が文在寅を中傷するコメントの書き込みをネット上に行ったことであ
る。この世論操作は、革新政権誕生によって組織が弱体化する可能性が
あった国家情報院が革新系政党の候補者であった文在寅を落選させるた
めに行われたとされている。

　この事件によって、元世勲元国家情報院長は、公務員の地位を利用し
た選挙運動を禁止した公職選挙法、国家情報院の政治関与を禁止した国
家情報院法違反で懲役 4 年の実刑が確定している。

　また、この大統領の選挙における国家機関によるネット上の世論操作
については、国家情報院以外にも警察の保安サイバー捜査隊、あるい
は、軍のサイバー司令部も行っているとの指摘もある。

(2)　「ドルキング事件」

　「国会情報院世論操作事件」は国家機関が行った世論操作であるのに
対して、個人が行ったネット上の世論操作としては、上述した「ドルキ
ング事件」が挙げられる。この事件は 2017 年に実施された第 19 代大統
領選挙において文在寅の側近である金慶洙が「ドルキング」のハンドル
ネームを持つブロガーであるキム・ドンウォンと共謀してポータルサイ
ト上の記事で文在寅に有利なもの、あるいは、対立候補を誹謗するコメ
ントに多数の「いいね」を付けた事件である。多数の「いいね」を付け
ることで多くの人がその意見に賛同しているように見せかけると共に、

その意見がアクセスランキングの上位に来ることで多くの人の目に付きやすくなるという、ネット上の世論操作を試みたのである。この際、記事に「いいね」を大量に付けるために自動的に多数のアカウントを取得し、「いいね」を操作するマクロプログラム[13]が用いられた。この手法によるネット上の世論操作の過程でキム・ドンウォンが金慶洙と相談していたことが指摘され、両名が公職選挙法違反で逮捕、起訴され、金慶洙は現職の知事でありながら、一審で懲役2年の実刑判決を受けたのである。

　「ドルキング事件」が明らかになったのは、この事件の中心であったキム・ドンウォンがネット上における世論操作の見返りとして大統領選挙において文在寅が当選した後に、駐大阪総領事のポストを要求したものの、文在寅陣営が断ったために、その報復としてキム・ドンウォンは同一の方法を用いて文在寅を批判するコメントがポータル上で上位に来るようにしたことで捜査がはじまり、「ドルキング事件」が表面化した。

(3)　二つの事件から見る「影」

　この二つの事件で共通しているのがネット上における世論操作である。前述した「光」においてネット上の動きが現実世界へと拡大することを指摘した。しかしながら、ネット選挙が拡大し、ネット上の情報に動員力があることが示されると、ネット上における情報を操作することの重要性が高まったと言える。

　上記において示した二つの事件は、共にネット上の世論操作という共通点がある。しかしながら、「国家情報院世論捜査事件」はネット上のコメントそのものを作成した。他方で、「ドルキング事件」は文在寅に有利なコメント、対立候補に不利なコメントに「いいね」を付けることで当該コメントが上位に表示されるようにした点が異なる。他方で、かつて選挙違反は各陣営に自身はどれだけの票を動かせるかを持ち込み、その票を買う、あるいは、その票に対する見返りを提供するなどの買収

が中心であった。しかしながら、ネット選挙の拡大によって、選挙違反はこのようなものからネット上の世論をどれだけ操作できるかが加わったのである。また、この世論操作は、組織的なものだけではなく、一定の技術力があれば、個人が比較的容易に世論操作をすることが可能になっていることを示しているのである。このことは、韓国におけるネット選挙の「影」から示されるのは選挙違反の質的変化であると指摘することができる。

5．おわりに

　本章では、韓国におけるネット選挙の拡大が政治参加、特に、若年層の政治参加が進んだことを指摘した。日本では、若年層の政治への無関心が指摘されており、各種選挙における投票率も低下している。しかしながら、韓国では、ネット選挙の拡大によって若年層が政治的なイシューと接することが増え、また、政治的なイシューに対する発言をする機会が増えたことなどから、若年層の政治参加が拡大した。また、政治参加の拡大はインターネット空間というオンライン空間から、現実の世界というオフライン空間にまで拡大したのである。その代表的な例として本章において取り上げたのが、第 16 代大統領における「ノサモ」の動き、また、大統領選挙における候補者選出過程へのネット選挙の導入を取り上げた。このように、韓国におけるネット選挙の拡大は若年層を中心とした政治参加の拡大という「光」が存在している。

　他方で、ネット選挙の拡大は、上記の様な「光」だけではなく、「影」も存在していることも併せて論じた。本章が「影」として取り上げたのがインターネット上における世論操作である。特に、第 19 代大統領選挙において文在寅陣営の中心であった金慶洙が現職の慶尚南道知事でありながら、逮捕、起訴され、一審において実刑判決を受けた「ドルキング事件」を取り上げた。また、他にも、第 18 代大統領選挙にお

いて情報機関である国家情報院が組織的に文在寅を悲観するコメントを
ネット上で拡散させた事件も取り上げ、ネット選挙が拡大したことに
よって、インターネット上における世論操作が行われるようになり、こ
のような選挙違反が今後も増える可能性があることを指摘した。

　上記の通り、本章では、韓国を事例としてネット選挙の「光」と
「影」を指摘したものの、本章が検討の対象としたのは、「光」におい
ては、大きな流れのみである。その大きな流れに至る過程において有権
者、国民がどのような情報をネットから獲得し、その情報に基づいてど
のような思考を経て、現実世界における行動に至るのかというミクロの
プロセスは検討の対象外としている。特に、インターネットからの情報
の取得は、従来のメディアである新聞、テレビのようにメディア側から
与えられて情報を見るのではなく、個人が自ら取得したい情報を選択す
るという特徴がある。そのため、個人は政治的な情報を取得する際、自
らの思想信条に近い情報のみに接触する「選択的接触」もある。「選択
的接触」の場合、個人は自らの考えを補強する情報を入手するため、投
票行動には変化がないとも考えられ、ネット選挙が有効かとの疑問も生
じるのである。

　韓国における政治参加は建国されて以降、国民の運動に政治家が同調
することで、政権が変わるなどの、いわば、「成功体験」に支えられて
いる側面が大きい。他方で日本ではこのようなことはこれまでほとんど
ないと言っても過言でない。事実、2015 年の安保法制の際、学生団体
が反対運動を展開したものの、広く拡大することはなかった[14]。そのた
め、韓国で用いられた方法を日本で用いることで同等程度の政治参加が
得られる訳ではないことは留意する必要がある。

　今後、日本においてもネット選挙が拡大する可能性が高い。本章にお
いて示した通り韓国では、日本に先駆けてネット選挙が解禁された。ま
た、選挙運動のみならず、日常の政治活動おいても、韓国は日本よりも
積極的にネット上での情報発信等が行われている。このことから、韓国

の動向は日本におけるネット選挙、ネットによる政治活動の拡大に示唆
を与えると共に、今後の検討課題を示してくれる事例であるということ
が本章において指摘したことである。

[註]

1　本章における「ネット選挙」は、政党、候補者、あるいは、特定の政党、
　候補者を支持する団体が選挙期間中にインターネット用いて選挙運動を行う
　ことを示している。政党、政治家によるインターネットを用いた日常の政治
　活動については、本章で用いるネット選挙とは異なる。

2　「ノサモ」とは、第16代大統領においてネット上で立ち上げられた盧武鉉
　候補（当時）のファンクラブである。「ノサモ」という名称は「盧武鉉を愛す
　る集い」の韓国語の頭文字から付けられたものであり、「ノサモ」のネット空
　間における動きが現実世界へも拡大し、盧武鉉当選の原動力となった。

3　「崔順実事件」とは、大統領であった朴槿恵が自身の長年の友人であった崔
　順実に対して、演説原稿などの機密文書を事前に提供し、内容を添削させた
　こと、あるいは、朴槿恵自身が財閥企業に対して崔順実が事実上支配する財
　団に対して多額の資金を寄付させたことなどをめぐる事件である。この事件
　は一般国民である崔順実が大統領を陰で操っていたとの印象を強く与え、国
　民の失望と共に強い怒りを買う結果となった。さらにこの問題が表面化し、
　拡大する過程で崔順実の娘が名門大学に裏口入学していたことなどが発覚
　し、国民の怒りはさらに強くなった。そして、朴槿恵はこの事件をきっかけ
　として大統領職を罷免された。また、その後の公判においても二審で懲役25
　年、罰金200億ウォンの実刑判決が下された。しかしながら、その後、大法
　院（最高裁判所）は二審の判決を破棄し、二審に差し戻す判決を下した。こ
　れは、公職選挙法において大統領をはじめとする公職者については、特定犯
　罪加重処罰法上の収賄罪を他の罪と分離して量刑を宣告するように定めてい
　るものの、一審、二審はこれらを分離せずに量刑等を宣告したことから、手
　続きに瑕疵があるとして二審判決を破棄した。そのため、今後、さらに重い
　量刑が下されるとの指摘が強い。

4　「ドルキング」の表記については、媒体毎に異なる場合がある。具体的に
　は、「ドルキング」以外には「ドイルドキング」と表記することもある。本章
　では、二つの表記の内、韓国語の発音に近い「ドルキング」を用いている。

5 市民連帯の中心的な人物は当時弁護士であり、現在、ソウル市長の朴元淳である。また、中心的な組織は参与連帯であった。

6 「認証ショット」自体は認められたものの、「認証ショット」が特定の政党、候補への投票を誘導するものではならないとされており、一部制限もある。代表的なものとしては、「Vサイン」での「認証ショット」は認められていない。韓国では選挙の際、各政党に番号を振り分けるため、「Vサイン」は、数字の「2」とも理解できることから、「2」が割り当てられた政党、あるいは、候補への投票を示し、他者にその政党、候補への投票を促すとも理解できると選挙管理委員会が判断したためである。

7 このような政治への関心については、韓国では大統領の交代によって国策などが大きく変わることがあることから政治と個人の生活が直結しやすいためであるとの見方もできる。また、韓国では既存のメディアに対する信頼性が低い傾向にあり、既存のメディア発以外の情報をネット上で得ようとする傾向があることも影響している。

8 韓国では、この三社の頭文字を取り、「朝中東」と呼び、保守系の報道機関として認識されている。

9 「参与政府」とは、盧武鉉政権の通称である。韓国では、金泳三政権以降、大統領が自らの政権の通称を用いていた。例えば、盧武鉉政権の「参与政府」以外では、金泳三政権は「文民政府」、金大中政権は「国民政府」、李明博政権は「実用政府」であった。朴槿恵政権はこのような通称を用いなかった。また、文在寅政権も自身の政権では用いてないものの、文在寅大統領自身が大統領秘書室長などの要職を務めた盧武鉉政権を呼称する際は「参与政府」との表現を用いることが多い。

10 盧武鉉と文在寅が共に国民への政治参加を促す傾向が強いのは、二人の政治理念が近いことも理由としてある。盧武鉉と文在寅は政界入り以前には共同で弁護士事務所を開設してた関係である。また、盧武鉉政権発足後には、文在寅は民情首席秘書官、市民社会首席秘書官、大統領秘書室長などの要職を務めている。また、盧武鉉に対する大統領弾劾訴追決議案が可決した際は、憲法裁判所における審議の盧武鉉側の代理人団にも加わっている。

11 この選挙違反によって起訴されなかったのは、公職選挙法で処罰対象となっていた団体が選挙運動期間中に作られた団体と規定されていたためであり、「ノサモ」は選挙以前の2000年に成立していたことから起訴はされなかった。

12　このコメント数、アカウント数は大法院による判決認定されたものである。

13　この時、用いられたソフトの名称は「キングソフト」であった。

14　この学生団体は「自由と民主主義のための学生緊急行動」と名乗り、報道
　　では「SEALDs」と呼ばれることが多かった。街宣運動などをラップ調で行
　　うなどの方法で若年層が運動に参加しやすい雰囲気を演出したものの、大き
　　く拡大するには至らなかった

[参考文献]

磯崎典世（2004）「ネット社会の選挙と民主主義─韓国の大統領選挙における
　　世代対立を軸に」『地域研究』第 15 巻第 1 号，159-177 頁

岩崎正洋（2005）「e デモクラシーをどのように考えるか」岩崎正洋編『e デモ
　　クラシー』日本経済評論社，3-24 頁

金相美（2009）「市民の政治参加におけるインターネットの影響力に関する考
　　察─参加型ネットツールは投票参加を促進するのか」『選挙研究』第 25 巻第
　　1 号，74-88 頁

金相集（2003）「間メディア性とメディア公共圏の変化 韓国「落選運動」の新
　　聞報道と BBS 書込みの比較分析を中心に」『社会学評論』第 54 巻第 2 号，
　　175-191 頁

金泳坤・湯淺墾道（2010）「韓国の公職選挙法におけるインターネット利用の
　　規制に関する条項」『九州国際大学法学論集』第 17 巻第 2 号，43-117 頁

高選圭（2010）「韓国の大統領選挙とオンライン候補者ファンクラブの選挙運
　　動」『選挙研究』第 25 巻第 2 号，44-54 頁

高選圭（2013）「ネット選挙が変える有権者の政治参加─2012 年韓国大統領選
　　挙に見る市民ネットワーク型政治参加」清原聖子・前嶋和弘編『ネット選挙
　　が変える政治と社会─日米韓に見る新たな「公共圏」の姿』慶應義塾大学出
　　版会，67-92 頁

清水敏行（2011）『韓国政治と市民社会─金大中・盧武鉉の 10 年』北海道大学
　　出版会

西田亮介（2013）『ネット選挙とデジタル・デモクラシー』NHK 出版

西野純也（2010）「盧武鉉政権期の韓米同盟関係─「反米」政権イメージと同
　　盟管理の実態」『法学研究』第 83 巻第 3 号，195-218 頁

朴東鎮（2004）「インターネットと第 16 代韓国大統領選挙─電子的な公論の場
　　の可能性を中心に」浅羽祐樹訳『立命館大学国際地域研究』第 22 巻，21-47

頁

朴東鎮（2006）「インターネットと政治参加—インターネットはどのように政治に影響を及ぼすのか」九州大学韓国研究センター訳『韓国研究センター年報』第6巻，43-60頁

玄武岩（2011）「凋落するネット選挙、勃興するネット政治—韓国のネット規制と新たなデジタル・デモクラシー」清原聖子・前嶋和弘編『インターネットが変える選挙—米韓比較と日本の展望』慶應義塾大学出版会，83-114頁

明桂南（2003）「ノサモ・盧武鉉を愛する人びとの集まり」盧武鉉編・青柳純一編訳『韓国の希望　盧武鉉の夢』現代書館，74-80頁

山本健太郎（2003）「韓国における政党の大統領候補者選出過程 - 2002年の新千年民主党の「国民参加」党内選挙を中心に」『レファレンス』第53巻第7号，26-52頁

李洪千（2011）「韓国におけるインターネット選挙—2002年と2007年の大統領選挙の比較」清原聖子・前嶋和弘編『インターネットが変える選挙—米韓比較と日本の展望』慶應義塾大学出版会，51-81頁

李洪千（2013）「若者の政治参加とSNS選挙戦略の世代別効果」清原聖子・前嶋和弘編『ネット選挙が変える政治と社会—日米韓に見る新たな「公共圏」の姿』慶應義塾大学出版会，93-118頁

柳文珠（2013）「韓国におけるインターネット実名制の施行と効果（研究）」『社会情報学』第2巻第1号，17-29頁

康元澤（2003）『한국의 선거 정치 : 이념, 지역, 세대와 미디어（韓国の選挙政治—理念、地域、世代とメディア）』푸른길（プルンギル）

康元澤（2007）『인터넷과 한국정치 : 정당정치에 대한 도전과 변화（インターネットと韓国政治—政党政治に対する態度と変化)』집문당（集文社）

康元澤（2010）『한국 선거정치의 변화와 지속 : 이념 이슈 캠페인과 투표참여（韓国の選挙政治の変化と持続—理念、イシュー、キャンペーンと投票参与)』나남（ナナム）

李甲允（2011）『한국인의 투표 행태（韓国人の投票行動)』후마니타스（フマニタス）

あとがき

　本書の企画がスタートしたのは 2019 年の春であった。まだ、新年度が始まる前の春休み期間で、何かの学内業務の合間に、本書の編者である眞鍋と岡田が、疲れた時に立ち寄る学内の共有スペースで立ち話をしていたのがきっかけであった。学内業務で一緒になることは数多くあるものの、お互い政治学分野の担当でありながら、ほとんど学術的な話はしてこなかったことに気付き、「仕事ばかりしていないで、一緒に研究して本を書きましょう」となったのである。

　その後の共有スペースでの会話は一変した。もちろん、今まで通り、業務の話はするのであるが、それに、研究の話が加わった。共有スペースで会うたびに、「政治状況や社会状況が目まぐるしく変化し続けている中で、民主制度や議会制度、ひいては、選挙はその役割を果たせているのであろうか」という共通の問題意識に辿りついた。

　大きなテーマを前にして、「二人での執筆でも良いが、折角、本を書くなら幅広く色々な分野の研究者にも声をかけましょう」と、親交のあった学内外の先生方にお声がけした。皆様からはご快諾いただき、幅広い分野の執筆者での企画が実現した。

　その後は、「井戸端会議」（たまたま、執筆者の姓に "井" の字を持つ方が多かったので）と称する研究会をひと月ごとのペースで開催し、各章のテーマを整理し、草稿を持ち寄って議論を重ねた。この研究会は、普段の専門分野と異なる分野の研究に対して気軽に質問や議論ができる、まさに「井戸端会議」であり、執筆者同士の良い勉強の機会にもなった。

　本書にも課題は残る。民主制度・議会制度・選挙制度が持つ様々な問題を網羅できたかという点では、扱えなかった分野も多く残る。また、執筆者の専門分野の幅広さは執筆スタイルをどのように統一するかなど

の問題などももたらしたが、最低限の統一に留めたものとなっている。しかしながら、民主制度・議会制度・選挙制度の持つ課題に対して、各執筆者がそれぞれの専門分野から立ち向かう共通の認識を持ち、本書は完成した。本書を通して、議会制度や選挙制度の見直しに向けた議論の一助となれば幸いである。

　2019 年 11 月

執筆者を代表して
眞鍋貞樹・岡田陽介

索 引

執筆者一覧 （執筆順）

眞鍋貞樹（まなべ・さだき）〈序章・第1章・第3章〉

　中央大学大学院総合政策研究科博士後期課程修了。博士（総合政策）。現在、拓殖大学政経学部教授。著書に、『コミュニテイ幻想を超えて』（一藝社、2011年）、『閉塞社会を生きる』（山川出版社、2012年）、『地方自治の基礎』（共著、一藝社、2017年）。

岡田陽介（おかだ・ようすけ）〈序章・第2章・第4章〉

　学習院大学大学院政治学研究科博士後期課程修了。博士（政治学）。現在、拓殖大学政経学部准教授。著書に、『政治的義務感と投票参加―有権者の社会関係資本と政治的エピソード記憶』（木鐸社、2017年）、『日本政治とカウンター・デモクラシー』（共著、勁草書房、2017年）、『日本の連立政権』（共著、八千代出版、2018年）、『基礎ゼミ政治学』（共著、世界思想社、2019年）。

浅井直哉（あさい・なおや）〈第5章〉

　日本大学大学院法学研究科博士後期課程単位取得退学。修士（政治学）。現在、日本大学法学部助教。著書に、『日本政治とカウンター・デモクラシー』（共著、勁草書房、2017年）、『日本の連立政権』（共著、八千代出版、2018年）。

横山智哉（よこやま・ともや）〈第6章〉

　一橋大学大学院社会学研究科博士後期課程修了。博士（社会学）。現在、金沢大学人間社会研究域法学系講師。著書に、"Pitting prime minister cues against party cues in a multiparty system: A survey experiment in Japan," Japanese Journal of Political Science, 20(2), 93-106（共著、2019年）、"Missing effect of party cues in Japan: Evidence from a survey experiment," Japanese Journal of Political Science, 19(1), 61-79（共著、2018年）、『熟議の効用、熟慮の効果』（共著、勁草書房、2018年）

細井優子（ほそい・ゆうこ）〈第7章・第8章〉

法政大学大学院社会科学研究科博士後期課程修了。博士（政治学）。現在、拓殖大学政経学部准教授。慶應義塾大学ジャン・モネ EU 研究センター事務次長・主任研究員。著書に、"Japan-EU relations after World War II and strategic partnership," Asia Europe Journal, 17(3), 295-307(2019年)、『アフター・ヨーロッパ―ポピュリズムという妖怪にどう向きあうか』（共訳、岩波書店、2018年）。

福井英次郎（ふくい・えいじろう）〈第9章〉

慶應義塾大学大学院法学研究科後期博士課程単位取得退学。修士（法学）。現在、埼玉県立大学非常勤講師、他、慶應義塾大学ジャン・モネ EU 研究センター研究員。著書に、『基礎ゼミ政治学』（編著、世界思想社、2019年）、『EU の規範政治―グローバルヨーロッパの理想と現実』（共著、ナカニシヤ出版、2015年）、「EU 記事は誰がどこで書いているのか？―読売・朝日・日経を事例として」『産研論集（関西学院大学）』第43号、43-52頁（2016年）。

梅田皓士（うめだ・ひろし）〈第10章〉

拓殖大学大学院国際協力学研究科博士後期課程修了。博士（安全保障）。現在、拓殖大学非常勤講師。著書に、『現代韓国政治分析―地域主義・政党システムを探る』（志學社、2014年）、『分裂の韓国政治―政治的エリートによる政治的亀裂の形成―』（志學社、2018年）、『激動するアジアの政治経済』（共著、志學社、2017年）。

民主政の赤字

議会・選挙制度の課題を探る

2020 年 3 月 15 日　　初版第 1 刷発行

編著者　　眞鍋貞樹・岡田陽介

発行者　　菊池 公男

発行所　　株式会社 一 藝 社
　　　　　　〒160-0014　東京都新宿区内藤町 1 - 6
　　　　　　TEL.03-5312-8890
　　　　　　FAX.03-5312-8895
　　　　　　振替　東京　00180-5-350802
　　　　　　e-mail:info@ichigeisha.co.jp
　　　　　　HP:http://www.ichigeisha.co.jp

印刷・製本　　モリモト印刷株式会社